Camille Lacoste-Dujardin

Mütter gegen Frauen

Mutterherrschaft im Maghreb

Aus dem Französischen
von Uta Goridis

eFeF

Titel der Originalausgabe:
Des mères contre les femmes

CIP-Titelaufnahme der Deutschen Bibliothek:

Lacoste-Dujardin, Camille:
Mütter gegen Frauen : Mutterherrschaft im Maghreb / Camille Lacoste-Dujardin. Aus d. Franz. von Uta Goridis. – 1. Aufl. – Zürich : eFeF, 1990
Einheitssacht.: Des mères contre les femmes <dt.>
ISBN 3-905493-09-8

Erste Auflage 1990

Lektorat: Inge-Helene Köberich
Umschlag: Monika Frei-Herrmann, Malans
Satz: Petra Petzold, Heidelberg
Druck: Fuldaer Verlagsanstalt

Für Pascale und Sylvie,
für ihre Männer, meine Söhne,
für Yves, einen Weggefährten ...

*»Sohn, willst du deine Mutter glücklich machen,
schenk ihr sieben Knaben ...«*

*(Lied, gesungen von den Frauen auf der Hochzeit
des Sohnes eines Emigranten, Kabylei 1979)*

Inhalt

Einleitung

Was für augenfällige Widersprüche in den Beziehungen zwischen Männern und Frauen im Mittelmeerraum!

Widersprüchlich die Haltung der Männer den Frauen gegenüber: Auf der einen Seite werden sie von ihnen verachtet, verhöhnt und unterdrückt, auf der anderen verklärt, verehrt und angebetet, immer aber gefürchtet.

Widersprüchlich die vorrangige Stellung der Sexualität und die rigorose Trennung der Geschlechter.

Widersprüchlich die Bedeutung, die der männlichen Sexualität eingeräumt wird, und die Unterdrückung der weiblichen Sexualität.

Widersprüchlich auch die Schamhaftigkeit und Sprachlosigkeit innerhalb der Paarbeziehungen und die zu einer öffentlichen Angelegenheit gemachte Defloration der Braut.

Widersprüchlich das Schweigen der Männer, die untereinander nie über ihre Frauen sprechen, und die Freimütigkeit, mit der sich die Frauen über ihre Männer und deren Schwächen unterhalten.

Widersprüchlich das über jeden Zweifel erhabene Gefühl, den Frauen überlegen zu sein, und die Zuflucht zum mütterlichen Schoß.

Widersprüchlich schließlich auch, daß die eifrigsten Verfechter dieser Männerherrschaft selbst Frauen sind: die Mütter.

Widersprüche wie diese haben natürlich viele Fragen provoziert und genauso viele Versuche, eine Antwort darauf zu finden. Glaubte man nicht schon des öfteren, in den verschiedenen Gesellschaften dieses durchgehenden großen »Flecks«,[1] der sich von Gibraltar bis nach China und Japan erstreckt und das ›Gebiet des patriarchalischen Despotismus‹ markiert, Spuren eines sogenannten frühen ›Matriarchats‹ entdeckt zu haben? Wahrscheinlicher ist jedoch, daß solche Annahmen nicht weiterführen, daß diese angeblichen Widersprüche wohl eher dialektisch zu verstehen sind und ein- und derselben Logik entspringen: der Logik des Patriarchats, das Platz macht für eine Gegenmacht der Frauen (ein häusliches Matriarchat?), die für den Fortbestand des männlichen Geschlechts notwendig sind: die Mütter von Söhnen.

Zeichnet sich dieses patriarchalische Hoheitsgebiet nicht vor allem durch seine ehrfürchtige Haltung gegenüber der weiblichen Fruchtbarkeit, ja durch einen richtigen Mutterkult aus? »Ein von Müttern beherrschtes Volk«, schreibt Dominique Fernandez[2] in bezug auf den Süden Italiens; dasselbe trifft aber erst recht auf die Maghrebstaaten zu.

Unverständlich, ja unerträglich erscheinen die den patriarchalischen Gesellschaften inhärenten Widersprüche erst heute, da tiefgreifende Veränderungen die Grundfesten dieser Gesellschaften erschüttern. Während die Männer und Frauen im Maghreb früher in ein festes Wertesystem eingebettet waren, fühlen sie sich heute zunehmend verunsichert, was das Verhältnis der Geschlechter betrifft.

Hatte man zum Beispiel 1985 in Algerien nicht durch die Politik der Geburtenbeschränkung das allgegenwärtige und hochverehrte Bild der Frau als Mutter in Frage gestellt – der Frau, deren Daseinszweck die Mutterschaft und deren einzig anerkannte Rolle in der Gesellschaft die Fortpflanzung ihrer männlichen Mitglieder ist? Erschüttert wurden also die Grundlagen der Gesellschaft, die Verteilung der Geschlechterrollen, die Art ihrer Beziehungen, ihr *modus vivendi,* der Sinn und Zweck ihres Zusammenlebens.

All diese Probleme beschäftigten auch mich. Neugierig und gleichzeitig beunruhigt versuchte ich, die Beziehungen zwischen den von der Ideologie einer patriarchalischen Gesellschaft beherrschten Männern und Frauen zu begreifen. Dabei hatte mir meine jahrelange Vertrautheit mit der maghrebinischen Gesellschaft nicht viel weitergeholfen. Doch besondere Umstände sollten mir den Weg zu einem Verständnis weisen. Ich hatte nämlich das Glück, bei den Hochzeitsfeierlichkeiten eines algerischen Paares dabeizusein. Meine persönliche Anteilnahme und der dringende Wunsch, mir endlich Klarheit zu verschaffen, um nicht mehr dieses

Unbehagen zu empfinden, zwangen mich zu einer Auseinandersetzung mit den Ereignissen. Und bei dieser Gelegenheit konnte ich dann das Geflecht der scheinbaren Widersprüche etwas entwirren und begreifen, wieso in einer patrilinearen[3] und patriarchalischen Gesellschaft, in der die Herrschaft der Männer über die Frauen unbestritten ist, eine Gruppe von Frauen – die der Mütter von Knaben – die Hohepriesterinnen dieser Männerherrschaft und die Unterdrückerinnen der Frauen sein konnten.

Mein Vorgehen entspricht meiner persönlichen Erfahrung. Ausgehend von dem, was ich selbst erlebt habe, versuche ich, im zweiten Teil ein Modell zu konstruieren, dessen uneingeschränkte Gültigkeit die Schwierigkeiten ermessen läßt, mit denen die Männer und Frauen im Herrschaftsbereich dieser patrilinearen und patriarchalischen Ideologie zu kämpfen haben.

Ich werde dabei meine eigenen Beobachtungen, die ich von 1969 bis heute in der Kabylei gemacht habe, durch die Beobachtungen anderer, zum größten Teil maghrebinischer Autoren, vervollständigen, Beobachtungen, die an verschiedenen Orten und zu verschiedenen Zeitpunkten im Maghreb gemacht wurden.

Die Personen des Hochzeitsfestes sind algerischer, genauer gesagt, kabylischer Herkunft. Die Kabylen, die dieses Fest ihren Sitten und Gebräuchen gemäß feiern, bilden in Algerien eine besondere ethnische Minderheit. Sie sprechen Kabylisch, das wie alle anderen Dialakte der maghrebinischen Gebirgsregionen, wie beispielsweise des Schleuhs oder des Rifgebirges in Marokko oder wie der von den Tuaregs in bestimmten Gebieten der Sahara gesprochene Dialekt, einer Berbersprache angehört, die sich grundlegend vom Arabischen unterscheidet. Diese von einer Minderheit gesprochene Sprache, die keine Schrift besitzt, aber die Basis für eine Kultur bildet, die von 15 Millionen Menschen geteilt wird, ist nirgendwo im Maghreb offiziell anerkannt. Es ist vielmehr das in den Ebenen und in den Städten gesprochene Arabisch, die Sprache des Islams, das in den drei Staaten Algerien, Tunesien und Marokko als Staatssprache anerkannt wird.

Auch wenn das patriarchalische System sowie die gesellschaftlichen Strukturen und die Ideologie, die es hervorbringt, sich in allen Maghrebländern entsprechen – in den Arabisch sowie in den Berberisch sprechenden –, so zeichnen sich die Bewohner der kabylischen Bergdörfer durch eine ganz besonders rigide Einhaltung ihrer Tradition aus. Deshalb kann die Untersuchung der kabylischen Kultur die Elemente eines Systems aufdecken, dessen konservativer Charakter nicht nur erhalten, sondern mit allen Mitteln gefördert wird. In diesem patriarchalischen System kabylischer Prägung wird die Herrschaft der Männer über die Frauen geradezu zwangsläufig zum Gegenstand aller Untersuchungen.

Die meisten patriarchalischen, um das Mittelmeer herum angesiedelten Gesellschaften musulmanischer Kultur sind, wie beispielsweise die Türkei, großen Erschütterungen ausgesetzt. Sie resultieren nicht nur aus den kulturellen Kontakten, die sich während der Emigration ergeben, sondern entwickeln sich in diesen Gesellschaften, deren patrilineares und patriarchalisches Erbe an vielen Fronten untergraben wird, selbst.

In den nächsten Jahren sind wichtige Veränderungen in den Beziehungen zwischen den Männern und Frauen des Maghreb zu erwarten, Beziehungen, die immer weniger durch die männliche Vorherrschaft bestimmt sein werden. Eine solche Entwicklung hat in Europa vor allem in den aus ähnlichen patriarchalischen Systemen hervorgegangenen Gesellschaften nördlich des Mittelmeeres stattgefunden. Aber in diesen europäischen Gesellschaften wurde der Wandel schon vor vielen Jahren vollzogen, und zwar unter wirtschaftlichen, politischen, demographischen, sozialen, ideologischen und religiösen Gegebenheiten, die sich mit denen im heutigen Maghreb kaum vergleichen lassen.

Aber auch innerhalb unserer umgewandelten Gesellschaften kann die Situation, die heute noch im Maghreb und besonders in der Kabylei vorherrscht, die bis heute lebendig gebliebenen Relikte des Patriarchats aufdecken helfen – Relikte, die auch unser Denken immer noch beeinflussen und die Beziehungen zwischen Männern und Frauen in vielen europäischen Gesellschaften belasten.

Triumph einer Mutter

Eine Mutter verheiratet ihren Sohn

Ein gehorsamer Sohn

Ali, 21 Jahre alt und in Paris geboren, ist gelernter Dreher und das zweite Kind der Lâalis. Er ist der erste Sohn seines Vaters, der aus erster Ehe eine inzwischen verheiratete Tochter hat, und der zweite Sohn seiner Mutter, deren Erstgeborener verheiratet ist und mit seiner Familie auch in einem Pariser Vorort wohnt.

Ali ist also nicht Frau Lâalis erster Sohn. Sie war mit sechzehn schon einmal mit einem jungen Mann verheiratet gewesen, der sie auserkoren und an dem sie auch Gefallen gefunden hatte. Eine Liebesheirat also, was damals in Algerien wirklich sehr ungewöhnlich war, vor allem auf dem Land. Sie kam zustande, weil ihr Vater, der in Frankreich arbeitete, so modern eingestellt war und außerdem sehr an seiner ältesten Tochter hing. Die Ehe war jedoch nur von kurzer Dauer, denn mit vierundzwanzig verlor Frau Lâali, bereits Mutter eines Sohnes, diesen ersten Mann ihrer Wahl.

Die Regeln einer patrilinearen Gesellschaft sind sehr strikt. Eine junge Frau, die ihren Mann verloren hat, darf nicht bei ihren Schwiegereltern wohnen bleiben, auch wenn sie Mutter ist. Sie muß zu ihren Eltern zurückkehren, deren Pflicht es ist, für sie zu sorgen. Ihre Kinder bleiben in der Familie des Vaters. In solchen Fällen ist die beste Lösung eine Leviratsehe: Die junge Witwe wird, falls möglich, mit einem Bruder des verstorbenen Ehemanns verheiratet. Und das geschah auch mit Frau Lâali. Sie heiratete den geschiedenen Bruder ihres Mannes, der auch im Ausland arbeitete, und blieb mit ihrem Sohn in der Familie. Als dann der Schwiegervater, der Vorstand der Familie, starb, nahm der frischverheiratete Ehemann seine junge Frau mit nach Paris.

Frau Lâali war die erste Frau ihres Dorfes, die nach Paris ging.[1] Damals dachte sie, ihr Aufenthalt dort sei nur von kurzer Dauer, aber sie blieb in Paris, wo sie auch heute noch lebt. Ihr Leben als Frau ging weiter, sie wurde mehrere Male schwanger, und der zweite Sohn, den sie gebar, war Ali.

Im Haushalt seiner Eltern hat Ali die Rolle des Ältesten übernommen. Er arbeitet in einer Fabrik und gibt seiner Mutter die volle Lohntüte. Ali trägt somit wesentlich zum Unterhalt der Familie bei, zu der noch drei weitere Söhne und drei jüngere Töchter gehören.

Die Beziehung zwischen Ali und seiner Mutter ist sehr eng. Ich habe noch nie die leiseste Mißstimmung zwischen ihnen bemerkt, und seine Mutter hat sich noch nie über Ali beklagt, der sich wohl auch immer so verhalten hat, wie eine kabylische Mutter das von ihrem Sohn erwartet. Er lebt noch immer bei seinen Eltern, obwohl es in den letzten Jahren äußerst eng in der Wohnung war: 30 Quadratmeter für neun Personen! Seine Freizeit verbringt er zwar außerhalb, aber er bleibt nicht länger weg als andere Jugendliche auch. Seinem Bedürfnis nach Unabhängigkeit scheint damit Genüge getan. Die Autorität seiner Eltern stellt er nicht in Frage, und in den Ferien besucht er gewöhnlich mit seinen Eltern die alte Heimat. Ich konnte mir deshalb nicht vorstellen, was für eine Ehe er einmal führen würde; ob er eine seiner Kusinen heiraten oder eines Tages einfach mit einer Freundin zusammenziehen würde.

Das eingeschlafene Kind oder Den Vater wählen?

Nach der Geburt ihres achten und letzten Kindes erfolgte dann Frau Lâalis Rebellion gegen die Verhältnisse, in denen sie lebte: zu viele Kinder in einer viel zu kleinen Wohnung. »Und warum diese Probleme?«, empörte sie sich, »doch nur, um meinen ersten Sohn bei mir behalten zu können.« Und dieser Sohn hatte sie dann verlassen, um sein eigenes Leben zu führen. Der Tradition hätte entsprochen, wenn er in der Familie geblieben wäre und sie ihm eine Frau ausgesucht hätte. So aber bedeutet für sie die Heirat ihres Ältesten nach westlichem Muster eine tiefe Kränkung und führt ihr die Vergeblichkeit ihres Opfers einer zweiten Heirat, damit sie bei ihrem Sohn bleiben konnte, schmerzlich vor Augen. War es demnach nicht selbstverständlich, daß sie alle Hoffnungen, die ihr Ältester enttäuscht hatte, auf ihren zweiten Sohn Ali setzte?

Eines Tages hatte sie mir folgendes anvertraut:

> *Der Zweite (Ali) ist nicht von Herrn Lâali (ihrem zweiten Mann), er ist von dem anderen. Für euch Französinnen gibt es so etwas wohl nicht, aber für uns schon. Man sagt, das Kind schläft. Sein Vater war in Paris, wurde dann aber krank und kam hierher zurück. Er blieb drei Monate bei uns. Danach hatte ich vier Monate lang keine Blutungen. Und nach dem vierten Monat hatte ich einen schrecklichen Alptraum. Als ich davon wach wurde, fühlte ich mich sterbenselend, ich hatte die schlimmsten Bauchschmerzen. Danach kriegte ich meine Regel und mußte drei Tage lang das Bett hüten. Aber das Baby ist nicht abgegangen. Bei uns gibt es Frauen, die einem sagen können, ob das Baby im Bauch eingeschlafen ist. Ich ließ eine kommen. Sie hat mich angeschaut, hat mir die Hände auf den Bauch gelegt und gesagt: »Da ist ein Kind«. Danach habe ich wieder regelmäßig meine Blutungen gehabt. Aber das Baby blieb bis zum Tod seines Vaters in meinem Bauch ... Nach einem Jahr habe ich wieder geheiratet, und das Baby entwickelte sich. Neun Monate später kam es auf die Welt. Neun Monate muß man immer warten.*

Ali wäre also nach der Theorie des ›eingeschlafenen Kindes‹ der postume Sohn ihres ersten Ehemannes, was ihm einen besonderen Nimbus verleiht, den Nimbus der Andersartigkeit. Ein netter, bescheidener, eher schweigsamer Junge, für seine Mutter Zeuge einer leidvollen Vergangenheit, weil es eine schwierige Geburt war, Sohn des geliebten Mannes, der einem Wunder zu verdanken ist. Ihn nach alter Sitte zu verheiraten war das höchste Ziel von Frau Lâali. Sie, eine Frau, die seit zweiundzwanzig Jahren in Paris lebte, die gegen die Traditionen rebelliert hatte, betrachtete diese jetzt als Zuflucht, als eine Möglichkeit, die Kränkung, die ihr von ihrem Erstgeborenen zugefügt wurde, wiedergutzumachen. Durch Ali wird sie endlich in den Rang einer Schwiegermutter erhoben, der eine Schwiegertochter zu Diensten steht, die sie selbst für ihren Sohn ausgesucht hat; ihm hat sie es zu verdanken, wenn sie nach all den Enttäuschungen ihres Lebens stolz und erfolgreich vor die heimatliche Dorfgemeinschaft treten kann.

Die Brautwahl

Nachdem Ali sich damit einverstanden erklärt hatte, sich von seiner Mutter eine Frau suchen zu lassen, nahm Frau Lâali die Sache in die Hand. Herr Lâali hatte nicht viel zu sagen, obwohl es sich – offiziell zumindest – um seinen ältesten Sohn handelte. Auch die Verwandtschaft Alis väterlicherseits wurde erst gar nicht in Betracht gezogen, als man nach der Braut Ausschau hielt: »Von den Lâalis kommt doch keiner in Frage«, erklärte Frau Lâali kategorisch, ohne sich um die Regel zu kümmern, die der männlichen Verwandtschaft den Vorzug gibt.[2] Die Familie der Mutter wurde also bevorzugt behandelt. Die Eltern von Frau Lâali gehören einer einflußreichen Sippe an. Einer ihrer Cousins hat sogar einen beneidenswerten Posten in der Ortsverwaltung. Sie selbst ist die Älteste von ihren Schwestern. Ihr Bruder ist im Befreiungskrieg gefallen. Deshalb fällt ihr auch eine so wichtige Rolle zu, die in einer Gegend der Kabylei, in der die Frauen kein Erbe antreten konnten, für eine Frau äußerst ungewöhnlich ist.

Als wichtigster Vermittler bei der Brautwahl fungierte der Mann von Frau Lâalis jüngster Schwester, der auch in Paris lebt und häufig bei den Lâalis zu Gast ist. Da er viel zwischen Paris und den Dörfern hin und her reist, macht er gewöhnlich bei einer Familie in Algier, die zur weiteren Sippe gehört, Zwischenstation. Durch ihren Schwager hatte Frau Lâali erfahren, daß es in dieser Familie ein zwanzigjähriges unverheiratetes Mädchen gibt: Djamila. Ihre Mutter, eine tüchtige Frau, die dreizehn Kinder zur Welt gebracht hat, von denen noch acht leben, hatte dafür Sorge getragen, daß sie eine gute Schulbildung bekam. Djamila besuchte die Grundschule und anschließend eine höhere Schule bis zur mittleren Reife. Sie spricht fließend Französisch, es dürfte also kein großes Problem für sie sein, in Paris Fuß zu fassen.

Die Unterhändler hatten alles soweit in die Wege geleitet, die beiden Familien wußten, mit wem sie es zu tun hatten und riskierten keine Mesalliance. Frau Lâali mußte nur noch der Mutter des Mädchens einen Besuch abstatten, um sich persönlich zu überzeugen. Da sie inzwischen in die Jahre gekommen war, konnte Frau Lâali es sich erlauben, allein zu reisen. Die Tatsache, daß ihr Sohn Ali seinen Militärdienst in Algerien ableistete, war ein willkommener Vorwand. Herr Lâali blieb in Paris, obwohl er als Frührentner genug Zeit gehabt hätte, seine Frau zu begleiten. Aber warum das Geld für zwei Fahrkarten ausgeben, wenn seine Anwesenheit gar nicht notwendig war!

Der erste, halboffizielle Besuch kam auf Betreiben Alis zustande. Er wollte sehen, ob ihm das junge Mädchen gefiel. Damit waren auch beide Familien einverstanden. Er kam in Begleitung seiner Mutter und Großmutter mütterlicherseits. Der Kaffee wurde ihnen von Djamila serviert, die einen sehr guten Eindruck auf Ali machte. Danach konnte der erste offizielle Besuch stattfinden. Bei dieser Gelegenheit kam Frau Lâali in Begleitung ihres Vaters, für den diese Heirat große Bedeutung hatte. Sein einziger Sohn war im algerischen Befreiungskrieg gefallen, und die Heirat seines Enkels konnte auch für ihn eine Entschädigung sein, auch wenn es nur der Sohn seiner Tochter und kein Nachkomme seiner eigenen Geschlechtslinie[3] war.

Auch Frau Lâali fand das junge Mädchen nach ihrem Geschmack. Vor allem aber sprang der Funke zwischen den beiden Müttern über, die, wie sich herausstellte, viele Gemeinsamkeiten und auch eine ähnliche Persönlichkeitsstruktur hatten. Alis jüngere Brüder und Schwestern erzählten mir später, die beiden Mütter hätten sich verliebt und beschlossen, ihre Familien zusammenzuführen.

Was Djamila betraf, so blieb Frau Lâali ziemlich vage; man hätte sie gefragt und sie wäre einverstanden gewesen. Wie dem auch sei, die beiden Mütter standen vor einer entscheidenden Schlacht, sie mußten sich also tüchtig ins Zeug legen.

Die Fatiha

Nachdem die *fatiha,* die erste Sure des Koran vorgelesen wurde, ist die Heirat eine beschlossene Sache. Die Zeremonie wurde in der Kabylei bei Djamilas Eltern im kleinen Kreis durchgeführt: ungefähr zehn Männer aus der Familie des Bräutigams, knapp zehn aus der Familie der Braut und der Marabut.[4] Unter ihnen waren neun Dorfbewohner (davon zwei frühere Emigranten), vier Bewohner der Hauptstadt und vier Emigranten.

Beim Abschluß des Vertrags war weder von Geld noch von anderen Gütern die Rede. Man vertraute auf den verbindlichen Charakter der alten Bräuche und auf die Ehrbarkeit der Eltern Alis. Der herkömmliche Brautpreis, den der Ehemann der Familie seiner Frau zu zahlen hat, wird gewöhnlich in die Aussteuer investiert, und es ist Frau Lâalis Aufgabe, die Aussteuer Djamilas zusammenzustellen. Für die Mutter Djamilas bedeutet das eine Sorge weniger. Man verläßt sich auf die Kompetenz der zukünftigen Schwiegermutter, die sich in Paris auskennt und dafür sorgen wird, daß alles seine Ordnung hat und die Hochzeit ein Erfolg wird.

Die Aussteuer der Braut

Im folgenden Jahr muß Frau Lâali sich um die Aussteuer ihrer zukünftigen Schwiegertochter kümmern und die Ausgaben, die durch diese Hochzeit entstehen, veranschlagen – eine Aufgabe, die ihr große Sorgen macht. Jedesmal, wenn ich sie in Paris besuche, wird darüber gesprochen. Zum Glück kann ihr Vater alles, was für das Festessen benötigt wird, im Dorf besorgen.

Die Einkäufe für die Aussteuer werden im Stadtteil Barbès getätigt, zum größten Teil bei Tati, einem Warenhaus, das alle emigrierten Arbeiter in Paris und Umgebung versorgt. Alles in allem kam eine Riesensumme zusammen, die Frau Lâali für übertrieben hält. Aber es ist nun einmal so üblich, und für sie ist es eine Ehrensache, alles so zu machen, wie es sich gehört.

Am problematischsten war das weiße Brautkleid. In Algier ist ein weißes Brautkleid durchaus üblich, aber auf den Dörfern hält man noch an den alten Bräuchen fest. Frau Lâali möchte die Leute nicht vor den Kopf stoßen und keine neuen Sitten im Dorf einführen. Sie hat lange gezögert, aber dann siegte doch ihr Pioniergeist. Schließlich sind es nur die alten Frauen, die sich gegen Weiß sträuben. Alles übrige wird so sein, wie es sich gehört: kein Ausschnitt, keine kurzen Ärmel. So bleibt das alte Brauchtum unangetastet.

Was den Schmuck betrifft, so sind die alten kabylischen Gehänge, ein schwerer mosaikartiger Emailleschmuck, schon längst durch goldene Halsketten und Uhren ersetzt worden. Und Djamila würde neben all den anderen Ketten auch noch den letzten Schrei tragen: eine dicke Kordel aus Gold, an der eine österreichische Goldmünze hängt.

Außerdem muß Frau Lâali noch die anderen Ausgaben berücksichtigen: den Hin- und Rückflug für acht Personen, für den ihr Vater aufkommen will. Sie schätzt, daß alles zusammen sich auf ungefähr 20 000 Francs belaufen wird (1985). Aber schließlich stehen das Ansehen der Familie und die Hochzeit als gesellschaftliches Ereignis auf dem Spiel!

Vorbereitungen der Hochzeitsfeierlichkeiten

Das Hochzeitsfest hätte eigentlich im Dorf T. stattfinden müssen, in dem die Familie Lâali ansässig ist, was jedoch mit einigen Schwierigkeiten verbunden gewesen wäre, weil die Familie zerstritten ist. Außerdem wäre die Zustimmung des Familienoberhauptes, Herrn Lâalis ältestem Bruder, erforderlich gewesen.

Das Fest wird also, gegen die Regeln der Patrilokalität verstoßend, im Dorf der Großeltern Alis mütterlicherseits stattfinden. Eine Woche vor dem Fest werden die Einladungen an die Verwandtschaft verschickt. Auch die Nachbarn werden eingeladen, zumindest diejenigen, zu denen man freundschaftliche Beziehungen hatte. Im ganzen nehmen über hundert Personen an den Hochzeitsfeierlichkeiten teil: 88 Erwachsene, zu denen noch der Vorstand des Gemeinderats hinzukommt, und ungefähr dreißig Kinder und Jugendliche.

Bei dieser Hochzeitsgesellschaft ist die väterliche Sippe des Bräutigams der mütterlichen zahlenmäßig eindeutig unterlegen. Das erklärt sich durch die ungleiche Verteilung der Gewichte innerhalb der Lâali-Familie, die Auflösung der Lâali-Sippe, ihre Zersplitterung. Immerhin genießt die Familie von Frau Lâali so hohes Ansehen, daß der Verstoß gegen die Regel, den diese matrilokale Hochzeit darstellt, geduldet wird. Das Fest wird auf einen Donnerstag gelegt, denn Donnerstag und Freitag sind die beiden freien Tage in Algerien.

Voller Vorfreude machen sich dann ab Montag die Frauen des Dorfes und der Familie an die Arbeit. Als ich bei Frau Lâalis Eltern ankomme, haben sich in den beiden Zimmern und auf dem Hof ungefähr zwanzig Frauen versammelt; die einen sind damit beschäftigt, auf großen, runden Aluminiumtabletts den Couscous-Gries (*seksu*[5]) zuzubereiten; die anderen leisten ihnen Gesellschaft, sie tanzen und spielen auf ihren Musikinstrumenten, dem Tamburin und dem *ttbel,* einem kleinen Tongefäß, das mit einer Haut bespannt ist. Man ist unter sich, in Feststimmung. Nach den üblichen Begrüßungsrufen schiebt Frau Lâalis Mutter ihre Arbeit zur Seite und fängt an zu tanzen, um ihre Willkommensfreude auszudrücken; die Haare trägt sie offen, das Kopftuch hält sie mit ausgestreckten Armen über dem Kopf. All diese Freudenbezeugungen sind improvisiert, es ist ein Fest ohne Darbietungen für die anderen. Nur die häufig ausgestoßenen Jubelschreie der Frauen, die sich gewöhnlich immer zurückhalten müssen, dringen nach draußen und lassen die anderen wissen, daß hier die Vorbereitungen für ein Fest im Gange sind.

Unter den Frauen herrscht ein herzliches und gleichzeitig auch sehr ausgelassenes und kommunikatives Einvernehmen. Hundertfünfzig Kilo Gries werden in *seksu* verwandelt; die einen sieben ihn, während die anderen ihn mit Wasser vermischen, das die Jüngsten, die beiden kleinen Schwestern der Braut, von der Quelle holen. Aber die Arbeit macht Spaß; die Tänze sind häufig parodistisch, manchmal auch grotesk, immer aber sehr sinnlich. Es sind Tänze, bei denen der Unterleib bewegt wird und die Pobacken durch ein um die Hüften geschlungenes Tuch, dessen Fransen in einem herausfordernden Rhythmus hin- und herschwingen, betont werden. Während die jüngeren Frauen sehr ernsthaft und auch sehr konzentriert tanzen – manche sogar sehr virtuos –, machen sich die älteren einen Spaß daraus, sexuelle Erregung zu simulieren und zu parodieren, während die anderen Frauen belustigt applaudieren.

Die Tänze während dieser Vorbereitungen sind ganz spontan, und die Frauen, die sich voller Hingabe in ihrem Rhythmus bewegen, scheinen eine Sexualität ohne Zwänge auszudrücken, obwohl sie sich selbst vielleicht nur von einem Druck befreien, den sie schon zu lange ertragen mußten. Die Fröhlichkeit dieser Frauen ist jedenfalls augenfällig und scheint unseren dramatisierenden Vorstellungen von den erzwungenen Heiraten im Maghreb zu widersprechen.

Sind diese Tänze vielleicht ein Ventil für den unerträglichen Druck, für die Schwierigkeiten, mit denen sie tagtäglich konfrontiert sind? Ist es eine Gelegenheit, sich endlich einmal dem Leichtsinn, dem Spiel, dem Vergnügen hingeben zu können, und drückt sich in dem Verhalten dieser Frauen nicht auch die extreme Bedeutung der Sexualität in dieser Gesellschaft aus? Auf jeden Fall scheint diese rein weibliche Körpersprache, in der die Männer verspottet werden und die den Frauen offensichtlich großes Vergnügen bereitet, eine Revanche zu sein, ein Sieg über die Männer. Und die Männer finden sich damit ab, wahrscheinlich weil sie nur ein kleiner und kurzer Akt der Befreiung ist.

Riten der Frauen

Der Vorabend der Hochzeit

Am Vorabend der Hochzeit begeben sich die Eltern des Bräutigams zum Haus des jungen Mädchens, um den Brautpreis zu überbringen. In unserem Fall übergeben die Schwiegereltern gleich die Aussteuer, die sonst von den Eltern der Braut von dem erhaltenen Geld gekauft wird. Gleichzeitig bringen sie auch Geschenke und Nahrungsmittel mit, die beim Empfang im Haus der Braut benötigt werden.

Auf dem Hof ihrer Eltern nimmt Frau Lâali unter dem Vorwand, den Inhalt der für die Braut bestimmten Koffer ordentlich zusammenzufalten, noch einmal jedes einzelne Kleidungsstück heraus – Kleider, Röcke, Blusen etc. –, während die Frauen der Verwandtschaft und Nachbarschaft aufmerksam zuschauen. Es ist ein großer Augenblick, Geschmack und Anschaffungen der ›Pariserin‹ müssen vor ihren kritischen Blicken bestehen. Aber Frau Lâali fühlt sich sicher. Sie hat gute Arbeit geleistet.

Neben der Aussteuer haben die Lâalis auch noch zwei Hammel für die Familie der Braut ausgesucht. Da die Hitze dem Fleisch schaden würde, soll der Aufbruch erst am Abend erfolgen, wenn es etwas kühler geworden ist. Eine Delegation der Familie des Bräutigams hat sich gebildet; sie besteht aus lauter Frauen, die Frau Lâalis Vater begleiten: aus Frau Lâali, zwei ihrer Töchter und mir in meiner Eigenschaft als Tante und Fahrerin. Der väterliche Familienclan ist also nicht vertreten, und für die vier Frauen – drei davon stammen aus der Lâali-Familie – gibt es nur eine männliche Begleitperson.

Um halb zehn Uhr abends kommen wir in Algier an und werden von der Familie Djamilas, die mitten in den Vorbereitungen steckt, empfangen. Nach dem Essen machen es sich die beiden Mütter auf den Kissen gemütlich; sie plaudern und machen Scherze wie zwei alte Komplizinnen, offensichtlich sehr über den Gang der Ereignisse erfreut. Aber hinter ihrem Rücken scheint sich ein Unwetter zusammenzubrauen. Eine Tochter von Frau Lâali nimmt mich zur Seite und sagt mir, Djamila würde seit Tagen nur noch weinen und sei völlig verzweifelt. Die Verwirrung und der innere Aufuhr, in dem sich das junge Mädchen befindet, scheinen das übliche Maß zu übersteigen und nicht nur Ausdruck eines bloß konformen Verhaltens zu sein. Von den jungen Mädchen wird nämlich erwartet, daß sie nicht ohne Tränen ihr Elternhaus verlassen. Unter den Jüngeren wird viel getuschelt, und die Brüder Djamilas bezweifeln sogar, ob sie ihre Zustimmung geben wird! Den Fünfzehn- bis Fünfundzwanzigjährigen, die sowohl in Paris wie in Algier leben, geht diese Sache sehr nahe; sie sind überrascht, betroffen, ja schockiert. War es möglich, daß Frau Lâali das junge Mädchen erst gar nicht nach seiner Meinung gefragt hatte, sie, die früher selbst einmal neue Wege beschritten hatte.[2]

Die Traditionen haben wieder einmal ihre Macht bewiesen: die Jugendlichen, die sich gern als kritisch und modern betrachten, und auch ich in meiner Rolle als Beobachterin haben mit dazu beigetragen, daß Djamila in diese Falle geriet. Angesteckt von der Feststimmung und den ganzen Vorbereitungen haben wir die uns zugeteilte Rolle übernommen in einer Sache, die schon seit über einem Jahr vorbereitet wird und nun ihrem Höhepunkt zustrebt. Wir waren Komplizen gewesen, als dieses Gewebe aus Nicht-Ausgesprochenem, das die alten Bräuche lebendig erhält, sich verdichtete. Wir haben einfach untätig zugeschaut. Aber gibt es unter diesen Umständen überhaupt noch eine Möglichkeit einzugreifen? Und habe ich das Recht, mich in eine so heikle Sache einzumischen?

Ob wir wollen oder nicht, wir müssen uns fügen. Außerdem hat Djamila nicht ausdrücklich ihre Zustimmung zu dieser Heirat verweigert. Und in diesem Punkt enthüllt sich die ganze subtile Macht der Tradition. Djamila hätte sich ja durchaus auch von den Aussichten, die ihr diese Partie bot, verführen oder zumindest beeindrucken lassen können: ein ausgesprochen netter junger Mann mit dem Herz auf dem rechten Fleck, zurückhaltend, voll guten Willens und immer darauf bedacht, zu gefallen. Ein junger Mann, der sie nach Paris mitnehmen würde, was ihr vielleicht etwas Angst machte, gleichzeitig aber auch ein angenehmes Leben garantierte – nach Paris, wo bereits eine ihrer Schwestern lebte und wo sie sich dank ihrer Schulbildung ohne größere Schwierigkeiten einleben würde. Und es gab noch weitere Vorteile: Schwiegereltern, die sowohl in Frankreich wie auch in der Heimat hohes Ansehen genossen, Schwägerinnen, mit denen sie sich von Anfang an gut verstanden hatte – wie übrigens auch mit ihrer Schwiegermutter – kurz, eine moderne Familie, die sich gleichzeitig ihren alten Status bewahrt hatte.

Jedenfalls ist es jetzt zu spät für Djamila; an der Situation läßt sich nichts mehr ändern, ihr Schicksal ist besiegelt, ob sie nun einverstanden ist oder nicht. Eine Weigerung hätte für beide Familien katastrophale Folgen. Die Familie wäre entehrt und ihre beiden jüngeren Schwestern würden keinen Mann finden. Djamila sitzt in der Falle, handlungsunfähig gemacht durch eine Erziehung, die auf Gehorsam, Unterordnung und einem erzwungenen Einverständnis basiert, ein Einverständnis, das schwer auf ihr lastet.

Die Veränderungen, das Neue, Unbekannte, das sie erwartet, erklären die Verwirrung Djamilas und lassen den Brauch, der die Braut dazu ermuntert, ihren Tränen freien Lauf zu lassen, sinnvoll erscheinen. Aber viele Beteiligte empfinden doch ein leichtes Unbehagen. Einige haben auch ein schlechtes Gewissen und das Gefühl, in eine Sache verwickelt worden zu sein, die sie nicht wirklich gutheißen können. Und wieder andere kommen sich wie Verräter vor. Die Jungen und ›modern Eingestellten‹ sind mißtrauisch und hellhörig geworden.

Das Henna-Ritual bei der Braut

Am nächsten Morgen kehrt die Delegation, die der Braut die Geschenke gebracht hatte, in aller Frühe in das Dorf zurück. In etwas veränderter Zusammensetzung brechen wir aber noch am Abend desselben Tages wieder nach Algier auf, um am Tag darauf die Braut abzuholen.

Wir begeben uns also wieder in das Haus des jungen Mädchens. Am Nachmittag hat ein großer Empfang für die Freundinnen Djamilas stattgefunden. Sie waren in Begleitung ihrer Mütter gekommen, um sich die traditionelle Aussteuer-Modenschau anzuschauen. Die Braut ist unverschleiert und von einer Kosmetikerin sorgfältig geschminkt und frisiert. Der Clou der Vorführung ist das weiße Brautkleid...

Als wir am Abend ankommen, ist dieser Empfang jedoch schon über die Bühne gegangen. Der große Raum gehört jetzt den Männern, die Anspruch auf einen eigenen Empfang haben. Die Frauen, es sind ungefähr dreißig, haben sich in die Wohnung zurückgezogen; eine sehr unterschiedlich gekleidete Gruppe: kabylische Festkleider, farbenfroh, züchtig, mit Ärmeln, die aber ziemlich kurz sind; leuchtend bunte Strümpfe, bedeckt von gefältelten weißen Tüllröcken (*chaoulala*) mit gezackten bunten Borten, die die Farben der Kleider durchschimmern lassen. Neben den kabylischen Festgewändern sieht man ausgeschnittene, ärmellose Abendkleider, wie sie in Frankreich getragen werden, und ein paar traditionelle, für die Hauptstadt typische Roben aus schwerem roten oder schwarzem Samt, bestickt oder mit Pailletten besetzt.

Die Frauen aus Algier tanzen nicht. Es sind die Frauen vom Lande, die das Fest in Schwung bringen. Sie haben ihre Trommeln und Tamburine mitgebracht und sind fest entschlossen, zu feiern; Tänze und Gesänge wechseln sich ab.

Djamila sitzt im Zimmer ihrer Eltern. Sie trägt ihre Aussteuergarderobe: ein Nachthemd und ein Negligé aus aprikosenfarbenem Voile, der wunderbar zu ihrer leicht gebräunten Haut paßt. Ein Knoten aus Locken bringt ihr prächtiges kastanienbraunes Haar erst richtig zur Geltung. Die Kosmetikerin hat ihre ganze Kunst aufgeboten, um Djamilas Schönheit erstrahlen zu lassen – ein Bild für eine Modezeitschrift! Sie sieht wirklich hinreißend aus. Es fehlt ihr auch nicht an Gesellschaft. Ein paar Freundinnen, die nach dem Empfang geblieben sind, unterhalten sich abwechselnd mit ihr. Heute abend gibt es keine Spur von Tränen, und ihre Angst hat sie anscheinend auch verloren. Ohne einen Anflug von Trauer, aber auch ohne großen Überschwang plaudert sie mit ihren Freundinnen. Jedenfalls scheint sie genau zu wissen, daß sie im Mittelpunkt des Geschehens steht.

An diesem Abend findet sowohl im Haus des Bräutigams als auch in dem der Braut das Henna-Ritual statt. Aber hier in Algier, bei einer Hochzeit im neuen Stil, beschränkt sich das Ritual auf das Wesentliche. Gewöhnlich zieht die Braut sich auf ihr Zimmer zurück, und die Schwiegermutter trägt das Henna auf. In unserem Fall ist es jedoch nicht die Schwiegermutter, sondern eine Großtante des Bräutigams mütterlicherseits, die in Algier lebt und mit der Mutter der Braut befreundet ist. Als *hadjiya* – eine Frau, die eine Pilgerfahrt nach Mekka unternommen hat – genießt sie besonderes Ansehen. Diese *hadjiya*, flankiert von zwei kleinen Mädchen mit Kerzen in der Hand, bestreicht die Handflächen und Fingerkuppen Djamilas mit Henna.

Als diese, von nur wenigen Gesängen begleitete Zeremonie beendet ist, wird die Braut in einen Schleier gehüllt, der ihren Kopf, aber nicht ihr Gesicht bedeckt, und von zwei Frauen – eine von ihnen ist die *hadjiya* – zu den anderen Frauen geführt. Die *hadjiya* bestätigt, daß das Ritual durchgeführt wurde, und die nun wieder einsetzenden Tänze, Rufe und Lieder sind noch ausgelassener. Die Braut wird auf ihr Zimmer geführt, wo sie bis zum nächsten Morgen bleibt.

Das Henna-Ritual beim Bräutigam

Zur gleichen Zeit findet im Dorf dieselbe Zeremonie für den Bräutigam statt. Die Familie hat sich in dem Haus seines Großvaters mütterlicherseits versammelt: die Männer auf dem Hof, die Frauen in dem großen Raum.

Ali hat in dem großen Raum auf einer Matte Platz genommen, neben ihm sitzen die Schwester und die Cousine seines Vaters. Seine Mutter befindet sich ebenfalls in seiner Nähe. Alle Anwesenden singen alte, dem Anlaß entsprechende Lieder. Zwei Männer haben sich noch dazugesellt, ein Freund seines Vaters und sein Schwager mütterlicherseits. Auf der Matte wird ein neues Tuch ausgebreitet und ein Teller darauf gestellt. Die Tante des Bräutigams öffnet die Packung mit Henna und trägt es auf – einen kleinen Klacks auf Alis Handfläche, der die Form eines *tibhirt*, eines Gartens, hat, was sich als ein Symbol des Wohlstands und der Fruchtbarkeit deuten läßt.

Früher zerschlug der Bräutigam den Teller, um zu verhindern, daß der Teller mit dem Henna bei den Praktiken schwarzer Magie Verwendung fand. (Manche sehen darin auch einen symbolischen Akt, mit dem der Bräutigam seine Männlichkeit beweist.) Ali hat den Teller jedenfalls nicht zerbrochen: »Heutzutage macht man das nicht mehr...«

Bei der Auswahl der Beteiligten wird jedoch immer noch genau darauf geachtet, daß sie der väterlichen Sippe angehören. Bei der Durchführung der Rituale werden Verstöße gegen das Gesetz der Patrilinearität, die bei dieser Hochzeit ziemlich häufig vorgekommen sind, nicht geduldet.

Nach dieser Zeremonie wird gefeiert. Die Frauen tanzen in der Wohnung, die Männer auf dem Hof. Die Atmosphäre ist locker und familiär.

Fest der Frauen

An diesem Tag wird die Braut von ihrem Elternhaus abgeholt und in das Haus des Bräutigams gebracht, das in der patrilokalen Tradition das Haus der väterlichen Sippe ist, in unserem Fall jedoch ausnahmsweise das der Großeltern mütterlicherseits.

Ein Problem taucht auf: In welchem Wagen soll die Braut Platz nehmen? Eigentlich war der Wagen ihres Schwiegervaters vorgesehen, der große Kombi von Herrn Lâali, den ich bisher gefahren habe. Eine Platzverschwendung, wie im letzten Augenblick festgestellt wird. In den Kombi gehen acht Personen, das heißt, vier Plätze würden frei bleiben, wenn die Braut, wie das so üblich ist, abgesehen von dem Fahrer nur in Begleitung von zwei Frauen zu ihrem neuen Domizil fährt. Die Brüder der Braut, ziemlich ungehalten, daß sie aus sogenannten Gründen der Schicklichkeit wieder umdekorieren müssen, nehmen die rosaroten, hellblauen und weißen Bänder von dem Kombi und waschen schnell ein anderes Auto, das nur vier Sitze hat.

Ich kann mich des Eindrucks nicht erwehren, daß sich hinter der Person des Verwaltungsbeamten ein Zeremonienmeister verbirgt, der entscheidet, was schicklich ist und was nicht. Offensichtlich hat er die Sache mit dem Wagen zur Sprache gebracht und den Wechsel durchgesetzt. Er hat wahrscheinlich befürchtet, daß ich die Braut fahre und somit die Braut von einer Frau zu ihrem neuen Heim gefahren wird – das hat es noch nie im Dorf gegeben. Sie wird also von dem älteren Halbbruder Alis gefahren. Der Schicklichkeit wurde damit Genüge getan.

Den Männern scheint vor allem daran gelegen zu sein, sich und ihre Familien einem sicheren Fahrer anzuvertrauen. Ein paar von ihnen haben in der vergangenen Nacht ausgiebig gefeiert und leiden noch unter den Nachwirkungen. Mein Auto erfreut sich deshalb großer Beliebtheit: Man nimmt nämlich an, daß ich nicht über die Stränge geschlagen habe – dieses Mal ist also eine Frau in der Rolle eines Mannes auch zu etwas nütze! Ich muß mich sogar energisch dagegen wehren, daß mehr als sieben Fahrgäste in meinen Wagen steigen.

Als Djamila über die Schwelle der väterlichen Wohnung tritt, muß sie unter dem Bein ihrer Mutter durchgehen. Man erklärt mir, daß dieser Brauch vor dem bösen Blick schützen soll. Aber könnte es nicht auch ein Verstoßungsritual sein, eine zweite Geburt? Zumal Djamila in einen undurchsichtigen weißen Schleier gewickelt ist wie in eine Windel, die sie gefangen hält. Sie soll nicht gesehen werden, kann aber selbst auch nichts sehen und muß von zwei Begleiterinnen geführt werden, von der Schwester ihrer Mutter als einer Angehörigen ihrer Familie und von der älteren Halbschwester Alis (Herrn Lâalis erste Tochter) als einer Angehörigen der Familie des Bräutigams.

Wir fahren los. Meine Fahrgäste trommeln auf Tamburinen und auf dem Blech des Wagens, dessen Fenster heruntergekurbelt sind; jedesmal wenn ein anderes Auto auftaucht oder wenn wir durch ein Dorf fahren, stoßen sie schrille Schreie aus. Wir bleiben nicht unbemerkt!

Bei unseren Reisen zwischen Algier und den Dörfern gab es kein Wochenende, an dem so viel los war wie an diesem, dem vorletzten vor der Fastenzeit. Zwischen der Stadt und den kabylischen Dörfern und umgekehrt schien sich ein richtiger Mädchenhandel entwickelt zu haben. Die Autos sind geschmückt mit Bändern, frischen oder auch künstlichen Blumen, Laub und sogar Girlanden und Sträußen aus Federn. Weiß und Rosa herrschen vor, aber auch die Nationalfarben Grün und Rot wurden nicht vergessen.

Aus all diesen Wagen dringen die Rhythmen der *derbouka*, der *ttbel*, die Lieder der Männer und Frauen, die schrillen Rufe, das Getrommel auf dem Blech, die Akkorde oder Melodien der Hupen. Jedes Auto bringt ein Ständchen aus allen möglichen Geräuschen, vor allem aber aus extrem lauten. Und wenn die Autos in den Städten eine Schlange bilden, ist der Lärm einfach ohrenbetäubend.

Im Innern der ersten Wagen kann man die unterschiedlich gekleideten Bräute sehen: die traditionellen, ganz in Weiß gehüllten oder die nach europäischer Sitte ebenfalls in Weiß, aber sehr viel leichter gekleideten (die ›Zivilisierten‹, wie man damals in Algerien sagte), die das Gesicht überhaupt nicht oder nur mit einem durchsichtigen Schleier verhüllt haben.

Im August ist es auf den algerischen Landstraßen am Nachmittag gewöhnlich unerträglich heiß, vor allem für unsere Braut, die unter ihren vielen undurchsichtigen Hüllen beinahe erstickt. Dreimal hatte sie eine Kreislaufschwäche.

Die Ankunft im Dorf ist triumphal. Ein Höllenlärm bricht los: Hupen, Trommeln, Tamburine und die Freudenschreie der Ankömmlinge und Dorfbewohner, die überhaupt nicht mehr abreißen. Der Braut, die immer noch verhüllt ist, wird aus dem Wagen geholfen; schwer vorstellbar, daß sich unter all diesen Stoffschichten die strahlende, sorgfältig geschminkte Djamila von gestern abend mit den zu einem Knoten zusammengefaßten Locken und dem eleganten weißen Kleid befindet. Beim Überschreiten der Schwelle muß die Braut bestimmte Rituale einhalten. Früher schöpfte der Mann noch mit einem Krug, dem *tabuqalt,* Wasser von der Quelle. Er trank davon und gab ihn dann an sie weiter. Die alten Tonkrüge sind jedoch nicht mehr üblich. Ein Topf wird als ausreichend betrachtet. In Gegenwart von zahlreichen Zuschauern, die sich links und rechts von der Tür postiert haben, schöpft der Bräutigam, der neben seiner Mutter steht, dreimal etwas Wasser, das er Djamila anbietet. Danach nimmt sie selbst eine Handvoll und wirft es sich über die Schulter. Bevor sie eintritt, gibt ihr Mann ihr noch eine Handvoll Weizen, Puffbohnen und getrocknete Feigen sowie ein paar Krapfen oder Pfannkuchen, die sie mit den Lippen berührt und unter den Kindern verteilt, »damit die Braut viel Glück in ihrem Leben hat«. Früher haben die Bräute aus dieser Gegend der Kabylei angeblich auch Weizen ausgesät.

Weizen als Fruchtbarkeitssymbol ist bekannt. Die vielen Silberperlen des traditionellen kabylischen Schmuckes werden auch *irdar,* Weizenkörner, genannt. Zusammen mit Oliven sind Weizen, Puffbohnen und getrocknete Feigen die Grundnahrungsmittel der kabylischen Bauern. Das Wasser ist in diesem unberechenbaren Klima besonders kostbar. Es ist ein verbindendes Element, wenn die Braut sich eine Handvoll Wasser über die Schulter wirft, nachdem sie zuvor aus den Händen ihres Mannes getrunken hat. Sie gibt damit ihre Absicht kund, sich einer neuen Gemeinschaft einzugliedern und die frühere zu vergessen.

Die Geburt eines geschlechtlichen Wesens

Djamila wird in den größten Raum geführt. In der Decke gegenüber der Tür liegt eine Matratze, über die eine Decke gebreitet ist: Ihre Begleiterinnen bedeuten ihr, Platz zu nehmen, und setzen sich neben sie. Djamila verharrt den ganzen Tag und den ganzen Abend auf ihrer Matratze, verhüllt und regungslos. Es kommen immer wieder Frauen und leisten der zur Regungslosigkeit Verurteilten Gesellschaft. Auch die Frauen ihrer Familie statten ihr einen Besuch ab. Ihre aufmerksame Schwägerin, Frau Lâalis älteste Tochter, die mit ihren kurzen Haaren und ihrer festlichen Garderobe wie eine Pariserin aussieht, versucht mit ihr zu plaudern, was sich eigentlich nicht schickt. Ihre jüngste Schwägerin, eine Zwölfjährige, wagt es sogar, den Schleier zu heben, um sie anzuschauen und ihr etwas zuzuflüstern...

Da die Anstandsregeln bisher gewahrt wurden, hat die Wachsamkeit der anwesenden Frauen etwas nachgelassen. Der Braut wird nun ein schwarzer Schleier übers Gesicht gezogen. Ein eindrucksvolles Bild, diese in weiße Schleier eingewickelte und vermummte Gestalt, die dort, wo das Gesicht sein sollte, ein gähnend schwarzes Loch aufweist. Es scheint die Auslöschung jeder Eigenpersönlichkeit zu sein. Aber vielleicht lasse ich mich auch nur von der verhängnisvollen Bedeutung, die Schwarz in meiner Kultur hat, beeinflussen. Für Djamila hat dieser leichte, durchsichtige Schleier den großen Vorzug, ihr den Blick freizugeben, ohne daß sie selbst gesehen wird, und ihr das Atmen zu erleichtern. Aber es ändert nichts an der Tatsache, daß sie den ganzen Tag völlig untätig wie in einem Dämmerzustand verbringen muß.

Die Symbolik der Riten beim Verlassen des elterlichen Hauses drängt sich einem auf: Ist die Braut nicht ein Wesen, das sich allmählich entwickelt, als würde sie ein zweites Mal geboren? Geboren wird jedoch kein Kind, sondern eine Frau, deren sexuell aktives Leben beginnt.

Die Frauen, die zur Familie der Braut gehören, bekommen ein einfaches Essen serviert. Die Braut selbst ißt und trinkt nur sehr wenig. Die Sitte verlangt von ihr beinahe völlige Enthaltsamkeit, damit sie nicht in die Verlegenheit kommt, ihre Ecke verlassen zu müssen.

Gegen acht Uhr ist das Abendessen fertig. Die Männer werden an einem Tisch im Nachbarhaus bewirtet. Als sie gegessen haben, werden zwei von ihnen zu den Frauen delegiert, um ihnen ihr Essen zu bringen. Die Frauen sitzen in dem großen Raum, in dem sich auch die Braut befindet, dicht gedrängt auf dem Boden. Auf jeden Teller kommt ein tüchtiger Schlag Couscous, über das Bouillon und grüne Bohnen gegeben werden. Die Frauen, die zur Familie der Braut gehören, werden zuerst bedient. Dann werden aus einem Plastikbehälter gekochte Fleischstücke verteilt: Die Männer achten darauf, daß jede ein Stück zugeteilt bekommt. Ich bin sicher, sie selbst haben sich großzügiger bedient. Aber das ist so üblich. Die meisten Frauen aus den Dörfern sind glücklich, überhaupt Fleisch auf dem Teller zu haben. Angesichts der wirtschaftlichen Krise in Algerien ist Fleisch ein Luxusprodukt, welches immer rarer wird. Die »guten Familien« eines Dorfes sind diejenigen, die es sich erlauben können, zweimal in der Woche Fleisch zu essen. Und *seksu* mit Fleisch und Butter ist heute schon ein Festessen!

Frauen unter sich

Die Braut sitzt immer noch in ihrer Ecke, von Kopf bis Fuß verhüllt und regungslos. Um sie herum werden die Unterhaltungen zwischen den Frauen ihrer Familie und ein paar anderen aus der Familie ihrer Gastgeberin immer lebhafter. Da sie heute im Mittelpunkt stehen, haben die fleißigen Gastgeberinnen von gestern ihre besten Kleider angezogen – glänzende kabylische Gewänder –, ihren Goldschmuck angelegt und ihre Haare unter ihren hübschesten Tüchern versteckt.

Das Lob der Männer

Nach dem Abendessen kann das eigentliche Fest beginnen. Auf dem Programm stehen die Lieder der Frauen, Spiele und andere Vergnügungen. Wie bei der Zubereitung des *seksu* vor drei Tagen versuchen die Jüngeren sich mit den gerade gängigen Liedern durchzusetzen, Lieder, die sie singen und auf die sie auch tanzen, wenn sich die Gelegenheit dazu bietet.

Aber an diesem Abend hat die Jugend nicht viel zu melden. Das Fest muß würdevoll begangen werden. Ein paar Frauen erheben sich und fordern, daß man ihnen Platz macht, um vor der Braut die *urar-* oder *acekker*-Loblieder singen zu können. Sie stehen einander paarweise gegenüber und haben sich gegenseitig die Hände auf die Schultern gelegt. Dann fangen sie an, das Lob der männlichen Hochzeitsgäste zu singen; sie bedienen sich eines Sprechgesangs, bei dem dieselbe Tonfolge ständig wiederholt wird. Die eine Gruppe improvisiert eine Strophe, und die andere nimmt sie auf. Die Gesänge sind sehr alt, und manche Frauen sind versierte Reimkünstlerinnen, die kunstvolle Komplimente kreieren können, bei denen sie auf ein Repertoire traditioneller Bilder zurückgreifen.

Der erste Mann, der bedacht wird, ist der Großvater des Bräutigams mütterlicherseits, bei dem das Fest stattfindet und der als Gastgeber dem Vater des Bräutigams den Rang abläuft und ihn auf den dritten Platz nach einem anderen aus der mütterlichen Sippe verweist. Im Lauf des Abends werden jedoch beinahe alle Männer, die den Eltern des Bräutigams nahestehen, mit einem Loblied bedacht und so den Anwesenden vorgestellt – auch der jungen Braut, die auf diese Weise die männlichen Mitglieder ihrer neuen, mit Respekt zu behandelnden Verwandtschaft kennenlernt. Die Frauen scheinen sich vor allem auf die Männer von Frau Lâalis Sippe zu konzentrieren. Häufig haben ihre Komplimente einen ironischen, beinahe schon kritischen Unterton. Voller Aufmerksamkeit und Hochachtung für ihre Gastgeberin wünschen sie auch ihr ein erfülltes, glückliches Leben und mahnen den Sohn:

Und du, Ali, ...
mach deine Mutter glücklich,
schenk ihr sieben Knaben.

Für diese Frauen ist also das Geschenk von sieben männlichen Nachkommen, das der Sohn seiner Mutter macht, Sinn und Zweck der Verbindung. Der Sohn heiratet eher aus Liebe zu seiner Mutter als zu seiner Frau. In dieser Angelegenheit ist die junge Frau, die sehr poetisch mit einem Basilikumbüschel verglichen wird, nichts weiter als ein Mittel zum Zweck und der von den Frauen besungenen Mutter-Sohn-Beziehung von Anfang an untergeordnet.

Tanz und Sexualität

Die Jüngeren werden ungeduldig. Die Tanzlustigen unter ihnen fühlen sich zum Stillhalten verurteilt, und die Trommlerinnen versuchen mehrere Male sich durchzusetzen und die Stimmen der Sängerinnen zu übertönen. Schließlich geben diese auch auf, das Durcheinander ist einfach zu groß. Die auf dem Boden sitzenden

Frauen rücken zusammen und lassen gerade so viel Platz vor der Braut und ihren Eltern, wie die Tänzerin benötigt.

Wie schon bei früheren Anlässen tritt dann eine nach der anderen auf. Aber die Vorbereitungen erfordern heute abend mehr Zeit. Anscheinend geben sich die Frauen noch mehr Mühe mit dem Zeremoniell. Das Publikum ist besonders zahlreich: zusammen mit den jungen Mädchen und Nachbarsfrauen sind es bestimmt über fünfzig Frauen, die sich auf ungefähr 25 Quadratmetern zusammendrängen. Jeder Auftritt wird sorgfältig vorbereitet: Über das Kleid wird ein durchsichtiger Rock gezogen, und das Tuch mit den Fransen wird fest über den Pobacken zusammengebunden, ein anderes wird mit ausgestreckten Armen über dem Kopf geschwenkt. Häufig bitten die Frauen auch diejenigen, die die Musik machen, ein bestimmtes Lied zu spielen, dessen Rhythmus ihnen besonders zusagt. Wenn eine Frau sich erhebt, um die nötigen Vorbereitungen zu treffen, wird sie durch lautes Zurufen ermuntert und, wenn sie in Fahrt gerät, ein schnellerer Trommelrhythmus verlangt. Wenn sie dann wahre Wunder an Schnelligkeit bei ihren ruckartigen Hüftbewegungen vollbringt, scheinen die Zurufe aus einer einzigen Kehle zu kommen; und sie sind auch noch zu hören, wenn sie erschöpft aufhört zu tanzen. Abgesehen von den Begleiterinnen der Braut und der Braut selbst produzieren sich beinahe alle Anwesenden, eine nach der anderen.

Was bedeuten diese Tänze vor der Braut? Kommt die Herausforderung, die in ihnen liegt, einer Einladung zu sexueller Betätigung gleich? Eine Interpretation, die nicht von der Hand zu weisen ist. Und beweisen diese Frauen, die vor ihr tanzen, nicht ihr Wissen auf diesem Gebiet? Die Anzüglichkeiten, das Gelächter, die Späße scheinen das zu bestätigen. Ist doch die Hochzeit eine Initiationszeremonie, mit der ein sexuell aktiver Lebensabschnitt beginnt, eine Hinwendung zur Sexualität, auf die weder das Individuum noch die Sippe verzichten kann, die aber innerhalb der Beziehungen zwischen Männern und Frauen auch als Waffe eingesetzt werden kann.

Die Tänzerinnen sind unermüdlich. Jede möchte gleich mehrere Male ihr Talent unter Beweis stellen, und das Fest zieht sich endlos lange hin. Erst gegen vier Uhr morgens leert sich dann allmählich das Haus. Die Braut ist immer noch an ihrem Platz, umgeben und bewacht von den Frauen ihrer Familie, die auch den Rest der Nacht bei ihr verbringen, auf den Matratzen, die in dem Zimmer verteilt wurden, in dem das Fest der Frauen stattfand. Der Ehemann wird an diesem Abend noch nicht zu ihr kommen.

Die reservierten Männer

Bei den Männern wird nicht gefeiert, nicht getanzt und nicht einmal Musik gemacht. Man unterhält sich einfach nur und geht dann auseinander. Haben sie nicht das Bedürfnis, sich zu vergnügen? Gibt es für sie außer ihren Caféhausgesprächen oder den Alkoholexzessen, denen einige von ihnen sich gelegentlich hingeben, denn nichts, was sie reizt? Ein paar, die ich außerhalb des Hauses antraf, vermittelten mir den Eindruck, daß sie das, was sie als weiblichen Überschwang bezeichneten, nachsichtig und gleichzeitig herablassend hinnahmen, so wie man die ausgelassenen Spiele von Kindern hinnimmt. Aber es schwang noch etwas anderes mit: eine gewisse Besorgnis, ja beinahe schon die Angst der Männer davor, daß es bei den Frauen zu Regelwidrigkeiten kommen könnte. Sie haben der weiblichen Sexualität zwar eine ganze Reihe von Beschränkungen auferlegt, ihr einen bestimmten Kodex aufgezwungen, aber alle ihre Manifestationen können sie doch nicht kontrollieren, etwas wird ihnen immer entgehen. Also wird sie ins Haus verbannt.

Interessant sind die Erklärungen, die die Männer abgeben. Sie sprechen weniger von Sitte und Anstand als von ihrem Besitzrecht. Die Argumente sind dieselben, mit denen sie das Tragen des Schleiers begründen. Es gehört sich nicht, daß *andere* Männer *ihren* Frauen bei solchen Tänzen zuschauen. Je mehr Frauen anwesend sind, desto strenger muß darauf geachtet werden, daß das nicht geschieht. So erklärt sich auch, weshalb das Henna-Ritual bei dem Bräutigam nicht so strikten Vorschriften unterworfen war, weshalb die gleichzeitige Anwesenheit von Männern und Frauen geduldet wurde und weshalb die Männer bei dieser Gelegenheit getanzt haben. Man war unter sich, nur die eigene Familie und die nächsten Nachbarn waren anwesend, nicht die angeheiratete Sippschaft. Außerdem befand man sich unter modern Eingestellten und mußte weniger repräsentieren als am Tag zuvor. Die Familienehre schien in guten Händen, denn schließlich war ein Sittenrichter anwesend: der Verwaltungsbeamte, den ich häufig vor dem Haus stehen sah, wo er einschließlich der jüngeren Brüder des Bräutigams alle jungen Männer vertrieb, die versuchten, in den Hof einzudringen – ein ziemlich ungewöhnliches Verhalten, da die jungen Burschen häufig als Boten zwischen den Männern und Frauen fungieren und seit eh und je große Bewegungsfreiheit genießen. Er gestattete gerade noch, daß ein paar Frauen – unter ihnen auch ich – über die Schwelle nach draußen treten durften, um unter seinen mißbilligenden Blicken mit der anderen Seite, den Männern, ein paar Worte zu wechseln. Die ›Modernen‹, die schon die Vermutung, daß Djamila möglicherweise ihre Zustimmung gar nicht gegeben hatte, mit Besorgnis erfüllte, wußten überhaupt nicht, was sie davon halten sollten. In einer Umgebung, die sie für fortschrittlich gehalten hatten, war eine solche Strenge einfach unbegreiflich.

Ein anderer Vorfall ließ die Atmosphäre noch gespannter werden. Nicht alle Männer wollten darauf verzichten, sich zu vergnügen. Die jungen Männer aus Algier, die Brüder der Braut, die beiden Jüngsten und zwei ihrer Freunde waren fest entschlossen, sich nicht mit dem Echo eines Festes zu begnügen, von dem man sie ausgeschlossen hatte.

Diese Gruppe von ungefähr zehn jungen Männern entfernte sich von den anderen und fing an, die gerade gängigen Lieder zu singen und Gitarre zu spielen. Das musikalische Intermezzo der Jugend fand jedoch keinen Beifall. Es kam zu einem heftigen Wortwechsel und sogar zu Handgreiflichkeiten. Die Gewalt siegte, und die Jungen, die sich mißvergnügt fügten, mußten auf ihr Fest verzichten. Auch danach gaben die Dorfbewohner ihre Mißbilligung den jungen Männern gegenüber zu erkennen, die sich ihrerseits sagten, daß ›mit diesen Wilden‹ nichts anzufangen sei.

Was ging hier vor sich in diesen Dörfern, die einen so toleranten Eindruck machten, aus denen so viele Männer die Schule besucht und im Ausland gelebt hatten? Noch nie hatte es eine so strikte Geschlechtertrennung gegeben. Wie erklärte sich dieser Rigorismus bei der Hochzeit eines in Paris lebenden Emigranten mit einem aus Algier stammenden Mädchen?

Verschiedene Gründe lassen sich anführen. Zunächst einmal befürchteten die Familien, die ihre Dörfer verlassen hatten, um in der Stadt oder in Frankreich zu leben, daß man ihnen eine übertrieben moderne Einstellung und Verrat an den traditionellen Werten vorwerfen würde. Und bei dieser Hochzeit hatte es bereits mehrere Verstöße gegen die Traditionen gegeben, die dem Ruf der Familie schaden konnten, wie zum Beispiel die unerwartete matrilokale Ortswahl.

Es steht viel auf dem Spiel, auch wenn die Gewichte ungleich verteilt sind. Die Ehre der Lâali-Sippe ist zwar auch ein Punkt, der berücksichtigt werden muß, aber da sie in den Dörfern sowieso kaum noch vertreten ist, haben ihre Mitglieder eigentlich schon resigniert. Es geht also vor allem um das Prestige der zahlreichen Verwandtschaft von Frau Lâali, die auch sonst eine wichtige Rolle spielt. Die Reputation des Verwaltungsbeamten steht dabei im Vordergrund. Seit einiger Zeit besucht dieser Mann die *zaouia* (islamische Religionsschule) in T. und steht im Ruf großer Frömmigkeit. Er stößt zwar auf eine gewisse Opposition, die die fragwürdigen Einzelheiten seiner Amtsführung herausstreicht, über die er selbst jedoch Stillschweigen bewahrt. Die Frauen hingegen erlauben sich einige ironische Kommentare. Die Wahlen stehen bevor, und er muß von der siegreichen Mannschaft übernommen werden, auch wenn er selbst in seiner Funktion nicht gewählt wird. Seine Nominierung hängt also von ihrem Schicksal ab. Wichtig in diesem Kontext ist auch, daß er einer Bewegung angehört, die sich damals in Algerien ausbreitete und einen islamischen Rigorismus predigte. Ihren Kern bildete die Organisation der musulmanischen Brüder.

Die Wechselfälle der Politik spiegeln sich also auch in dieser Hochzeit wider, einer Hochzeit, bei der viele Spannungen zutage traten.

Frauen brechen mit der Tradition

Die Frauen feiern noch den ganzen nächsten Morgen und den halben Nachmittag. Sie tanzen im Hof, im Schatten eines großen Feigenbaums – ein buntes Bild, bei dem warme, schimmernde Orange-, Gelb- und Rottöne vorherrschen.

Es gibt aber auch welche unter ihnen, die nicht tanzen, wie zum Beispiel die drei Cousinen Alis: blasse, kränklich aussehende Geschöpfe, die zusammen mit ihrem verwitweten Vater völlig abgeschottet von der Außenwelt in einer Einzimmerwohnung in einem Vorort Algiers leben, und ein junges Mädchen mit schönen regelmäßigen Zügen, das erstaunlich introvertiert und verschlossen wirkt.

Diese vier Frauen lassen sich von der Unbekümmertheit der anderen nicht anstecken. Was mag wohl in ihren Köpfen vorgehen? Warten sie verzweifelt darauf, verheiratet zu werden, oder ist es ihre Angst vor der Wirklichkeit eines Frauenlebens?

An diesem Tag sind vor allem Fotografen gefragt. Außer mir erfüllt der ältere Halbbruder Alis diese Funktion. Er darf inzwischen auch wieder auf den Hof gehen, wo sich nur noch die Männer und Frauen der Familie aufhalten. Frau Lâali möchte Hochzeitsfotos *à la française*, deshalb bittet sie Djamila, die ihre Schleier abgelegt hat und ihr Gesicht zeigt, doch in den Hof zu kommen, wo die Lichtverhältnisse besser sind. Sie soll sich zusammen mit ihrem Mann in ihrem weißen Hochzeitskleid fotografieren lassen. Das entspricht zwar kaum den kabylischen Gepflogenheiten, hat sich aber in Algier immer mehr eingebürgert. Djamila setzt sich energisch zur Wehr. »Morgen, morgen«, sagt sie immer wieder auf unsere Aufforderungen hin. Die *hadjiya* muß eingeschaltet werden, und ihr gelingt es schließlich nach einer langen, über eine Stunde dauernden Verhandlung, Djamila zu bewegen, kurz auf den Hof zu gehen, um sich an der Seite ihres Mannes, ihrer Schwiegermutter und anderen Verwandten, die sich ins Bild drängen, ablichten zu lassen. Sie weigert sich jedoch standhaft, ihr weißes Kleid anzuziehen. Es ist das erste Anzeichen eines lang anhaltenden Widerstands.

Danach verabschiedet sich die weibliche Verwandtschaft der Braut, beladen mit Körben voller Geschenken, die Frau Lâali für sie besorgt hat.

An diesem Abend sucht Ali seine Frau auf. Das widerspricht eigentlich dem algerischen Brauchtum, doch wird es von Frau Lâali und ihrer Familie hingenommen. Wieder einmal haben die Frauen ihre Flexibilität gegenüber den Traditionen bewiesen: Die Defloration wurde nicht, wie das früher üblich war, ins Licht der Öffentlichkeit gerückt. Eine diskretere, modernere Haltung hat sich durchgesetzt. Eine paradoxe Situation: Die Frauen – eine fromme Frau wie die *hadjiya* eingeschlossen – haben sich trotz eines tiefen Bedürfnisses, sich innerhalb des traditionellen Rahmens auszuleben, sehr viel liberaler und aufgeschlossener gezeigt, was die Formen, die Details betraf, ja selbst nach außen hin traten sie als kühne Erneuerinnen auf. Die Männer hingegen – oder sollte man nicht zu sehr verallgemeinern? – legten eine sehr viel striktere, rigorosere Haltung an den Tag. Aber ihre Treue gegenüber den Traditionen schien vor allem politisch motiviert gewesen zu sein.

Am Tag danach: Kommunikationslosigkeit

Djamila ist zwar in Algier aufgewachsen und hat dort auch die Schule besucht, aber die auf der Sekundarstufe übliche Lektüre und die Diskussionen konnten sie nicht mehr beeinflussen, da sie vorher von der Schule abgegangen war. Ihre Mutter hatte sie zu einem ehetauglichen kabylischen Mädchen erzogen und ihr Gehorsam gegenüber den Männern eingetrichtert. Von einer partnerschaftlichen Beziehung war nie die Rede gewesen. »Ich wurde auch verheiratet, ohne meinen Mann kennengerlent zu haben, und wir kommen inzwischen ganz gut zurecht«, hätte sie zu Djamila gesagt. Djamila verhält sich in ihrer äußersten Zurückhaltung wie eine traditionelle Ehefrau, so wie man es ihr beigebracht hat. Aber der übertriebene Konformismus, den sie an den Tag legt, scheint noch andere Gründe zu haben. Ihr auf die Spitze getriebenes traditionelles Verhalten ist wohl eher eine Art Protest, ein Ausdruck ihrer Verdrossenheit, ein Mittel, sich durchzusetzen, indem sie alles abblockt.

Einmal fuhr ich zum Einkaufen in die nahegelegene kleine Stadt, und Ali leistete mir Gesellschaft. Als ich auf seine junge Frau zu sprechen kam, eröffnete mir der sonst so zurückhaltende junge Mann voller Groll: »Sie sagt nichts, und sie will auch nicht mit mir auf den Hof gehen. Was soll ich also zuhause? Ist immer das gleiche.« Der arme, ahnungslose Ali hatte bestimmt nicht damit gerechnet, daß das Eheleben auf dem Dorf solche Reaktionen bei Djamila hervorrufen würde, daß die Zurückhaltung, der sich die jungen Frauen befleißigen, einem Gefühl der Rache entspringen kann, einer Rachsucht gegenüber dem Ehemann. Während Ali ihre Zurückhaltung durch eine übergroße Schüchternheit erklärte, war sie für Djamila nichts weiter als das Bemühen, die Traditionen zu respektieren. Aber Ali, der in Frankreich geboren wurde und dort auch aufgewachsen war, erwartete von seiner Frau ein kameradschaftlicheres Verhalten, wie er das von seinen französischen Freundinnen her gewohnt war – ein Mißverständnis also, das zu der üblichen ausweglosen Situation führte, in der ein völliger Mangel an Kommunikation, ja sogar eine gewisse Feindseligkeit herrscht.

Aber Ali gibt sich noch nicht geschlagen; er sucht nach einer Lösung für die Probleme seiner jungen Ehe, und er entwickelt den Plan, mit seiner Frau und seiner Schwester Ouardia einen Cousin in Algier zu besutzen, der mit einer für ihn ausgewählten Frau eine moderne Ehe führt – ein kluger Plan, da das junge Paar sich auf diese Weise dem Einfluß der traditionellen Lebensgewohnheiten auf dem Dorf entziehen könnte.

Die Versuche Alis scheitern jedoch an dem Widerstand Djamilas und dem ihrer Mutter, die dieses Ansinnen schon beinahe als Verrat betrachtet und den Bemühungen Alis um eine glücklichere Beziehung wenig Verständnis entgegenbringt. Frau Lâali hingegen ist etwas beunruhigt, als sie die Schwierigkeiten bemerkt, mit denen das junge Paar zu kämpfen hat, erwartet jedoch nach wie vor von ihrer Schwiegertochter Gehorsam: »Wo wir so viel für sie tun und so viel Geld investieren, hoffe ich doch, daß sie sich auch etwas dankbar zeigt«, sagt sie zu mir.

Zwischen Ali und Djamila häufen sich die Mißverständnisse, ein Vorwurf ergibt den anderen, und dabei hat keiner von beiden wirklich Schuld. Sie sind in ein Räderwerk geraten, dessen unerbittliche Logik ihre Handlungsweisen bestimmt, auch wenn sie selbst die Dinge gerne geändert hätten.

Die Herrin des Hauses

Nach Paris zurückgekehrt, bewohnt das junge Paar einen Raum in der Vierzimmerwohnung der Lâalis. Djamila geht etwas mehr aus sich heraus, behält aber ihrem Ehemann gegenüber ihre abwehrende Haltung bei. Sie weigert sich, ihn zu begleiten, wenn er abends weggeht, obwohl alle diese Kinobesuche und Besuche bei alten Freunden nur zu ihrer Unterhaltung gedacht sind. Gehorsam spielt sie in dem Haushalt ihrer Schwiegereltern das Dienstmädchen; sie kocht und putzt, während ihre Schwäger und Schwägerinnen zur Schule oder aufs Gymnasium gehen. Frau Lâali triumphiert; sie hat jetzt genügend Zeit und Muße, ihre Einkäufe zu erledigen, zu strikken und zu häkeln und ihre Freundinnen zu besuchen. *Tesaâ tislit* – »Sie hat eine Schwiegertochter«. Ich begreife allmählich, daß dieser Ausdruck in Wahrheit bedeutet: »Sie hat ein Dienstmädchen«. Für die in den Rang einer Schwiegermutter erhobene Hausherrin ist das unbestreitbar eine bequeme Einrichtung. Djamila richtet sich nach der Tradition, beflissen, ja schon beinahe demonstrativ tut sie, was sie kann – und als sie nach ungefähr zehn Monaten einen Jungen zur Welt bringt, ist Frau Lâalis Glück vollkommen. Endlich kann sie auch Großmutter sein. Damit hat sie verwirklicht, was ihr immer vorschwebte, nämlich einem Haushalt mit mehreren Söhnen, einer Schwiegertochter und einem Enkelsohn vorzustehen. All das war durch die eigenmächtige Entscheidung ihres ältesten Sohnes, die sie als persönliches Versagen empfunden hatte, vereitelt worden. Welche Genugtuung, sich endlich in dem traditionellen Rahmen entfalten zu können, den sie beim ersten Mal so sehr vermißt hatte!

Ali trug wesentlich zum Triumph seiner Mutter bei, indem er ihr einen Knaben schenkte. »Schenk deiner Mutter sieben Söhne!« Er war dabei, diesen Wunsch zu erfüllen, den die Frauen auf seiner Hochzeit gesungen hatten. Und es gab noch eine weitere Krönung: Eines Tages, als ich Frau Lâali zu ihrer Ehestiftung beglückwünschte, nahm ihr Gesicht einen träumerischen Ausdruck an, sie warf mir einen kurzen Blick zu und sagte dann entschlossen: »Als nächstes baue ich ein Haus!« Inzwischen steht auch neben dem bescheidenen Haus, das ihr Vater erbaut hatte, eine ›Villa‹ mit vier schrägen Dachflächen und einem Balkon auf der ersten Etage – eindeutige Charakteristika eines vornehmen Hauses. Und ihr Vater ist stolz auf das gestiegene Prestige seiner Tochter, die er zu seiner Erbin bestimmt hat. Die matrilokale Heirat ihres Sohnes war für Frau Lâali also nicht nur ein persönlicher Erfolg, sondern auch eine Bestätigung der Autorität, die sie als Frau besaß.

Eine sorgfältige Analyse der Rollen, die Frau Lâali und die anderen Frauen bei dieser Hochzeit gespielt haben, wirft viele weitere Fragen auf. Ließ sich nicht bei verschiedenen Gelegenheiten eine gewisse weibliche Macht feststellen? In manchen Fällen läßt sich diese Autorität zwar durch die besonderen Umstände erklären – Frau Lâali könnte sie beispielsweise ihrer Sonderstellung, ihrer Zugehörigkeit zu einer einflußreichen Sippe, ihrer Überlegenheit gegenüber ihrem Mann verdanken –, aber wie verhält es sich bei der Mutter des jungen Mädchens? Ihre Familie scheint nicht so einflußreich zu sein, um die bedeutsame Rolle zu erklären, die sie bei der Hochzeit ihrer Tochter spielte, auch wenn das Fest, das für ein Mädchen gegeben wird, weit weniger wichtig ist als das für einen jungen Mann. Es gibt jedoch viele Frauen, die bei der Hochzeit ihrer Kinder eine entscheidende Rolle spielen, die eine ähnlich starke, wenn nicht sogar stärkere Persönlichkeit als Frau Lâali aufweisen, und die innerhalb ihrer Familie eine unbestreitbare Vormachtstellung gegenüber den Männern einnehmen.

Zeigt sich hier nicht, daß die Frauen im Besitz einer geheimen Macht sind, die hier dank besonderer Umstände sichtbar geworden ist?

Gegenmacht der Frauen

Die Rollen der Männer und Frauen waren bei dieser Hochzeit, wie häufig in islamischen Gesellschaften, ganz eindeutig zwischen den Geschlechtern aufgeteilt. Der offizielle Teil fiel in den Aufgabenbereich der Männer: der feierliche Abschluß des Ehevertrags (*fatiha*) und die Eintragung auf dem Standesamt der Gemeinde, die Beschaffung der Fahrzeuge, der Kauf und die Zubereitung des Fleisches und des Gemüses. Und einer von ihnen hat auch mit großem Eifer die Rolle des Polizisten gespielt, der bei dem Fest darauf achtete, daß die Geschlechter getrennt blieben und alles seine Ordnung hatte.

Manipulation der Verwandtschaftsbeziehungen

Der private, häusliche, inoffizielle Bereich war Sache der Frauen. Das sind jedoch auch ganz wichtige Dinge wie zum Beispiel die Initiative, die Wahl der Ehepartner, die Vorbereitung der Festivitäten und die Abwicklung der Rituale vom *urar* bis zu den Tänzen. Hier hatten die Frauen das Zepter in der Hand. Sowohl die Hochzeit an sich wie auch die Modalitäten waren von ihnen geplant worden.

Die Frauen waren außerdem in eine Domäne der Männer eingedrungen, als sie die Verwandtschaftsbeziehungen in ihrem Sinn manipulierten. So hatte Frau Lâali sich der Fiktion des eingeschlafenen Embryos bedient, um ihren verstorbenen Mann als Alis Vater deklarieren zu können. Und bei den Einladungen wurde die patrilineare Tradition zwar pro forma anerkannt, gleichzeitig aber der Schwerpunkt auf die Verwandtschaftsbeziehungen gelegt, die dem Prestige der eigentlichen Nutznießerin dieser Hochzeit – Frau Lâali – am förderlichsten waren.

Auch wenn die Umstände diesen Übergang von der Patrilokalität zur Matrilokalität begünstigt haben, muß man sich doch fragen, ob damit nicht eine Bresche in die Festung der Patrilinearität geschlagen und ob dadurch der Matrilinearität nicht sogar der Weg geebnet worden war. Wenn Frau Lâali das Erbe ihres Vaters antritt, werden ihr ihre Kinder nachfolgen.

Manipulation in der Politik

Die Verwandtschaftsbeziehungen sind nicht die einzige offizielle männliche Domäne, in die die Frauen eingedrungen sind. Bei den *urar*-Gesängen wird von den Frauen auch auf poilitischer Ebene Kritik geübt. So wurde von den Frauen, die die Lieder improvisierten, die Gemeindeverwaltung in der Person eines Sippenmitglieds aufs Korn genommen. Die Frauen haben sich zu den Verteidigerinnen der Ehre, ja des politischen Gewissens ihrer Heimat ernannt, indem sie die Männer an ihr Kabylentum erinnern und von ihnen kämpferischen Patriotismus verlangen. Auch wenn die Männer die Richtung der Politik bestimmen, so spielt bei der Ausarbeitung ihres Konzepts die Meinung der Frauen, die diese in den Hochzeitsgesängen zum Ausdruck bringen, vielleicht doch eine wichtige Rolle.

Der Zwang, den die Männer bei der Hochzeit auf die Frauen ausübten – die rigorose Trennung der Geschlechter, das Verbot, ihre verbalen und getanzten Kommentare außerhalb des Hauses zu äußern –, ist jedoch eine feste Einrichtung, auch wenn sie nicht immer so strikt gehandhabt wird.

Manipulation der Sexualität

Ob die Männer die Gebote der Sitte und des Anstands, also die eigene Verlegenheit anführen, die diese Tänze der Frauen bei ihnen bewirken, oder ob die Macht der Frauen so real ist, daß die Männer sich gezwungen sehen, sie ins Haus zu verbannen, weil sie sich anders nicht zu helfen wissen, diese Frage kann nicht eindeutig beantwortet werden. Aber allein die Reaktion ist schon ein deutlicher Hinweis auf den sexuellen Charakter der Tänze. Die körperliche Expressivität, die die Frauen unter sich auf solchen Festen beweisen, zeigt ihre Virtuosität auf diesem Gebiet, auch wenn sie nur selten die Gelegenheit haben, sich von all den Zwängen zu befreien und sich ungehemmt beim Tanzen auszudrücken.

Ich habe diese massiven Anspielungen der Frauen, die vor der Braut tanzen, als Initiation bezeichnet. Sie bezieht sich jedoch nicht nur auf den sexuellen Akt, sondern scheint gleichzeitig auch eine Aufforderung zu sein, die Männer durch die Sexualität zu manipulieren. Wenn die Männer den Frauen eine untergeordnete Sexualität aufoktroyieren, eine Sexualität im Dienst der Gruppe, und wenn die Frauen nur dazu dienen, eine patrilineare Gesellschaft fortzupflanzen, ohne daß sie ihren Ehepartner selbst wählen und sich sexuell frei entfalten können, warum sollten sie dann nicht auch die Sexualität als Waffe benutzen – gerade weil sie solche Bedeutung besitzt –, um Macht über ihre Ehemänner zu gewinnen?

Die Ungezwungenheit, mit der die Frauen sich über das Thema der Sexualität und über die Männer unterhalten, über deren angebliche und tatsächliche Eigenschaften, zeigt, wie wichtig diese Themen für sie sind. Es ist also nicht verwunderlich, wenn die Männer sich vor dieser gefährlichen Waffe in den Händen der Frauen fürchten, eine Waffe, die sie selbst nicht vollständig unter Kontrolle haben.

Herrinnen und Gebieterinnen: die Mütter von Knaben

Aber welche Frauen sind das, die Männer manipulieren, um sich für die Unterdrückung und Gewalt zu rächen, die sie von ihnen erfahren haben? Es sind die erwachsenen Frauen, die einem Haushalt vorstehen und über viel Wissen und Erfahrung verfügen. Es sind Frauen, deren Position gesichert ist, die sich als Mütter von mehreren Söhnen innerhalb der patrilinearen Familienform einen Platz erobern konnten, Frauen, die inzwischen von den Gesetzen der Patrilinearität profitieren, die man ihnen aufgezwungen hat. Es ist deshalb auch in ihrem Interesse, sie zu erhalten, da sie wissen, welche Hebel sie in Bewegung setzen müssen, wenn sie etwas erreichen wollen.

Zu diesen lebenserfahrenen Frauen gehört auch Frau Lâali. Die Ergebenheit ihres Sohnes hat es ihr ermöglicht, eine Hochzeit zu bewerkstelligen, die für sie einen persönlichen Triumph bedeutet. Und durch diesen Sohn kam sie auch in den Genuß dieses erstaunlichen Privilegs, sich der Fiktion des eingeschlafenen Embryos zu bedienen und selbst bestimmen zu können, wer der Vater ihres Kindes ist. Diesem Sohn hat sie es also zu verdanken, daß sie sich innerhalb ihrer Familie und auch innerhalb der Dorfgemeinschaft eine Machtposition erobern konnte.

Während der Hochzeitsvorbereitungen hatten die Mütter von Söhnen – und nur sie – eine ausschlaggebende Rolle gespielt, zum Beispiel bei den Henna-Ritualen und als Begleiterinnen der Braut, als diese zu ihrem Ehemann gebracht wurde. Um sie herum waren auch nur Mütter, die sich sowohl bei den Gesängen wie bei den Tänzen auszeichneten, die darauf achteten, daß die Braut gegen keine Regeln verstieß und daß die Aussteuer auch den Ansprüchen entsprach. Selbst wenn es zu Regelverstößen kam, wie die ungewöhnliche Diskretion bei der Defloration, Neuerungen wie das

Hochzeitsfoto und das Betreten des Hofs, das der Braut gleich nach ihrer Ankunft gestattet wurde, mußten diese von ihnen gutgeheißen werden. Verschiedene Riten, wie der Abschied des jungen Mädchens von seinen Eltern, der Schleier bei der Ankunft, die Absonderung von den anderen und das auf einen späteren Zeitpunkt verschobene Heraustreten der Braut, werden häufig auch als Geburtsriten gedeutet – Riten, die den Müttern eine Sonderstellung einräumten.

Während des ganzen Festes konnte man aber auch feststellen, daß das Selbstbewußtsein der älteren Frauen häufig zu Konflikten mit den jüngeren führte. Allein die passive Hinnahme der von den Müttern getroffenen Entscheidungen, die das junge Mädchen einem ungeheuren Druck aussetzen, bringen es in eine ausweglose Lage. Es hat beinahe den Anschein, als ob die Macht der Mütter auf Kosten der jungen Frauen ginge. Somit ist die Mutterschaft die einzige Chance für die jungen Frauen, sich selbst verwirklichen zu können.

Um die Mechanismen zu begreifen, die ein gehorsames junges Mädchen zu einer aktiven Mutter werden lassen, muß man das Leben einer Frau von ihrer Geburt an verfolgen. Man muß die von ihrer Umgebung geteilten Vorstellungen, die Rituale, die Bildung und die Verhaltensregeln, die den kleinen Mädchen von frühester Kindheit an eingebleut werden, kennen.

Das gründliche Studium des Gesamterscheinungsbildes, des Habitus, soll die Starrheit der auch heute noch existierenden ideologischen Strukturen erklären helfen. Dadurch werden auch die Schwierigkeiten verständlich, die die jungen Männer und Frauen haben, sich dem Strukturwandel auf wirtschaftlicher, gesellschaftlicher, politischer, ja selbst ideologischer Ebene anzupassen.

Erst Mutter – dann Frau

Beginn eines Frauenlebens

Als Mädchen geboren werden

Wird in Algerien ein Mädchen entbunden, so geschieht das in aller Stille. Wenn die Hebamme das Geschlecht feststellt, sind ihre Vergleiche wenig schmeichelhaft: In Tlemcen wird es als ›Rübe‹, in Constantine als ›Kürbis‹, in Saïda als ›Assel‹ bezeichnet. Unter den anwesenden Frauen herrscht Bestürzung. Und selbst die Hebamme bedauert, daß sie nur bei einem Mädchen Geburtshilfe leistete. Der Vater, der nicht die Freudenschreie vernommen hat, mit denen ein Junge gewöhnlich begrüßt wird, sucht meistens in einem Café Trost.[1] Im algerischen Aurès, wo die Frauen als relativ frei gelten, lautet der Trost für den Vater:

> *Der dir ein Mädchen geschenkt hat, kann dir auch einen Sohn schenken, gottlob ist die Mutter gesund und wohlauf!*[2]

In der Kabylei herrscht im ganzen Haus Trauer. »Dunkel dringt ins Haus, Kälte herrscht überall.«[3] Das Familienoberhaupt erklärt häufig:

> *Einer mehr wurde in unsere Familie geboren,*
> *Mit ihm werde ich mein Haus nicht füllen,*
> *Mit ihm werde ich meine Feinde nicht bekämpfen.*[4]

Bekanntlich mußte der Koran die Tötung von weiblichen Neugeborenen ausdrücklich verurteilen und die Scham, die der Vater bei der Geburt eines Mädchens empfindet, als blindes Vorurteil bezeichnen. In der Kabylei wird von der Mutter eines neugeborenen Mädchens behauptet:

> *Am Tag der Geburt wird sie von einem heftigen Fieber geschüttelt. Das Kind lastet auf ihr, und sie sagt sich: »Ein Mädchen ist wie ein Häufchen Asche, heute noch da, morgen wie weggeblasen. Ich mühe mich ab, um es richtig zu erziehen, und es verläßt mich, um in einer fremden Familie zu leben. Wie ein Stallhase: Ein Jahr lang geb ich ihm zu fressen, und verzehr ihn dann an einem Abend.«*[5]

Oder:

> *Wenn das erste Kind ein Mädchen ist, hat die Mutter viel zu leiden und kann ihre Jugend nicht genießen. Man könnte meinen, Gott hat sich einen schlechten Scherz erlaubt und ein Mädchen gebären lassen.*[6]

Während ihrer ganzen Schwangerschaft hofft die zukünftige maghrebinische Mutter, einen Jungen in ihrem Leib zu tragen, und sie fürchtet nichts mehr, als dann doch ein Mädchen zu gebären. Und das kleine Mädchen, als solches unwillkommen, kann sich wohl kaum des Gefühls erwehren, von der Mutter nicht gewollt zu sein.

Gewollt oder nicht, das Kleinkind lebt auf jeden Fall in einer engen Symbiose mit der Mutter und ist umgeben von den weiblichen Mitgliedern der Familie, Frauen, die geprägt sind von ideologischen Strukturen, die dem kleinen Mädchen einen wenig beneidenswerten, wenig geachteten Platz zuweisen.

Eine Frau, die nur Töchter hat, wird als steril bezeichnet. Daß der Vater für das Geschlecht eines Kindes verantwortlich ist, war ihnen unbekannt. Wenn eine Ehe kinderlos blieb, war allein die Frau daran schuld. In vielen kabylischen Erzählungen wird das kleine Mädchen grundsätzlich als eine Bürde für die Familie betrachtet – von zwei Ausnahmen abgesehen: zum einen, wenn der männliche Nachwuchs so zahlreich ist, daß seine Hilfe für die Mutter unentbehrlich ist, oder wenn es die Mutter vertreten muß; zum anderen, wenn es sich um Adelsgeschlechter, um Sultansfamilien handelt. Dann wird eine Tochter den Söhnen manchmal sogar vorgezogen, da diese dem Vater die Macht streitig machen können. Bei einer Tochter kann sich der Vater den Nachfolger selbst aussuchen: einen tapferen, loyalen Mann, den er zu seinem Schwiegersohn macht. In solchen Familien ist man daran interessiert, Töchter großzuziehen, um neue Bündnisse schließen zu können.

Das Heiratsalter lag früher zwischen zwölf und sechzehn Jahren. Der Mutter ist von Anfang an klar, daß die Bande zwischen ihr und ihrer Tochter nicht von Dauer sein werden. Im Gegensatz zur Mutter-Sohn-Beziehung ist diese Mutterschaft auf Zeit äußerst frustrierend, gesellschaftlich wie auch emotional. Die Mädchen stellen außerdem auch eine Gefahr für die patrilineare Familie dar, in der sie nur vorübergehend beheimatet sind. Da es ihr Schicksal ist, sie eines Tages zu verlassen und sich in die Familie ihres Mannes zu integrieren, sind sie eine Art Botschafterinnen, Stellvertreterinnen der Sippe, die nach dem Eindruck, den sie vermitteln, beurteilt werden. Die Ehre der Familie hängt also von den Mädchen ab, die gleichzeitig den größten Risikofaktor darstellen. Daher heißt es von den Mädchen:

> *Mädchen sind die reinsten Pulverfässer, von der Geburt bis zum Hochzeitstag bereiten sie einem nichts als Sorgen!*

Oder:

> *Lieber einen Sack Flöhe hüten als eine Schar junger Mädchen: Es ist gefährlich, sie aus dem Haus zu lassen, und es ist gefährlich, sie hereinzulassen.*[7]

In einer vom agnatischen Prinzip bestimmten Gesellschaft sind Verwandtschaftsgruppe und Familienverband von größter Bedeutung. Deshalb wird jedes Mitglied von Kindesbeinen an auf die Rolle vorbereitet, die es einmal in der Familie spielen wird – eine Rolle zum Ruhm und Fortbestand der Patrilinearität.

Schon in der frühesten Kindheit bildet sich ein ›Habitus‹ heraus, die Summe der durch Erfahrung oder Erziehung erworbenen Gewohnheiten, die die Verhaltensweisen, die Fähigkeiten des einzelnen zum großen Teil bestimmen, was sowohl die Gegenwart als auch die Zukunft betrifft. Sie werden dem Kleinkind von seiner Umgebung durch Sprache, Worte, Gesten und Handlungen vermittelt. Alles, was nun das kleine Mädchen um sich herum erfährt, trägt dazu bei, seiner subjektiven, symbolischen und imaginären Welt wie auch seinem äußeren Habitus den Stempel seiner Minderwertigkeit, seiner Schwäche aufzudrücken und es als Bedrohung für die Familie erscheinen zu lassen. Muß es daher nicht den Wunsch verinnerlichen, beschützt und bevormundet zu werden, wenn es von Geburt an immer nur dieselben Worte hört?

Die ersten Jahre

Die Diskriminierung bei der Geburt wird auch in den Jahren danach fortgesetzt. Die Mutter, die von dem Körper und dem Geschlecht des weiblichen Säuglings enttäuscht ist, schenkt ihm zwangsläufig auch weniger Zuwendung als dem männlichen Nachwuchs. Ihre Aufmerksamkeit gilt in erster Linie dem Gesicht des Mädchens, das sie am siebten Tag nach der Geburt zum ersten Mal schminkt. Sylvie Garnero sieht darin ein »Ausweichen auf das Gesicht unter Vernachlässigung des Körpers«.[8]

Die Mädchen werden jedoch häufiger gewickelt als die Jungen, so als wolle man sie an äußeren Zwang gewöhnen und ihre Abhängigkeit verstärken. Das kommt auch in der kabylischen Redensart »O Herr, trockne unsere Tränen über diese Mutter, die ihm nicht die Beine langgezogen hat (um es fester zu wickeln)« zum Ausdruck – eine Redensart, die auf ein schlecht erzogenes Mädchen gemünzt ist. Sylvie Garnero stellte in Algier fest, daß die Mütter von Töchtern sich abhängiger und schwächer fühlen als die Mütter von Söhnen und daß sie sich eher den Traditionen beugen, zu denen auch das von den Schwiegermüttern geforderte Wickeln gehört.

Selbst beim Stillen, das durch den häufigen Körperkontakt eine enge Bindung zwischen dem Säugling und der Mutter bewirkt, kommen die Mädchen häufig zu kurz und werden stattdessen mit der Flasche großgezogen. Und die Mädchen, die gestillt werden, werden gewöhnlich früher entwöhnt als die Jungen. Dadurch lernen sie, früh zu verzichten. Bringt eine Frau Zwillinge von unterschiedlichem Geschlecht zur Welt, wird der Junge zuerst gestillt, das Mädchen hingegen als erste entwöhnt.

Sylvie Garnero hat auch beobachtet, daß die Mütter ihre Töchter sehr viel früher in die Gesellschaft eingliedern als ihre Söhne. Wie sich eine Frau zu verhalten hat, wird ihr schon in frühester Kindheit beigebracht: »Die Mutter ... wird ihrer Tochter unerbittlich die äußeren Normen einbleuen und so ihre Entwicklung viel zu früh hemmen. Sie projiziert die eigene Unsicherheit, die eigenen Ängste und Frustrationen auf das kleine Mädchen, das eine Verlängerung ihres Schicksals darstellt.«[9]

Die Mädchen identifizieren sich deshalb viel früher mit der Gruppe als die Jungen. Und sie lernen viel früher, nein zu sagen, die Verbote der Erwachsenen vor Augen. Sie sprechen auch früher als die Jungen, da sie, wie Sylvie Garnero vermutet, eine Kommunikationsbasis mit der Mutter suchen.

Dressur

Da die Männer sich selten im Kreis der Familie aufhalten, bleibt die Erziehung der Kinder den Frauen überlassen. Erzogen werden vor allem die kleinen Mädchen, die eine doppelte Absonderung erfahren: eine alters- und eine geschlechtsbedingte. In der Kabylei heißt es: »Um den Jungen kümmert sich der Vater, um das Mädchen die Mutter. Sie erzieht es zur perfekten jungen Frau.«[10]

Für alle Fehler, die eine schlecht erzogene Tochter begeht, wird die Mutter verantwortlich gemacht. Deshalb nimmt die Mutter ihre kleine Tochter schon sehr früh – ab dem zweiten Lebensjahr – an die Kandare. Wenn sie weint, versucht sie nicht, sie zu trösten. Sie muß selbst sehen, wie sie zurechtkommt. Sie wird auch häufiger als ihr Bruder zurechtgewiesen, da sie lernen muß, sich zu fügen, gehorsam zu sein. »Es muß ihr zur Gewohnheit werden, die Dinge hinzunehmen.«[11] Eines Tages wird sie sich nämlich in einem fremden Haus zurechtfinden müssen, von dem es heißt: »Entweder man geht gleich vor die Hunde, oder man stirbt in Raten.«[12]

Für eine Mutter ist die Erziehung des Mädchens eine äußerst undankbare Aufgabe:

> *Ein Mädchen großzuziehen ist wie auf Granit beißen. Von morgens bis abends muß die Mutter es maßregeln, nur so wird das junge Mädchen zu einer Frau, wie die Männer sie sich wünschen, und die Mutter kann aufatmen.*[13]

Als erstes fordert die Erziehung von dem jungen Mädchen die Unterdrückung seiner Körperlichkeit. Die kleinen Mädchen müssen ein bescheidenes, zurückhaltendes und züchtiges Benehmen lernen. Sie sollen sich weder zu schnell noch zu langsam bewegen. Später dürfen sie als Frauen niemals vor einem Mann Platz nehmen. Sie müssen lange Kleider tragen, die die Waden bedecken, und wenn sie sich setzen, sollen sie ihre Gewänder festhalten und auf ihre Haltung achten; Arme und Kopf müssen bedeckt sein, und die Haare dürfen nicht in Gegenwart eines Mannes gelöst oder gekämmt werden. Verboten ist natürlich auch, die Röcke zu raffen oder sich ohne Grund im Spiegel zu betrachten.

Auch für die Körperpflege gibt es Vorschriften. Sie muß geschützt vor den Blicken der Männer durchgeführt werden. Nachts soll nicht dieselbe Kleidung wie tagsüber getragen werden. Das zur Reinlichkeit und Bescheidenheit erzogene Mädchen muß sich in seiner Ausdrucksweise wie auch in seinem sonstigen Verhalten Zurückhaltung auferlegen und einen strengen Kodex von Anstandsregeln beachten: Rücksicht und Respekt gegenüber allen Erwachsenen oder Älteren, Beachtung eines Begrüßungszeremoniells, das je nach dem Rang des Gastes, des Fremden oder des Familienmitglieds anders ausfällt, und Beachtung der Höflichkeitsformeln beim Abschied sowie nach dem Essen und Trinken. Die jungen Mädchen sollen nur sprechen, wenn sie dazu aufgefordert werden; sie sollen nicht geschwätzig sein und sich nicht in Familienangelegenheiten einmischen. Von den Unterhaltungen und dem Leben der Frauen innerhalb des Hauses soll nichts nach außen dringen, vor allem nichts, was die Männer betrifft.

Bei Tisch sollen sie sich zurückhalten, nicht anspruchsvoll sein und vor allem nicht als erste essen. Das Essen ist für ein Mädchen nicht wichtig. Es kann sich zurückhalten und ist zufrieden mit dem, was es von seiner Mutter bekommt.

Schon sehr früh, ab dem sechsten Lebensjahr, wird das kleine Mädchen mit der Hausarbeit vertraut gemacht. Diese frühe Gewöhnung soll gewährleisten, daß es später seine Pflichten erfüllt. Es lernt beim Kehren, den Männern den Rücken zuzuwenden und rückwärts zu gehen; es gewöhnt sich daran, abzuwaschen, Wasser von der Quelle zu holen und später den Frauen beim Kochen, Waschen und Nähen zur Hand zu gehen. Eine 1981 durchgeführte Umfrage ergab, daß in Tunesien, dem modernsten Maghrebstaat, 84 Prozent der Frauen seit ihrer frühesten Kindheit im Haushalt mitarbeiteten; bei den Männern hingegen waren es nur 5 Prozent.[14] Diese Arbeit bringt dem jungen Mädchen jedoch weder Dank noch Anerkennung ein. Es wird angelernt und muß seinen Eltern dafür dankbar sein, daß sie es in seine weiblichen Pflichten einweihen, ihm die notwendigen Kenntnisse vermitteln, um von der Familie, die es später einmal aufnimmt, akzeptiert und vielleicht sogar anerkannt zu werden. Die Arbeit im Elternhaus, heißt es, »ist eine Arbeit, die erst später Früchte trägt.«

Ab vier oder fünf Jahren schlafen die Mädchen bei der Mutter, den Schwestern oder auch allein, getrennt von den Männern und ihren Brüdern. Und ab dem fünften oder sechsten Lebensjahr wird die Geschlechtertrennung noch rigoroser gehandhabt. Die Mädchen dürfen dann nicht mehr mit den Jungen spielen und sich auch nicht mehr in der Nähe von Männern aufhalten, eine Ausnahme bilden der Vater und die Brüder. Sie dürfen es ihnen gegenüber nicht an Respekt mangeln lassen und die männliche Autorität und Überlegenheit nicht in Frage stellen. Mit dem Vater treten sie nur über die Mutter in Verbindung, die ihren Drohungen mit einem Hinweis auf ihn häufig mehr Nachdruck verleiht. Die jüngeren Brüder, schreibt Germaine Tillion, führen sich ihren Schwestern oder Cousinen gegenüber wie kleine Despoten auf.[15] Néfissa Zerdoumi beobachtete, wie eine Großmutter ihrem Enkel einen Stock gab, damit er seine Schwester verprügeln konnte, und wie eine Mutter ihre kleine Tochter festhielt, damit ihr Bruder sie schlagen konnte. »Du bist ein Mann«, sagte sie zu ihm, »nur zu, sie ist doch nur ein Mädchen.« Selbst wenn die Mädchen älter als ihre Brüder sind, können sie sich nicht gegen ihre Schläge wehren. Néfissa Zerdoumi bestätigt, daß es auch heute noch »viele Jungen gibt, die ihre älteren Schwestern terrorisieren.«[16]

Das junge Mädchen muß immer die Form wahren. Sie soll den Blick gesenkt halten und die Augen nicht schweifen lassen, denn »ihre Blicke sind so gefährlich wie ein Gewehr«.[17] Sie soll den Männern nicht zulächeln, nicht mit ihnen sprechen, sich mit keiner Geste an sie wenden, nichts von ihnen annehmen, ihnen den Vortritt lassen und im übrigen die Wege nehmen, die für Frauen bestimmt sind. Jeder Bummel auf den Straßen ist ihr untersagt. »Ein Mädchen, das viel unterwegs ist, gründet keine Familie.«[18] In manchen Familien dürfen die Mädchen nicht einmal an den Pilgerfahrten teilnehmen oder mit Fremden sprechen, auch wenn es sich nur um eine einfache Auskunft handelt.

Mit drei Jahren beginnt das kleine Mädchen die religiösen Formeln nachzusprechen: das Glaubensbekenntnis, die Anrufungen Gottes und des Schutzheiligen des Hauses. Häufig lernt es sehr viel früher als seine Brüder die Gebete, die ihr von den alten Frauen vorgesprochen werden. Die von den Frauen tradierten, religiösen Elemente tragen dazu bei, die bestehende Kultur zu festigen.

Die erste Fastenzeit wird in der Kabylei feierlich begangen. Bei den kleinen Mädchen wird das Henna-Ritual durchgeführt. Sie bekommen eine Spindel und Wolle geschenkt – ein Hinweis auf die ersten Arbeiten, die sie ausführen werden –, während der kleine Junge ein Buch bekommt, ein Heft und einen Schreibstift. Nach der Beendigung der ersten Fastenzeit wird in der Kabylei dem Mädchen ein Brotkuchen geschenkt, der *tahbult wer nebdi,* der ›unberührte Kuchen‹ als Symbol der Jungfräulichkeit; dem Jungen hingegen wird Mut und Stärke gewünscht. Die Mutter erfleht sich von dem Schutzheiligen Gesundheit für ihren Sohn, Anmut und

Schönheit, Tugend und Rechtschaffenheit für ihre Tochter: »Herr, schütze die Ehre ihres Leibes, bis die Erde ihn in ihren Schoß aufnimmt.«[19]

Von einem guterzogenen Mädchen sagt man, sie sei der Grund, weshalb die Männer seiner Familie in Versammlungen den Kopf so hoch tragen. Gestraft ist der Vater, dessen Tochter nicht weiß, was sich schickt; seine Schande ist so groß, daß er sich die Kapuze seines Burnus ins Gesicht ziehen muß, wenn er auf den Markt geht. Früher wurde eine mißratene Tochter von ihren Eltern vergiftet oder erwürgt.[20]

Heutzutage wird das natürlich nicht mehr so gehandhabt, aber die Strafen für ein Mädchen, das sich etwas zuschulden kommen läßt, sind immer noch sehr hart. Bestraft werden die älteren Mädchen, aber nicht, weil sie ungehorsam waren, ihre häuslichen Pflichten vernachlässigten oder einfach nur unangenehm auffielen, sondern weil sie ihre Jungfräulichkeit verloren haben, ob der Beweis nun erbracht wurde oder nicht.

Daß die Behandlung von Mädchen und Jungen sehr unterschiedlich ist, zeigt sich auch in der medizinischen Betreuung. Die Mädchen, für die ausschließlich die Frauen zuständig sind, werden sehr viel seltener zum Arzt geschickt als die Jungen. Erkrankt ein Junge, so zeigen sich die Männer gleich sehr besorgt und suchen gewöhnlich sofort einen Arzt auf. Die kleinen Mädchen hingegen müssen sich mit den Hausmitteln der Frauen begnügen, mit diversen, selbstzubereiteten Mixturen oder sonstigen Praktiken, mit Magie, Wallfahrten oder mit den Künsten einer alten *settut* (Zauberin). In den Dörfern, die ich für meine Studien ausgewählt hatte, war die Sterblichkeit der weiblichen Säuglinge und Kleinkinder doppelt so hoch wie die der männlichen.[21]

Entsprechende Zahlen ergaben in Algerien durchgeführte Untersuchungen: Die Sterblichkeit im ersten Jahr nach der Geburt beträgt bei den Mädchen 79,4 Prozent, bei den Jungen hingegen 59,2 Prozent. Während der Schwangerschaft und der Geburt ist es gerade umgekehrt: Es starben 54,2 Prozent der weiblichen und 66,6 Prozent der männlichen Embryonen und Neugeborenen.[22]

> *Mädchen sind wie das Federvieh, man füttert sie ein ganzes Jahr lang und ißt sie an einem Tag.*[23]

Dieses kabylische Sprichwort umreißt die undankbare und schwere Aufgabe der Mädchenerziehung. Undankbar, weil den Nutzen die anderen haben, und auch schwer, weil überall Gefahren lauern. Die Mutter darf es deshalb nicht an Strenge fehlen lassen.

> *Schlechtes Holz muß man spalten, denn Holz, das sich nicht biegen läßt, muß gebrochen werden,*

hört man häufig in bezug auf Mädchen.[24] Man kann also durchaus von einer Dressur sprechen. Die Mutter versucht mit allen Mitteln, ihrer Tochter Gehorsam beizubringen, ihre Bedürfnisse zu unterdrücken, sie zu zähmen und ihre Unabhängigkeitsbestrebungen im Keim zu ersticken. Sie versucht auch ihrer Tochter einzureden, daß sie sich in Gefahr befindet, daß sie selbst eine Gefahr ist und sich deshalb mißtrauen muß, daß sie von Natur aus benachteiligt und anders ist als die Männer, unterlegen und auf ihren Schutz angewiesen. In dieser Agnatengesellschaft, die jede persönliche Eigenart unterdrückt, in der die Individuen ihre eigenen Wünsche und Sehnsüchte vergessen müssen, um in aufoktroyoierten Rollen der väterlichen Sippe zu dienen, sind die kleinen Mädchen und später die heiratsfähigen jungen Frauen das schwächste Element, das jederzeit sich selbst und – schlimmer noch – alle anderen ins Unglück stürzen kann.

Die harte Lehre, die das kleine Mädchen durchlaufen muß, scheint ihm bei jeder Gelegenheit seine Unwürdigkeit und die Gefahr, die es für seine Familie bedeutet, vor Augen führen zu wollen – seine Familie, in die es zwar hineingeboren wird, in der es aber nur seine Kindheit, seine Lehrzeit, verbringt. Da, wo es seiner Herkunft nach hingehört, ist es nur vorübergehend beheimatet und hat kaum irgendwelche Rechte. Es ist ein Mitglied zweiter Klasse, dem in schlechten Zeiten zwar Unterschlupf gewährt wird, mehr aber auch nicht. Sein eigentliches Leben spielt sich in einer anderen Familie ab, die von ihm erwartet, daß es sich völlig anpaßt und bemüht, alle ihre Ansprüche zu erfüllen und daß es in seiner Rolle als Hausfrau und Mutter von Söhnen seinen eigentlichen Lebenszweck sieht.

In seiner Mutter wird das junge Mädchen keine Verbündete finden, obwohl sich gegenüber den alles beherrschenden Männern eine gewisse weibliche Solidarität entwickelt hat. Was Frauen unter sich besprechen, darf nicht nach außen dringen, muß vor den Männern geheimgehalten werden. Das junge Mädchen hat das begriffen, genau wie alles übrige. Aber dieses Bündnis ist von den Umständen abhängig: Der Alltag spielt sich innerhalb des Hauses ab, unter den Frauen, und die Mutter ist häufig nicht nur dominierend, sondern ihrer Tochter gegenüber auch äußerst repressiv. Unter solchen Bedingungen werden die Gefühle zwischen Mutter und Tochter rasch erkalten, und das Verhältnis wird auf beiden Seiten von Zurückhaltung und Unzufriedenheit geprägt sein. Die übermäßige Strenge, die Entschlossenheit der Mutter, ihm keine Liebesbeweise zukommen zu lassen, der Drill und die Unterdrückung jeder persönlichen Eigenart müssen bei dem kleinen Mädchen Spuren hinterlassen. Welche Frustrationen entwickeln sich in einem solchen Klima enttäuschter, unerwiderter Liebe? Wie werden sie kompensiert? Welches Revanchedenken inspirieren sie?

Die Mütter handeln zwar in dem Glauben, die jungen Mädchen so gut wie möglich auf ihre zukünftige Rolle als Ehefrauen und gute Schwiegertöchter vorzubereiten und ihnen durch die Vorbereitung auf eine lebenslängliche Knechtschaft nur helfen zu wollen, aber im Grunde vertreten sie die Interessen der Männergesellschaft und machen sich zu deren Komplizinnen.

Die Erziehung der Mädchen ist inzwischen vielleicht etwas weniger strikt. So wie ich sie schilderte, wird sie vor allem noch in den traditionellen ruralen Gesellschaften gehandhabt. Trotzdem sind modern eingestellte Familien – häufig sind es wohlhabende, der Bourgeoisie angehörende –, die dem Individuum etwas mehr Spielraum lassen, immer noch eine Ausnahme.

Ein Leben unter ständiger Bewachung

Du bist jetzt ein großes Mädchen und mußt gut aufpassen; die Jungen werden sich nach dir umschauen, du wirst kleine Brüste bekommen, und um deine roten Backen zu verlieren, reicht es schon, wenn du mit den Jungen gehst. Auf deinen Schenkeln wird Blut sein. Es ist schlimm, wenn man seine Jungfräulichkeit verliert. Du kannst dann nicht mehr heiraten, denn in der Hochzeitsnacht wird dein Mann es merken und dich nackt in einen Sack stecken, wie schmutzige Wäsche. Auf einem Esel schickt er dich dann zu deinem Vater zurück. Alle werden über dich lachen, und die Ehre der Familie ist für immer besudelt.

Néfissa Zerdoumi, die diese, an ein neunähriges Mädchen gerichteten Ermahnungen seiner Mutter zitiert, fügt hinzu: »Die Mutter terrorisiert ihre Tochter dermaßen, daß diese völlig verstört ist, wenn ihre erste Regel eintritt. Häufig kommt es zu Tränen, weil das Mädchen glaubt, es habe seine Jungfräulichkeit verloren, weil ein Teufel oder ein böser Geist sie im Schlaf vergewaltigt habe. Eine ältere Freundin, der sie ihr Mißgeschick erzählt, erklärt ihr dann gewöhnlich, was passiert ist.«[25]

Die Mutter behält also ihrer Tochter gegenüber ihre repressive Funktion bei, und je näher das Heiratsalter rückt, je mehr Gefahren drohen, desto wachsamer wird sie. Wie das Zitat beweist, schreckt sie auch nicht vor terroristischen Methoden zurück, um dem jungen Mädchen das Risiko vor Augen zu führen, dem es sich oder vielmehr die ganze Familie aussetzt.

Im Lauf der Zeit wird die Mutter-Tochter-Beziehung jedoch etwas ambivalenter. Ist die Dressur geglückt, schleicht sich angesichts der bevorstehenden Trennung so etwas wie weibliches Mitgefühl ein. »Wenn das Mädchen einen Heiratsantrag bekommt, empfinden Mutter und Tochter häufig Mitleid füreinander.«[26] Da sie aus eigener Erfahrung weiß, wie groß die Angst ist, die ihre

Tochter empfindet, wenn sie endgültig ihre Familie verläßt, um sich in einen fremden Haushalt einzufügen, kann eine Mutter sich kaum den Nöten ihrer Tochter verschließen. Auf die für notwendig erachtete erzieherische Strenge folgen häufig ein Gefühl der Verbundenheit, vielleicht sogar der Solidarität der Unterdrückten. Deshalb wird die Endogamie, das ist die Heiratsordnung, nach der nur innerhalb einer Familie oder des Dorfes geheiratet werden darf, häufig als eine ideale Lösung betrachtet. Da Mutter und Tochter dann nicht weit voneinander entfernt oder zusammen in einem Familienverband leben, haben sie die Gelegenheit, sich zu beraten, sich gegenseitig Mut zuzusprechen und gegebenfalls auch Beistand zu leisten.

Die Brautzeit läßt nicht lange auf sich warten. Das kleine Mädchen verbindet nur Enttäuschungen mit seiner Kindheit, die kaum kürzer sein könnte, da die veschiedenen Phasen so schnell aufeinander folgen. Im Alter von ungefähr zehn Jahren, wenn es sich noch in der Vorpubertät befindet, wird es bereits von seinen Eltern und späteren Schwiegereltern als zukünftige Ehefrau in Betracht gezogen. Ich habe selbst erlebt, wie kleine Mädchen viel zu früh ihre kindliche Sorglosigkeit aufgaben, um sich in verhuschte und verschreckte kleine Frauen zu verwandeln, die die Blicke und die Gegenwart von Männern und selbst von unbekannten Frauen mieden.

Es ist eine Zeit, in der sich die Verbote häufen, in der das junge Mädchen in allem, was es sagt und tut, besonders vorsichtig sein muß, in der es sich ständig unter Kontrolle haben muß, als wäre allein schon seine Gegenwart anstößig; es ist durchdrungen von dem Gedanken, mehr denn je eine Gefahr für die Familie darzustellen und spürt das schwere Gewicht der Familienehre auf sich lasten. In seinem ganzen Wesen drückt sich eine lähmende Scheu aus, die *hachouma*, eine in den Rang einer Tugend erhobene Scham und Scheu, die zur Obsession geworden ist.

In einem solchen Klima von Argwohn und Zweifel ist ihre Isolation schlimmer denn je. Sie meidet die Männer, und die Männer meiden sie. Ihr Vater hält sich schicklicherweise mit Beweisen seiner Zuneigung zurück und verbirgt die Zärtlichkeit, die er für sie empfindet. Beinahe ausschließlich von Frauen umgeben, erscheint ihr die Außenwelt, die Welt der Männer, immer fremder, immer unbegreiflicher und bedrohlicher.

In den Städten tragen die jungen Mädchen schon sehr früh, im Alter zwischen zwölf und fünfzehn Jahren, den Schleier, wenn sie das Haus verlassen, was allerdings sehr selten vorkommt. Angeblich stammt die Empfehlung aus dem Koran; die Auslegung der Texte ist jedoch ziemlich fragwürdig. Die Frauen auf dem Land tragen gewöhnlich keinen Schleier, abgesehen von den Frauen des Marabut. Sie legen ihn nur an, wenn sie in die Stadt gehen, um nicht wie Bäuerinnen auszusehen und um der gesellschaftlichen Norm zu entsprechen. Der Schleier wird aber auch getragen, weil er vor den Zudringlichkeiten der Männer schützt oder aus religiösem Eifer. Er ist ein Symbol für die Ehre eines Mädchens. Ein algerisches Sprichwort besagt:

> *Die Ehre eines Mädchens ist wie ein Schleier. Wenn man ihn pfleglich behandelt, wird er makellos bleiben.*

Die Beziehungen zu den Männern bestehen jedoch nicht nur aus Versuchen, einander aus dem Weg zu gehen. Das Verhältnis zu den gleichaltrigen, älteren oder auch jüngeren Brüdern ist häufig sehr zwiespältig. Da diese sich als Beschützer ihrer schwachen Schwestern fühlen, berufen sie sich häufig auf die Familienehre, um ihre übertriebene Fürsorge zu rechtfertigen, die keineswegs frei von Eifersucht ist. Diese exzessive, gequälte Zuneigung beruht jedoch auf Gegenseitigkeit, selbst wenn sie nicht auf dieselbe Weise ausgedrückt wird.

Die Isolierung des jungen Mädchens wird also von den Männern erzwungen und von den Frauen als Stellvertreterinnen des Patriarchats durchgesetzt. Die Mutter, die Tanten, die Großmütter vereinen ihre Bemühungen, um das junge Mädchen mit einem Netz von Kontrollen zu umgeben. All dieser Druck und Zwang sind Ausdruck der extremen Bedeutung, die der Jungfräulichkeit des jungen Mädchens beigemessen wird.

Die Jungfräulichkeit ist gleichbedeutend mit Reinheit – der Reinheit der Huris, die die gläubigen Mohammedaner im Paradies erwarten und deren Jungfräulichkeit immer wieder für die Gläubigen erneuert wird. Daher heißt es in einem kabylischen Sprichwort:

> *Ein Mädchen muß mit äußerster Vorsicht gehandhabt werden, wie ein rohes Ei; wenn es kaputtgeht, läßt es sich nicht mehr reparieren.*[27]

Das Ei scheint das passende Symbol für die Jungfräulichkeit des jungen Mädchens zu sein, zum einen wegen seiner Zerbrechlichkeit, zum andern wegen des Versprechens der Fruchtbarkeit, das es in sich birgt.

Der Mann hat ein Recht auf die Jungfräulichkeit der Frau, ein Recht, das in der *Mudawwana,* dem marokkanischen Familienrecht, niedergelegt ist. Ein nicht intaktes Hymen kann eine Heirat ungültig werden lassen. In einer strikt patrilinearen Gesellschaft sind die Kontrolle der weiblichen Fruchtbarkeit und das Verbot außerehelicher Beziehungen das einzige Mittel, die Vaterschaft zu garantieren. Daher bedienen sich die Frauen der Familie, ja selbst die Mutter, manchmal bestimmter Zauberpraktiken, um die Jungfräulichkeit des jungen Mädchens zu bewahren. So zum Beispiel läßt eine Frau, die beim Knüpfen ist, das junge Mädchen siebenmal unter dem Webrahmen hindurchgehen. Auch das Lösen der Fäden auf dem Webrahmen, das vor der Hochzeit zu erfolgen hat, gehört zu dem Ritual, das auf verschiedene Art und Weise durchgeführt werden kann.[28] Selbst in Algier ist dieser Brauch noch sehr lebendig.

Die Jungfräulichkeit wurde zu einer Institution von kultureller, religiöser und ideologischer Bedeutung. Dem jungen Mädchen wird der eigene Körper, sein Intimbereich, genommen, denn die Erhaltung des Hymens betrifft die ganze Familie. Und der islamische Diskurs über die Frau trägt dazu bei, die Jungfrau als Prototyp weiblicher Schönheit erscheinen zu lassen: Schweigen, Regungslosigkeit, Gehorsam, gekrönt von Reinheit, sind die Tugenden, die ihr anerzogen werden. Sie verwirklicht sich nur durch ihre Passivität, ihren Gehorsam gegenüber Gott und den Männern.[29] Der Gehorsam wird wie eine religiöse Vorschrift betrachtet.

Diese Ideologie ist so übermächtig, daß die Mehrheit der jungen Mädchen von ihr beeinflußt ist. Eine Umfrage, die 1983 in Tunesien durchgeführt wurde, ergab, daß 90 Prozent der Frauen und Mädchen der Meinung sind, ein junges Mädchen solle jungfräulich in die Ehe gehen. Gleichzeitig ziehen 87 Prozent einen Mann vor, der schon vor der Hochzeit sexuelle Erfahrungen gesammelt hat.[30]

Es gibt zwei Möglichkeiten für die junge Frau: entweder sie ist eine Jungfrau oder eine Hure. Die wenigen jungen Mädchen, die versuchen, die traditionellen Vorstellungen über Bord zu werfen und selbst über ihren Körper und ihre Gefühle zu bestimmen, haben kaum Chancen. So wie die Dinge liegen, kommt es natürlich zu allen möglichen Auswüchsen. Die algerischen Ärzte verdienen ein Vermögen mit der Wiederherstellung des Hymens. Und in der Schweiz sollen angeblich jungfräulich gebliebene Frauen mit dem Kaiserschnitt entbunden werden.

Es kommt immer noch vor, daß Väter, Ehemänner oder Brüder ihre Tochter, Frau oder Schwester töten, wenn sie sie eines Fehltrittes verdächtigen. Für diese ›Säuberung‹ werden sie gewöhnlich nur zu ein paar Jahren Gefängnis verurteilt.[31] Ich habe selbst einen solchen Fall erlebt. Vor fünf oder sechs Jahren verliebte sich in dem kabylischen Dorf I. ein junger Mann in eine Waise, die sich als Ziegenhirtin etwas Geld verdiente. Die beiden wurden zusammen gesehen, und der Cousin des jungen Mädchens wurde davon in Kenntnis gesetzt. Er drohte, sie zu töten, worauf der Marabut des Nachbardorfes eingeschaltet wurde, der ihn dann dazu brachte, weniger drastische Lösungen in Betracht zu ziehen. Man beschloß, die jungen Leute zu verheiraten. Der Bräutigam ließ es aber nicht dabei bewenden; auch nach den Hochzeitsfeierlichkeiten rührte er seine junge Frau nicht an, sondern brachte sie zu einem Arzt in die nächste Stadt und kam triumphierend mit einem Zertifikat ihrer Jungfräulichkeit zurück. Dieses Verfahren erfreut sich übrigens wachsender Beliebtheit.

Es gibt aber auch junge Mädchen – meistens sind es Studentinnen oder Gymnasiastinnen –, die den Kult der Jungfräulichkeit bekämpfen und auf diesem Gebiet eine weniger strikte Handhabung des Sittenkodexes durchzusetzen versuchen. 1967 forderte eine Gruppe von Tunesierinnen, der ›Diktatur der Jungfräulichkeit‹ solle ein Ende gemacht werden.[32] Frauen wie sie sind jedoch immer noch in der Minderheit.

Die meisten Mädchen nehmen ihr Schicksal hin und folgen dem Vorbild, das ihnen von ihrer Umgebung und der Gesellschaft mit großer Eindringlichkeit vorgebetet wird. Der Druck und der Zwang, denen sie ausgesetzt sind, lassen sie die einzige Lösung anstreben, die sich ihnen bietet. »Verglichen mit dem Leben, das eine Frau unter der väterlichen Obhut führt, ist die Ehe auf jeden Fall eine Verbesserung«, schreibt der tunesische Soziologe Abdelwahab Bouhdiba.[33] Die Ehe empfinden sie als eine Erlösung; sie scheint dem Warten und der ständigen Überwachung ein Ende zu setzen; ihre Vorzüge, ihre mühsam erworbene Fügsamkeit und Rücksichtnahme auf die anderen können endlich gewürdigt werden, am richtigen Platz und in der richtigen Rolle.

Die junge Ehefrau

Wie Mütter bei der Verheiratung ihrer Töchter vorgehen, illustriert das Beispiel Djamilas. In ihrem Fall scheint die Sympathie, die die beiden Mütter füreinander empfanden – eine Art ›Liebe auf den ersten Blick‹ –, das Zustandekommen der Hochzeit bewirkt zu haben, nachdem alles übrige zur Zufriedenheit der beiden Familien geregelt worden war.

Das Verhalten und die Einstellung Djamilas machten deutlich, wie wenig Einflußnahme die jungen Mädchen haben, die verheiratet werden sollen. Djamilas Scheu, ihr Schweigen, ihre gesenkten Blicke, als Ali ihr seinen ersten Besuch abstattete, haben es ihrer Umgebung leicht gemacht, die Dinge in die Hand zu nehmen und ohne sie zu entscheiden.

Ihre Passivität gab den Müttern uneingeschränkte Vollmacht. Erstaunlich ist, daß sie bis zum Vorabend ihrer Hochzeit geschwiegen hatte. Erst als sie mit dem Rücken an der Wand stand, weil alles schon eine beschlossene Sache war, getraute sie sich, ihrer Bestürzung Ausdruck zu verleihen. Dann war jedoch die Falle schon hinter ihr zugeschnappt. Es gab für sie kein Schlupfloch mehr.

Einen Skandal zu riskieren wäre unmöglich gewesen, denn er hätte sowohl für ihre Familie wie auch für die ihres zukünftigen Ehemannes katastrophale Folgen gehabt; für ihre beiden jüngeren Schwestern hätte er jede Hoffnung, einen Mann zu finden, zunichte gemacht. Djamila war das Opfer ihrer Tradition.

Die Familienehre verlangt, daß die einzelnen Mitglieder ihre Gefühle im Interesse der Gemeinschaft unterdrücken. Die Tränen, die von dem jungen Mädchen beim Verlassen der elterlichen Wohnung erwartet werden, gelten lediglich als Beweis ihrer Liebe zu den Eltern; gleichzeitig sind sie ein Ventil für die Angst, die das junge Mädchen empfindet, wenn es sich von seiner Familie verabschiedet, um in ein unbekanntes Haus und zu einem nicht weniger unbekannten Mann zu ziehen. Das Fest, das vor dem Weggang Djamilas bei ihr zuhause gefeiert wurde und bei dem sie der strahlende Mittelpunkt war, sollte sie zweifellos über ihr Unglück hinwegtrösten.

In diesen, für sie so entscheidenden Tagen war Djamila nichts weiter als ein Spielball der Ereignisse, angefangen von dem Verstoßungsritual beim Verlassen ihres Elternhauses und dem Abtransport, den sie von Kopf bis Fuß verhüllt in einer miserablen körperlichen Verfassung über sich ergehen ließ in der Erwartung einer Art Wiedergeburt als Frau, die mit ihrer Sexualität umzugehen weiß, die ihre Bestimmung erfüllt: die Mutterschaft.

Immer wieder wurde der jungen Frau bei der Hochzeitszeremonie Glück und Wohlergehen gewünscht und als Krönung sieben Söhne, was vor den verbesserten hygienischen Verhältnissen, der Flaschennahrung und der Empfängnisverhütung das erreichbare Maximum gewesen war. Diese sieben Söhne werden jedoch nicht von der jungen Frau gefordert, sondern vom Ehemann, und sie sind kein Geschenk für Djamila, die sie gebiert, sondern für die Schwiegermutter.

Ich weiß nicht, ob Djamila von ihrer Mutter aufgeklärt worden war. Gewöhnlich übernimmt eine Tante oder eine ältere Schwester diese Aufgabe, ohne jedoch offen darüber zu reden. Die Botschaft, die ihr von den Frauen ihrer Umgebung übermittelt wird, läßt sich jedoch in einem Wort zusammenfassen: Passivität. Es schickt sich nicht für eine junge Frau, Gefühle zu zeigen. Ist es also verwunderlich, wenn die jungen Mädchen, die ihren Ehemann kaum kennen, außer dem Gefühl der Furcht nichts für ihn empfinden? »Die Ehe, die für alle jungen Algerierinnen die Erfüllung ihres Lebens bedeutet ..., ist gleichzeitig ein Alptraum: wie wird der Mann sein, der ihnen aufgezwungen wird?«[34] Eine solche Heirat hat häufig schlimme Folgen: dramatisch verlaufende Deflorationen, Traumata, schwere psychische Störungen, Haß und Feindseligkeit gegenüber dem Ehepartner. Für Abdelwahab Bouhdiba ist dieser Zwang eine »männliche Strategie, um die Frau ihrer Würde zu berauben«.[35]

Der Geschlechtsakt, der unter solchen Voraussetzungen vollzogen wird, scheint die männliche Überlegenheit zu bestätigen. Man sollte jedoch nicht vergessen, daß dabei die Mütter wieder einmal zu Komplizinnen der Männer werden, wenn sie ihre Töchter zu passiven, willenlosen Geschöpfen erziehen. Eine kabylische Sage, die einer von Leo Frobenius zusammengetragenen und ins Deutsche übersetzten Sammlung[36] entnommen wurde, illustriert diese im Sexuellen begründete Vorherrschaft der Männer und die sexuelle Blockierung der Frauen. Sie läßt sich folgendermaßen zusammenfassen:

> *Am Anfang waren ein Mann und eine Frau. Die treibende Kraft war die Frau. Sie trank von dem Wasser und weckte das Verlangen. Aus ihrer Verbindung entsprangen fünfzig Knaben und fünfzig Mädchen, die auf getrennten Wegen das Abenteuer suchten. Ein kühnes, junges Mädchen entdeckte eines Tages die körperlichen Unterschiede zwischen Männern und Frauen, und die Nacktheit der Männer erfüllte sie mit Verlangen. Bei einer Rauferei zwischen den Jungen und Mädchen griffen diese nach dem Geschlecht der Jungen und zwangen ihnen ihren Willen auf. Das erweckte auch*

> *das Verlangen der jungen Männer, und die fünfzig jungen Männer wurden noch zügelloser als die fünfzig Mädchen. Jeder nahm sich eine in das Haus, das er zuvor aus Steinen errichtet hatte. Sie machten die Mädchen zu ihren Frauen und sagten: »Wenn wir uns vereinigen, werden wir auf den Frauen liegen, wir wollen die Herren sein.« Seit dieser Zeit übten sie den Beischlaf in dieser Stellung aus, die heute noch in der Kabylei am häufigsten ist.*

Das Verlangen, das anfänglich von den Frauen ausging, ist in ihren Händen eine äußerst gefährliche Waffe, da die Männer ihren Trieb noch weniger beherrschen können als die Frauen. Um sich zu behaupten, mußten sie erst einmal das Verhältnis umkehren, die Frauen einsperren und ihre Unterordnung und Passivität erzwingen.

Die Herrschaft der Männer ist eine unerläßliche Voraussetzung für die Aneignung des wertvollsten Produktes weiblicher Fruchtbarkeit: der männlichen Nachkommenschaft. Die Fortpflanzungsfähigkeit der Frauen wird also von den Männern usurpiert. Die Frau ist eine Gebärmaschine im Dienst der väterlichen Sippe. Um sich diese Dienstleistung zu sichern, müssen die Männer sich die Frauen unterwerfen. Sexualität und Zuneigung müssen voneinander getrennt werden, damit die Männer nicht wie in jener mythischen Zeit den Frauen zum Opfer fallen. In den patriarchalischen Gesellschaften wie auch im Islam dient die Ehe ausschließlich dem Fortbestand der Gesellschaft. Im Islam hilft die Ehe auch, den unerlaubten Geschlechtsverkehr (*zina* – Unzucht) einzudämmen. Sie ist unerläßlich zur Befriedigung des männlichen Geschlechtstriebs, dem große Bedeutung beigemessen wird.

In solchen Ehen muß jedoch jede spontane, persönliche sexuelle Regung, und vor allem das sehnsüchtige Verlangen unterdrückt werden. In diesem Zusammenhang lassen sich die von Roger Bastide[37] beschriebenen Gegensätze zwischen libidinös und kollektiv, biologisch und gesellschaftlich zitieren: Eine von gesellschaftlichen Normen bestimmte Sexualität wird auf Kosten einer libidinösen, biologischen Sexualität durchgesetzt. Die Hochzeit ist vor allem ein soziales Ereignis, ein Ritual der Solidarität und Verbundenheit mit der Familie und der Gemeinschaft. Das Paar selbst zählt bei all dem überhaupt nicht, denn der einzige Sinn der Verbindung ist die Fortpflanzung. Der Begriff einer Paarbeziehung, wie er üblicherweise gebraucht wird, ist hier fehl am Platz. In der Agnatenfamilie übernehmen Mann und Frau die ihnen vorgegebenen Rollen und bewegen sich in zwei verschiedenen getrennt voneinander lebenden Gruppen.

Wie man am Beispiel von Ali und Djamila sieht, konnte sich unter den Umständen, unter denen sich die beiden jungen Eheleute kennengelernt haben, auch nichts entwickeln. Beide sind Opfer ihrer persönlichen Gefühle, Djamila hat sich hinter eine Mauer von Passivität geflüchtet und ist nur noch darauf bedacht, ihre Ergebenheit zu beweisen; Ali kämpft mit seinen Ängsten, er ist verschreckt und eingeschüchtert, da er weiß, daß er seine Männlichkeit beweisen muß. Auf beiden lasten die Familienehre und Verbote, die so zahlreich sind, daß eine freie Entfaltung der Sexualität praktisch unmöglich ist.[38]

Die Ehe ist also nicht wie in Europa eine Weihe des Paares. Für die Frau wie für den Mann ist diese von den Eltern initiierte Verbindung nur eine Phase, in der die väterliche Sippe reproduziert wird. Für die Frau ist sie außerdem die einzige Möglichkeit, sich als Frau und Mutter zu verwirklichen.

In Erwartung der Mutterschaft

Djamila war von nun an *tislit*, Ehefrau und Schwiegertochter. Auf die von allen mitorganisierte Hochzeitsfeier folgte eine neue Übergangszeit, die nicht länger als ein Jahr, am besten nur neun Monate dauern soll, eine Zeit, in der auf den heißersehnten Stammhalter gewartet wird. Bevor sie ihn zur Welt gebracht hat, muß die junge Ehefrau sich in ihre neue Familie einfügen, in der sie nur ›zur Probe‹ aufgenommen wurde. Es sind jedoch sehr wachsame, kritische Blicke, denen sie ausgesetzt ist. Sie kann nun zeigen, was sie gelernt hat, wie wohlerzogen sie ist.

Auch Djamila, die unter der Aufsicht einer zufrieden strahlenden Frau Lâali in der Pariser Wohnung ihrer Schwiegereltern Dienstmädchen spielte, bemühte sich nach Kräften, allen Anforderungen gerecht zu werden.

Die Eingliederung der jungen Frau in ihre neue Familie soll möglichst schnell erfolgen. In der Kabylei erzählt man sich folgende Geschichte:

> *Ein paar Tage nach der Hochzeit seines Sohnes führte der Vater die junge Frau in den großen Obst- und Gemüsegarten, um ihre Bewunderung zu erregen. Die junge Frau fragte: »Vater, all das gehört Euch?« Auf diese Frage hin verstieß der Vater seine Schwiegertochter. Als die nächste Hochzeit, die nächste tislit und der nächste Besuch im Obst- und Gemüsegarten ins Haus stand, führte er die neue Schwiegertochter in den Garten und verstieß auch diese, nachdem sie gefragt hatte: »Vater, all das gehört Euch?« Das wiederholte sich solange, bis die siebte Frau kam. Sie fragte: »Vater, all das gehört uns?«*[39]

Diese Frau war richtig erzogen worden; sie verdiente es, in die Familie aufgenommen zu werden, zu der sie sich von Anfang an als zugehörig betrachtet hatte.

Das Leben ist für die verheiratete Frau ein ständiges Sich-bewähren-Müssen.

> *Wenn eine Frau sich das Kopftuch einer Verheirateten umbindet, kann sie sich auf einiges gefaßt machen. Man tut nur noch, was die anderen wollen, nicht mehr das, was man selbst will.*[40]

Die anderen – das ist vor allem die Schwiegermutter, der die junge Frau gehorchen muß, denn »die Schwiegermutter könnte eifersüchtig werden, wenn sie bemerkt, daß die junge Frau die Aufmerksamkeit und Zuneigung ihres Sohnes für sich beansprucht«.[41] Der Kontakt mit ihrer Schwiegermutter ist sehr viel häufiger als der mit ihrem Mann oder mit den anderen männlichen Familienmitgliedern, die sich meistens nicht im Haus aufhalten.

Was den Ehemann betrifft, so empfiehlt ihm die Volksweisheit, nicht zu streng mit seiner jungen Frau zu verfahren; zumindest sollte er damit warten, bis sie durch ihre Kinder an die Familie gebunden ist:

> *»Man sollte seine Frau nicht schlagen, solange man sie nicht an der Kette hat.«*[42]

Zwischen Männern und Frauen besteht eine strikte Arbeitsteilung. Die Frau ist für alles, was im Haus geschieht, zuständig, der Mann für alles, was außerhalb zu regeln ist.[43] Als Wirtschafterin muß sie Sparsamkeit walten lassen; sie muß fleißig, diskret und eine gute Hausfrau sein. Ist sie das nicht, kann jederzeit eine Scheidung in die Wege geleitet werden, die entweder vom Ehemann oder häufiger noch von der Schwiegermutter oder vom Schwiegervater ausgeht.

Die Zusammenarbeit zwischen Männern und Frauen wird von zwei hierarchischen Kriterien bestimmt: dem Generationsunterschied innerhalb einer Gruppe und der Geschlechtszugehörigkeit.

> *Ein Mann baut auf Gott,*
> *eine Frau auf ihren Mann.*[44]

Diese Hierarchie drückt sich auch im Ablauf der Mahlzeiten aus. Zuerst essen die Männer, dann die Frauen. Henri Genevois zitiert folgende Unterhaltung in einer kabylischen Bauernfamilie:

> *Nach dem Essen fragt der Mann seine Frau: »Hast du denn deinen Teil abbekommen? Schließlich hast du ja auch einen hungrigen Bauch wie wir alle ...«*
> *Und die Frau antwortet:*
> *»Das brauchst du mich nicht zu fragen. Ich habe gekocht, und das ist, als hätte ich gegessen; wenn das Vieh satt ist, ist der Bauer zufrieden.«*[45]

Iman Ghazali bezeichnet die musulmanische Ehe als eine »Art Sklaverei für die Frau, denn sie muß ihrem Mann ohne Einschränkung gehorchen. Nur wenn das, was er verlangt, den Befehlen Allahs widerspricht, darf sie sich weigern«.[46] Das Verhältnis zwischen Männern und Frauen basiert also auf Ungleichheit. Im Koran heißt es:

> *Die Männer sind den Weibern überlegen, wegen dessen was Allah den einen vor den andern gegeben hat…*[47]

Wie kann sich unter solchen Umständen, in denen beide, Mann und Frau, vollkommen von der Agnatenfamilie und dem Geflecht der Beziehungen, das zwischen Männern und Frauen besteht, absorbiert werden, eine Paarbeziehung entwickeln?

Im Islam werden alle individuellen, gegen die Ideologie der väterlichen Sippe gerichteten Bestrebungen mit Mißtrauen betrachtet. Die eheliche Liebe scheint immer im Widerspruch zu der traditionellen Ordnung und der Liebe zu Gott zu stehen, weil in einer Paarbeziehung der Egoismus zweier Individuen sich zu verstärken droht. In der ehelichen Gemeinschaft besteht also immer eine Gefahr, daß sich etwas zwischen den Gläubigen und Gott drängen könnte.[48]

Von der jungen Frau, die sich den älteren Frauen, ihrem Ehemann und den anderen Männern unterordnen muß, wird auch im sexuellen Bereich Gehorsam verlangt. Sie darf keinerlei sexuelle Erfahrung haben, da sonst zu befürchten ist, daß sie nach anderen Männern Ausschau hält. Sie kann also gar keine echte Partnerin sein. Die Ehefrau ist für den Mann »eine Frau, die ihm Erleichterung verschafft«, schreibt Fadéla M'rabet.[49] Sexuelle Übereinstimmung ist kein Thema. Auch auf diesem Gebiet ist das Paar gar nicht existent. Ich werde später noch auf diesen Punkt zurückkommen.

In den ersten Monaten nach der Hochzeit hilft der jungen Algerierin nur die Hoffnung, bald Mutter zu werden, ihre Versklavung zu ertragen. Sie lebt in der Erwartung, schwanger zu werden. »Die Kinder sind der Ruhm und die Zierde einer Frau«, heißt es in der Kabylei.[50]

Eine Jungvermählte wird also ängstlich auf die ersten Anzeichen einer Schwangerschaft warten, da für ihre Umgebung nur diese eine Sache von Bedeutung ist. Von ihr hängt es ab, ob sie als Frau akzeptiert wird, ob sie der Familie zur Ehre gereicht, ob sie unter den Frauen des Hauses einen bestimmten Rang einnehmen oder ob sie verstoßen wird.

Mutterschaft

Schwangerschaft

Endlich werden die ersten Anzeichen einer Schwangerschaft von den auf der Lauer liegenden Frauen entdeckt. Die Umgebung zeigt sich der zukünftigen Mutter gegenüber sehr entgegenkommend. Im Islam wird den Schwangeren ein besonderer Status gewährt. Die Schwangerschaft wird mit dem *jihad*, dem heiligen Krieg, verglichen, denn schließlich tragen die Frauen auch dazu bei, die *umma*, die Gemeinschaft der Gläubigen, zu vergrößern. Yamina Fekkar, eine algerische Hebamme, beschreibt den Zustand einer jungen Schwangeren als »einen Zustand völligen Losgelöstseins, der ein Gefühl der Fülle vermittelt. Herausfordernd trägt die Schwangere ihren Bauch, eine Art phallischer Fortsatz, spazieren; der Segen Gottes scheint auf ihr zu ruhen, und sie genießt deshalb auch besondere Rechte«.[1] Sie wird von allen unangenehmen Pflichten befreit. Die Frauen des Hauses einschließlich ihrer Schwiegermutter bemühen sich, ihr das Leben leichter zu machen, ihren Wünschen zu entsprechen und Verständnis zu zeigen, selbst wenn sie den Wunsch äußert, sich abzusetzen. Die zukünftige Mutter kehrt häufig für ein paar Wochen zu ihren Eltern zurück. Für Djamila kam das nicht in Frage, da sie von Paris nach Algier hätte reisen müssen. Sie hat aber mehrere Male ihre Schwester in einem Vorort von Paris aufgesucht und den Haushalt der Lâalis in dieser Zeit vernachlässigt.

Das rücksichtsvolle und zuvorkommende Verhalten gegenüber der Schwangeren ist für eine Frau eine ganz neue Erfahrung. Endlich kann sie ihren Launen nachgeben und sich Wünsche erfüllen, die ihr niemand abzusprechen wagt, zu denen Opfergaben, Wallfahrten, Spenden und andere Vorbereitungen gehören, die alle zum magisch-religiösen Dunstkreis beitragen, der eine Schwangere umgibt – ein sehr angenehmer Zustand, den sie offensichtlich genießt.

Sylvie Garnero sieht in dem »narzißtischen, regressiven Verhalten« der zukünftigen Mutter eine Wiederbelebung der oralen Phase. Dieser regressiven, oralen Phase der Mütter entsprechen eine übertriebene Fürsorglichkeit und Selbstaufgabe im täglichen Leben, die einer panischen Angst vor dem Nichthaben entspringen.[2]

Die angehende Mutter wird zwar von allen verwöhnt, ist das Kind aber einmal da, dann ist alles wieder beim alten.

Mutter eines Sohnes

Djamila brachte also knapp ein Jahr nach der Hochzeit ihren ersten Sohn zur Welt, dem ein Jahr darauf ein weiterer folgen sollte. In den Dörfern hätte sie sich die traditionelle Silberbrosche anstekken können, die nur die Mütter von Söhnen tragen dürfen und die sie auch voller Stolz tragen. In Paris beschränkte sie sich darauf, ihren Erstgeborenen zu verhätscheln und zu verwöhnen, diesen heißersehnten Sohn, mit dem sie ihre Fruchtbarkeit bewiesen hatte und der sie zu dem gemacht hatte, was die Bestimmung der Frau ist: zur Mutter, zur Mutter eines Sohnes.

Sie hatte den Vertrag erfüllt: Sie vergrößerte die Zahl der Männer in der Familie, die sie zu diesem Zweck als Gattin eines ihrer Mitglieder aufgenommen hatte. Sie wahrte die Ehre und das Prestige der väterlichen Sippe und bekam als Gegenleistung endlich einen sozialen Status zugesprochen: den einer Mutter unter Müttern. Anders werden Frauen nicht definiert.

Die Geburt eines Sohnes ist im Gegensatz zu der einer Tochter ein freudiges Ereignis: »Bei der Geburt eines Sohnes herrscht im ganzen Haus große Freude; selbst die Balken scheinen zu erbeben. Das Haus erstrahlt, ein Licht ist angegangen. Die Geburt eines Knaben ist immer ein Grund zum Feiern, denn er wird die väterliche Sippe vergrößern.«[3]

Überall in Algerien stoßen die anwesenden Frauen ihre Freudentriller aus, ein richtiger Höllenlärm bricht los! Manchmal feuert der Vater bei der glücklichen Nachricht ein paar Schüsse in die Luft; in Tlemcen kauft er Hammelhoden beim Fleischer.[4] Die junge Wöchnerin darf sich ihre Lieblingsgerichte wünschen. In unterschiedlichen Abständen erfolgen verschiedene Rituale – am Tag danach, am siebten und achten bis zum 40. Tag, dem Tag der Danksagung und des ersten Spaziergangs mit dem Neugeborenen.

Mit der Geburt eines Jungen ist der Anfang gemacht. Die Mutter eines Jungen kann ihren Platz in der neuen Familie als einigermaßen gesichert betrachten, die Gefahr der Verstoßung ist vorerst gebannt. Und dieser männliche Sproß kann sie auch auf andere Weise glücklich machen. Durch ihn werden ihre affektiven Bedürfnisse befriedigt, was äußerst wichtig für sie ist, da sie mit ihrem Elternhaus nichts mehr und mit ihrem Ehemann noch nichts verbindet. Zudem war die Beziehung zu ihren Eltern nie sehr befriedigend gewesen, da sie ein Mädchen und deshalb unerwünscht war; ihre Mutter hatte sie auf die übliche strenge Art erzogen, und der Vater war meistens nicht da – ein Fremder im Haushalt, der eine unerbittliche Autorität verkörperte. Außerdem ist die Geburt eines Sohnes eine Art Altersversicherung für sie. Die Bande zwischen Mutter und Sohn sind unauflösbar. Im Gegensatz zu den Töchtern bleiben die Söhne immer im Elternhaus, an der Seite ihres Vaters, aber auch ihrer Mutter, und tragen, wenn sie einmal erwachsen sind, zum Wohlstand der Familie bei. Ein Säugling männlichen Geschlechts ist also für eine Mutter immer ein Wunschkind, das ihr nach einer schwierigen Kindheit und Jugend, nach den Prüfungen des ersten Ehejahres und dem Einleben in die neue Familie endlich die Möglichkeit gibt, sich selbst zu verwirklichen. Dabei gilt: »Je mehr Söhne eine Frau hat, desto sicherer ist ihre Position innerhalb der Familie; nur eine Frau mit vielen Söhnen hat das Zepter in der Hand.«[5]

Da eine Frau nur durch ihre Söhne Sicherheit und Einfluß gewinnen kann, wird sie den Augenblick der Geburt eines Sohnes herbeisehnen, der sie für all die Jahre der Unterwerfung entschädigt, der sie über die narzißtische Kränkung, die ihr von der Mutter zugefügt wurde, hinwegtröstet. Und sie wird es befriedigt genießen, wenn sie, von ihrer Mutter befreit und endlich selbst Mutter, als ganze Frau auftreten kann. Es ist deshalb nicht erstaunlich, wenn für viele Frauen die erste Niederkunft ein sehr viel wichtigeres Ereignis ist als ihre Hochzeit.[6]

Und es ist auch nicht verwunderlich, wenn eine Frau diesem heißersehnten Jungen gegenüber ihren Gefühlen freien Lauf läßt, Gefühle, die lange unterdrückt worden waren, da erzwungene Verhaltensweisen wie Gehorsam, Diskretion, extreme Scheu, ja Scham, für sie keinen Raum gelassen hatten.

Für eine Maghrebinerin bedeutet die Geburt eines Sohnes die Befreiung von allen möglichen Zwängen, die Möglichkeit, sich selbst zu verwirklichen. Muß unter solchen Voraussetzungen die Mutter-Sohn-Beziehung nicht mit Gefühlen überfrachtet sein?

Dieses neue Leben zu zweit, das Mutter und Kind beginnen, ist von Anfang an eine enge Symbiose, eine beglückende körperliche Einheit, die eine Verlängerung der Schwangerschaft darstellt.

Der Säugling befindet sich fast immer auf dem Rücken der Mutter in einem über der Brust geknüpften Tuch. Die Mutter erledigt so fast alle ihre Arbeiten, nur bei den anstrengenderen, bei denen sie sich viel und schnell bewegen oder die sie in einer für den Säugling gefährlichen Umgebung ausführen muß, wie beispielsweise an der Feuerstätte, trennt sie sich von ihrem Kind. Wenn sie in den traditionellen Häusern im Schneidersitz auf dem Boden sitzt, nimmt sie das Kind gewöhnlich zwischen ihre Schenkel.

Daß auf den Straßen der maghrebinischen Städte so gut wie kein Kinderwagen zu sehen ist, ist nicht weiter erstaunlich; Mütter und Kinder verlassen nur selten das Haus, und wenn, dann werden die Kinder getragen, da die Mütter so wenig wie möglich von ihnen getrennt sein wollen.

Dieser körperliche Kontakt ist während der Stillzeit am engsten:

> *Die Mütter sollen ihre Kinder zwei volle Jahre säugen, so der Vater will, daß die Säugung vollständig sei. (Koran)*[7]

Die Flasche wird nur gegeben, wenn die Mutter zu wenig Milch hat. Das Kind bekommt so viel zu trinken, wie es will und wann es will. Gewöhnlich läßt man es nicht schreien, vor allem nicht einen Jungen. Er braucht seine Bedürfnisse nur zu äußern, und schon werden sie befriedigt. Beim Stillen wird das Kind von seiner Mutter mit Zärtlichkeiten überhäuft; sie spricht mit ihm und singt es in den Schlaf. Sylvie Garnero spricht von dem »Glück der Vereinigung beim Stillen«[8], ein Vorgang, der je nach Wunsch und Laune des Babys wiederholt wird.

Während der ersten Monate sind Mutter und Kind unzertrennlich. Sie schlafen auch zusammen, und wenn das Baby nachts aufwacht, wird es sofort an die Brust genommen. Sie bilden ein Paar, das ständig kommuniziert, ständig Kontakt hat; ihre Bindung ist deshalb auch außergewöhnlich stark.

Bei all diesen Spielen und körperlichen Kontakten, dem Tätscheln, Streicheln, den Massagen und den zärtlichen kleinen Bissen, wird keine Stelle des Körpers ausgelassen, den Geschlechtsteilen des kleinen Jungen wird besondere Beachtung geschenkt. Die junge Mutter berührt sie, spielt mit ihnen, und während sie mühelos von der spielerischen zur sinnlichen Ebene überwechselt, projiziert sie sowohl sexuelle wie auch narzißtische Wünsche. Sylvie Garnero, die dieses Mutter-Kind-Verhältnis eingehend studiert hat, stellt daher die berechtigte Frage: »Wem gehört das Geschlecht des kleinen Jungen, dem Kind oder der Mutter?«[9]

Diese aktive, lebendige Nähe läßt zwischen Mutter und Kind – vor allem dem männlichen – eine sehr enge und befriedigende Beziehung entstehen. Dabei fällt auf, daß die Kinder keine Ersatzobjekte besitzen, daß es wenig oder gar keine Teddybären oder sonstigen Ersatz für den mütterlichen Körper gibt. Mutter und Kind leben in einer ständigen, jahrelangen Symbiose, aus der sich beide nur sehr schwer lösen können. Was das kleine Kind betrifft, so kann diese exzessive Mutterliebe ganz entgegengesetzte Reaktionen auslösen. Entweder wird die Bindung aufrechterhalten, was ein mehr oder weniger regressives Verhalten zur Folge hat, oder das Kind wendet sich von der Mutter ab. In beiden Fällen wird ein solches Mutterbild sehr belastend sein.

Das Abstillen, das bei den Jungen meist etwas später als bei den Mädchen erfolgt, ist der erste Bruch in dieser innigen Beziehung. Es ist die erste Enttäuschung, die das Kind erlebt. Aber auch die Mutter, die häufig durch eine neue Schwangerschaft dazu gezwungen wird, leidet darunter. Es ist für sie ein Grund vieler Schuldgefühle und Frustrationen. Der kleine Junge reagiert mit Wutausbrüchen gegen die Mutter und verwandelt sich allmählich in einen kleinen Tyrannen. »Aus dem Paradies vertrieben« (Garnero), fällt es ihm schwer, sein Ich zu entwickeln. Daß vor allem die Eingliederung in eine Gruppe – in die väterliche Sippe – und weniger die Entfaltung seiner Persönlichkeit für wichtig erachtet wird, macht alles noch komplizierter für ihn. Das Kind wird jetzt von den anderen Frauen des Hauses (Tanten, Schwestern, Kusinen, Großmüttern) verhätschelt und verwöhnt. Sie haben den Platz der Mutter eingenommen und sich um den kleinen Mann, dieses hübsche männliche Spielzeug, geschart, das eine Miniaturausgabe der erwachsenen Männer ist, die fern von ihnen ihr eigenes Leben leben.

Wenn der in der Stadt lebende kleine Junge gehen gelernt hat, darf er seine Mutter in das maurische Bad begleiten, das die Verlängerung dieses fürsorglichen weiblichen Kosmos darstellt.

Abdelwahab Bouhdiba hat ausführlich über diese Welt der nackten Körper, der weiblichen Körperpflege, berichtet, in der die Sinnlichkeit des kleinen Jungen erwacht und die ihn so sehr prägt, daß der tunesische Soziologe von einem ›Hamman-Komplex‹ spricht,[10] den jeder Maghrebiner als Folge davon entwickeln muß.

Die extreme Verbundenheit zwischen Mutter und Sohn erschwert dem Jungen die ersten Lernprozesse. Sylvie Garnero stellte fest, daß die Jungen gewöhnlich später sprechen als die Mädchen, und daß sie sich lange Zeit eher durch Gesten als durch Sprache verständigen. Die Mütter ermuntern sie auch kaum, sich auf verbaler Ebene zu verständigen.

Häufig legen die Söhne ihrer Mutter und ihren Schwestern gegenüber ein anmaßendes, brutales, jähzorniges Verhalten an den Tag. Bei ihren Wutanfällen wälzen sie sich auf dem Boden und brüllen – selbst Elf- bis Zwölfjährige tun das noch –, während die

Mütter dies als Ausdruck männlichen Temperaments zufrieden zur Kenntnis nehmen.

Nach der ersten glücklichen Phase wird die Beziehung zu der besitzergreifenden, in ihrem Liebesbedürfnis unbefriedigten Mutter immer schwieriger. Im Alter von drei Jahren entfernt sich der kleine Junge gelegentlich von der Mutter, um mit seinen Altersgenossen zu spielen. Es fällt ihm jedoch schwer, sich von seiner Mutter zu trennen, die ihre ganzen Gefühle in die Beziehung zu ihrem Sohn investiert, da sie mit ihrem Mann nichts verbindet. Dieses Übermaß an mütterlichen Gefühlen läßt sie zu einem Hemmnis für die Entwicklung des Sohnes werden. »Muß der kleine Junge diese Mutter, die gleichzeitig Amme und Verführerin ist, nicht als kastrierend erleben?«[11]

Der Prozeß der Individuation ist nicht einfach für ein ausschließlich auf die Mutter fixiertes Kind, das von ihrer Liebe, die kaum andere Gefühle zuläßt, erdrückt wird. Sie raubt ihm den Bezug zur Welt der Erwachsenen und zum fernen autoritären Vater. »Ist den Frauen bewußt«, fragt Sylvie Garnero, »wie sehr sie die Entwicklung ihrer Kinder behindern?«[12] Garnero wirft den maghrebinischen Müttern vor, den Vater völlig aus dem Spiel zu lassen und jede Annäherung des Kindes an ihn zu verhindern. Aber wie sollen sie das ändern, wenn für sie das Paar als solches überhaupt nicht existiert?

Wie bereits aufgezeigt, sind die Gefahren für das Kind sehr groß: Entweder es kommt zu einer präödipalen Regression, die das Abhängigkeitsverhältnis zu der Mutter aufrechterhält – »seine Mutter wird immer ein Teil von ihm sein« (Garnero) –, oder die Beziehung zur Mutter nimmt sadistische Züge an. Beides ist eine Reaktion von Kindern, für die der Prozeß der Individuation mit großen Schwierigkeiten verbunden ist und die emotional unreif bleiben.[13] Diese Schwierigkeiten belasten auch die Beziehungen, die dann die erwachsen gewordenen Männer mit ihren zukünftigen Ehefrauen eingehen.

Im Dienst der Reproduktion der väterlichen Sippe

In den patrilinearen und patriarchalischen Gesellschaften des Mittelmeerraums, insbesondere im Maghreb, gibt es für eine Frau nur einen angemessenen sozialen Status, den der Mutter – von Knaben, versteht sich.

> *Ein Mädchen ist wie eine Schwalbe unter dem Dach; solange sie nicht in einer anderen Familie Mutter geworden ist, hat sie keinen festen Platz,*[14]

heißt es in der Kabylei. Nicht-Mütter können nur Frauen sein, die darauf warten, Mutter zu werden, also halbwüchsige und junge, unverheiratete Mädchen oder aber Frauen, die gesellschaftlich keine Existenzberechtigung besitzen, die unfruchtbaren Frauen.

Nach mehreren kinderlos gebliebenen Ehen und mehreren Verstoßungen landen die Nicht-Mütter wieder bei ihren ursprünglichen Familien, die für ihren Unterhalt aufkommen müssen. Allein leben dürfen sie nicht, denn eine Frau ohne männlichen Beschützer gilt als abartig, pervers. Für eine alleinstehende Frau, eine Frau ohne Mann, gibt es eine abwertende Bezeichnung: *hajala*. Sie wird sehr streng bewacht, da sie eine ständige Gefahr für die Familienehre darstellt. Wenn alle Zaubermittel und sonstigen volkstümlichen Heilmittel wirkungslos geblieben sind, werden diese Frauen, die als Frauen versagt haben, die einfach nur im Weg stehen, zu nichts nütze und total abhängig sind, als lästige Anhängsel betrachtet; manche machen ihrem Leben freiwillig ein Ende.

Die Geburt eines Jungen nimmt einer Mutter die Sorge, verstoßen zu werden. Wenn der Sohn nämlich achtzehn geworden ist, darf sein Vater sich keine neue Frau mehr nehmen, auch wenn seine bisherige Gefährtin schon sehr alt ist.[15]

In patrilinearen, agnatischen Gesellschaften werden die Strukturen ausschließlich von Männern bestimmt. In einem Familienverband gibt es immer mehrere Männer; gewöhnlich sind das der

Vater und dessen Söhne mit Frauen und Kindern. Die Autorität besitzt das Familienoberhaupt. Die Beziehungen innerhalb eines solchen Verbandes sind streng hierarchisch, ausschlaggebend ist das Alter – die Jüngeren gehorchen den Älteren. Aber auch zwischen Männern und Frauen gibt es eine Rangordnung: Die Männer sind unabhängig von ihrem Alter den Frauen übergeordnet, Kleinkinder bilden die einzige Ausnahme. Wie wir gesehen haben, können aber schon die kleinen Jungen ihre älteren Schwestern herumkommandieren. Und die Söhne können in bestimmten Fällen als Vormund ihrer Mutter auftreten.

Innerhalb dieser patriarchalischen, auf der Überlegenheit der Männer und dem Lebensalter basierenden Ordnung stellen die Frauen als Angeheiratete, als fluktuierendes Element, eine Bedrohung dar. Das Prinzip der Hypergamie – eine Heirat mit einer Frau aus einer sozial niedrigeren Schicht – soll verhindern, daß die Frauen sich aufgrund ihrer eigenen Herkunft überlegen fühlen können. Eine weitere Handhabe, gefährlich werdende Frauen in Schach zu halten, ist die Verstoßung, die jedoch mit zunehmender Kinderzahl und zunehmendem Alter ihren Schrecken verliert.

In der Sippe ihrer Männer werden die jungen Ehefrauen vom ersten Augenblick an überwacht, eine Aufgabe, die häufig von den älteren Frauen übernommen wird. Gleichzeitig wird ihnen ein strikter Verhaltenskodex aufgezwungen, um die Familienehre zu schützen. Die wichtigste Funktion, die sie im Dienst der väterlichen Sippe erfüllen, ist die Sorge für Nachkommenschaft und die Aufzucht der Kinder.

Diese patrilinearen Strukturen benötigen möglichst viele Männer, die die Macht der einzelnen Familienverbände garantieren. Schon immer nahmen diejenigen Familien die wichtigsten Positionen ein, die zahlenmäßig am stärksten waren. Bei früheren Auseinandersetzungen mit anderen Sippen bildeten die Männer eine kleine Armee; in den politischen Institutionen zählten sie allein schon durch ihre Stimmen. Die großen Familien, aus denen sich die führenden Köpfe eines Dorfes oder eines Stammes rekrutierten, waren auch immer die Familien, in denen viele Männer lebten.

Die Fortpflanzungsfähigkeit der Frauen war unter diesen Umständen von größter – von lebenswichtiger – Bedeutung für die Männer, die sich ihrer Produkte, der Kinder, auch gleich bemächtigten. In manchen Gegenden, in denen noch das Gewohnheitsrecht der Berber herrschte, wurde selbst die Trennung eines Kindes von der Mutter in Kauf genommen, wenn sich die Verbindung der Eltern durch Verstoßung oder Verwitwung auflöste. Während die Mutter zu ihren Eltern zurückgeschickt wurde, blieb das Kind im väterlichen Haus.[16]

Die Frau dient also der Reproduktion patrilinearer Strukturen. Ich spreche von ›dienen‹, weil es sich um eine Pflicht handelt, der sie sich praktisch nicht entziehen kann, von ›Reproduktion‹, weil die Frauen eine männliche Nachkommenschaft produzieren müssen – sie sollen Früchte tragen wie das Land, das die Männer bestellen (Koran) –, und von ›patrilinear‹, weil ausschließlich die männliche Linie davon profitiert und die Wünsche des Individuums nicht berücksichtigt werden.

›Dienen‹ ist gleichbedeutend mit Unterwerfung, eine Unterwerfung, die die vollkommene Abhängigkeit der Frauen zur Folge hat. Die Frauen haben gewöhnlich keinen Anteil an dem Besitz der väterlichen Sippe; eigenes Vermögen besitzen sie, abgesehen von ihrem Schmuck, nicht. Jeder Kauf, jede Transaktion wird von den Männern beschlossen und durchgeführt. Auch alle Tausch- und sonstigen Geschäfte, die Einkäufe auf den Märkten und die Besorgungen für den Haushalt werden von ihnen erledigt. Somit müssen sich die Frauen nicht außer Haus begeben und können besser kontrolliert werden. Viel geändert hat sich in dieser Beziehung nicht, weder in der Stadt, geschweige denn auf dem Land.

Neben der Reproduktion müssen die im Dienst der väterlichen Sippe stehenden Frauen auch noch andere Pflichten erfüllen; das können entweder Arbeiten innerhalb oder außerhalb des Hauses sein.

Bei den außer Haus zu verrichtenden Arbeiten, zu denen auch die Feldarbeit zählt, sind die Frauen Handlangerinnen der Männer. Sie jäten, bestellen den Garten, ernten Obst, pflücken und trocknen die Früchte; die schwereren Arbeiten hingegen, wie das Pflügen und Säen, werden von den Männern durchgeführt.

Zu den Arbeiten im Haus gehört die Weiterverarbeitung der von den Männern gewonnenen Erzeugnisse: das Mahlen des Getreides, das Weben von Stoffen, das Füttern der Tiere sowie die Führung des Haushalts.

Die Reproduktion der Nachkommenschaft beansprucht neben der Hausarbeit praktisch die ganze Zeit der Frauen. Sie impliziert darüber hinaus die sexuelle Verfügbarkeit und die völlige Unterordnung der Frau. Jede Eigeninitiative wird als skandalös, erniedrigend und entehrend für den Mann betrachtet.

Früher verhinderten die Kindersterblichkeit, die kürzere Lebenserwartung der Frauen, die Folgen von Epidemien, Kriegen und Hungersnöten jeden Überschuß an männlicher Nachkommenschaft, obwohl die Frauen sehr fruchtbar waren. Heute werden die Chancen, Knaben zu gebären, durch eine immer noch sehr hohe Kindersterblichkeit (zwischen 126 und 150 Prozent) und lange Stillzeiten beeinträchtigt. Sieben Knaben schienen, wie die Hochzeitsgesänge dokumentieren, vor noch nicht allzu langer Zeit das erreichbare Maximum gewesen zu sein.

In einem patrilinearen Haushalt müssen zwar alle Frauen arbeiten, aber die Pflichten sind ihrem Alter entsprechend unter ihnen aufgeteilt. Die Älteste unter den Müttern kümmert sich um die Organisation und die Verteilung der Aufgaben; alle anderen Frauen, die Schwiegertöchter und die unverheirateten jungen Mädchen, unterstehen ihrer Autorität. Sie hat eine sehr reale Macht über die Kinder, die jungen Mädchen und die Ehefrauen. Ihre Autorität kann sich auch auf ihre Söhne, die jungen Männer und Ehemänner, ja selbst auf ihren eigenen Mann erstrecken. Ein bekanntes kabylisches Sprichwort verspottet das Familienoberhaupt, das »außer Haus den Löwen spielt, zu Hause aber ein Hasenfuß ist«.

Die Unentbehrlichkeit der Frauen als Gebärerinnen und Hausfrauen für die väterliche Sippe und die Männer, der bewußte Ausschluß der Männer aus einem als typisch weiblich erachteten Aufgabenbereich und ihre seltene Präsenz im Haushalt, all das bedeutet für die Frauen, und vor allem für die Familienälteste, die das Zepter in der Hand hat, einen ziemlich großen Spielraum; insbesondere dann, wenn die Söhne erwachsen sind und die Frau nicht mehr verstoßen werden kann. Die Frauen entschädigen sich auf diese Weise für die Unterdrückung und die Dominanz der Männer, und so entsteht ein für alle patriarchalischen Gesellschaften typischer Widerspruch: Die Männer versuchen, die Frauen in einem Zustand völliger Abhängigkeit zu halten, gleichzeitig sind sie aber auf ihre Dienste angewiesen.

Von politischen und wirtschaftlichen Machtpositionen ausgeschlossen, beschränkt sich die gesellschaftliche Rolle der Frau – eine Rolle ganz im Dienst der väterlichen Sippe – auf die Erfüllung ihrer häuslichen, sexuellen und vor allem reproduktiven Pflichten. Nur die Frau, die sich auf diesem Gebiet hervorgetan hat, die mehrfache Mutter von Söhnen ist, verdient die Wertschätzung der Männer. Das Abgeschlossensein der Frauen birgt jedoch für beide Geschlechter wie auch für die Gesellschaft große Gefahren in sich.

Mutterkult und Fruchtbarkeit

Fruchtbarkeitsriten

In den ländlichen Gebieten des Maghreb gibt es auch heute noch unzählige Fruchtbarkeitsriten. So findet man zum Beispiel überall im Maghreb geweihte Stätten: Quellen, Brunnen, Felsen, Grotten, Bäume, Plätze und Gräber, die von Frauen aufgesucht werden – Wallfahrtsorte, an denen häufig auch bestimmte Rituale stattfinden: Stoffbeutelchen mit Essenzen werden an Bäumen befestigt, Kerzen oder Lampen angezündet, Weihrauch wird verbrannt. Daneben gibt es Reinigungsopfer, Bäder, Gebete, Mixturen usw., die vorübergehende oder länger bestehende Fruchtbarkeitsstörungen beheben sollen. Bis in die jüngste Zeit sammelten Frauen in den Häusern Eier, Schrot und Butter, besprengten die Kinder und Tiere mit Wasser, legten Eier und Granatäpfel in die erste Ackerfurche. Gelegentlich wurde auch ein Granatapfel von der Frau verzehrt oder an einem Dachbalken befestigt.

Auch sonst nehmen die Frauen im Maghreb jede Gelegenheit wahr, um irgendwelche rituellen Handlungen auszuführen, die ihnen einen reichen Kindersegen bescheren oder Glück bringen sollen: *lfal* beim Kochen – in der Kabylei spülen auch heute noch manche Frauen siebenmal die Eier ab und drehen sie siebenmal um, bevor sie sie auf den Tisch bringen –, beim Hinaustreiben oder Zurücktreiben des Viehs, bei den Festen im Frühjahr oder bei religiösen Feierlichkeiten wie der Geburt des Propheten, dem Großen Fest oder dem Fest des Hammels.

Im Kontext der mittelmeerischen Kulturen ist die Sonderstellung, die der Fruchtbarkeit eingeräumt wird, nicht weiter verwunderlich. Auf Kreta war es die Muttergottheit Rheia. Von Griechenland kam Cybele nach Rom und wurde von dort nach Gallien exportiert, wo es bereits zahlreiche Muttergottheiten gab. Aus Ceres wurde im Zuge der Hellenisierung Demeter, die Nahrung spendete und fruchtbar machte. In Ägypten erfüllte Isis diese Funktion; sie wurde sowohl mit dem Ackerbau wie auch mit der Fruchtbarkeit und der Liebe verbunden.

Die Phoenizier importierten aus Kleinasien drei Göttinnen – Anta, Athirata und Astarte –, die bei den Fruchtbarkeitsritualen der Ackerbauern im Maghreb eine entscheidende Rolle spielten.

Mütter im Koran

Die Vorrangstellung, die der Fruchtbarkeit und den Müttern durch die Gesellschaft, die Riten und Mythologien eingeräumt wird, wird auch von den Religionen respektiert; das mythische und religiöse Gedankengut hat sich diesbezüglich erstaunlich wenig gewandelt. In den Schriften des Heiligen Augustinus (nach Börresen) wird die Frau in ihrer Mutterrolle mit der Erde verglichen, die darauf wartet, die Saat aufnehmen zu können – eine passive Beihilfe also. Augustinus sah darin die einzige Existenzberechtigung der Frau[1]. Im Koran findet man folgenden Vergleich:

> *Eure Weiber sind euch ein Acker. Gehet zu euerm Acker, von wannen ihr wollt; aber schicket (etwas) zuvor für eure Seelen.*[2]

Durch die Häufigkeit des Bildes, das die weibliche Fruchtbarkeit mit der Fruchtbarkeit der Erde vergleicht und zwischen der Ehe und der Bestellung der Felder eine Parallele zieht, wobei die Frau nichts weiter als das Behältnis für den Samen ist, der ihr anvertraut wird und den sie in ihrem Leib austragen soll, wird die Aussagekraft nur noch verstärkt. Die Frau spielt also bei der Zeugung nur eine untergeordnete Rolle; der eigentliche Schöpfer ist ihr Mann. In den patriarchalischen Gesellschaften des Mittelmeerraums scheint es ein durchgängiges Phänomen zu sein, den Frauen die aktive Rolle bei der Zeugung abzusprechen, sie, wie Simone de Beauvoir es bezeichnete, auf das Ewig-Weibliche zu reduzieren und die väterliche Autorität durch die ›natürliche‹ Ungleichheit der Menschen von unterschiedlichem Geschlecht zu rechtfertigen (Aristoteles) oder sich auf die Kirchenväter Paulus, Thomas von Aquin oder Augustinus (der letztere stammt übrigens von einer berberischen Mutter ab) zu beziehen und die männliche Überlegenheit durch die Chronologie zu begründen: Der Mann muß der Gebieter sein, da Gott zuerst ihn und dann erst die Frau erschaffen hat.

Im Koran spricht der Prophet nur zu den Männern, die Frauen werden nur im Zusammenhang mit ihnen erwähnt. In den Passagen, in denen von Frauen die Rede ist, tauchen zwei Aspekte auf: Frauen als Ehefrauen oder als Gebärerinnen. Als Ehefrauen sind sie nichts weiter als Sexualobjekte; unzählige Abschnitte befassen sich mit den Modalitäten des ehelichen Zusammenlebens, damit, wie die Männer sich ihren Frauen gegenüber verhalten sollen. Den Gebärerinnen wird jedoch mehr Respekt entgegengebracht. Der Prophet empfiehlt den Gläubigen nicht nur die größte Ehrfurcht vor den Müttern, er befiehlt sie ihnen sogar; es ist jedoch immer von der Dyade Vater und Mutter die Rede, wobei der Vater als erster genannt wird. Selbst bei den Vorschriften, die das Stillen und Entwöhnen des Säuglings betreffen, ist vom Vater die Rede, zumindest beim Abstillen:

> *Wenn sie jedoch beide (Vater und Mutter) nach gegenseitigem Einvernehmen und Beratung das Kind entwöhnen wollen, so begehen sie keine Sünde.*[3]

Es ist dem Ermessen des Vaters und der Mutter anheimgestellt, wie sie das Kind erziehen wollen.

> *Und wir geboten dem Menschen Güte gegen seine Eltern; seine Mutter trug ihn mit Schmerzen und gebar ihn mit Schmerzen…*[4]

Auch in dieser Passage wird die Mutter zusammen mit dem an erster Stelle erwähnten Vater genannt. Die Bemerkungen über die Schwangerschaft scheinen den Respekt vor der Mutter begründen zu wollen, als wäre er nicht so selbstverständlich wie der vor dem Vater, der nicht gerechtfertigt werden muß. Dennoch verdankt auch der Vater seine Zeugungskraft seinem Schöpfer:

> *Und Allah gab euch aus euch selber Gattinnen und gab euch von euern Gattinnen Söhne und Enkel und versorgte euch mit Gutem.*[5]

Die Mutter kann ohne Vater kein Kind gebären, d.h. ohne den Samen, den sie von ihm empfangen hat; der Vater wiederum verdankt seine Zeugungskraft seinem Schöpfer.

> *O ihr Menschen, fürchtet euern Herrn, der euch erschaffen aus einem Wesen und aus ihm erschuf seine Gattin und aus ihnen viele Männer und Weiber erstehen ließ. Und fürchtet Allah, in dessen Namen ihr einander bittet, und eurer Mutter Schoß. Siehe, Allah wacht über euch.*[6]

Alles in allem finden die Frauen in den Schriften des Korans wenig Beachtung, eine Ausnahme machen die Mütter, denn sie stehen im Dienst der väterlichen Sippe und der *umma*, der Gemeinschaft der Gläubigen. Die Männer können sich ihnen verpflichtet, ja sogar verbunden fühlen, ohne lächerlich zu erscheinen. Aber der Platz, der ihnen im Koran eingeräumt wird, scheint hinter der Stellung, die sie im Maghreb und selbst im koranischen Recht einnehmen, weit zurückzubleiben.

Der volkstümliche Islam

Auch in den volkstümlichen Auslegungen des Islam wird die Ehrfurcht vor den Eltern gefordert.

In der Kabylei glaubt man zum Beispiel, daß die verstorbenen Kinder sich für ihre Eltern verwenden, ihre Wünsche in Erfüllung gehen lassen und sie von ihren Sünden reinwaschen. Sie sorgen dafür, daß die Eltern nach ihrem Tod nicht in die Hölle kommen, und sie geben ihnen von dem Wasser des Lebens aus den Gärten des Paradieses zu trinken, zu dem nur die im zartesten Alter verstorbenen Kinder Zugang haben. Die Kinder, sagt man, sind wie die Wegzehrung in der Kapuze des Burnus, sowohl hier wie dort haben sie eine nützliche, schützende Funktion.

Diese Vorstellungen sind ganz im Sinne des Korans, der Vater und Mutter als eine Einheit betrachtet und immer nur von den ›Eltern‹ spricht. Abdelwahab Bouhdiba schreibt: »Die Verbindung zum mütterlichen Schoß macht das Leben reicher.«[7] Von Frauen, die im Kindbett sterben, sagt man, sie würden direkt ins Paradies kommen wie die im Heiligen Krieg gefallenen Männer.

Eine algerische Hebamme, die über ihre Erfahrungen mit jungen Müttern berichtete, beschrieb den Kampf im Kindbett in ihrem Artikel »Gebären oder der *Jihad* der Frauen«. Wird während der Wehen von diesem Kampf gesprochen, dann fassen selbst die ängstlichsten Frauen wieder Mut.[8] Während einer Schwangerschaft befindet sich die sonst unreine Frau im Zustand der Reinheit. Keine Monatsblutungen lassen sie unrein werden. Im Maghreb wird eine Schwangerschaft mit dem Fasten und dem Gebet verglichen: Durch sie wird eine Frau geläutert.

Die Mutterschaft ist also auch im volkstümlichen Islam von größter Bedeutung – für die Frauen ist sie die einzige Möglichkeit, Gott und den Männern einen Dienst zu erweisen und eine Funktion zu erfüllen, die ihnen Anerkennung bringt.

Wie sollen sich Frauen, die während ihrer ganzen Jugend von dem Wahn der Jungfräulichkeit besessen waren, diesem Wahn der Fruchtbarkeit entziehen? Wie sollen sie sich über diesen Status erheben, der für sie so viele Schwierigkeiten, Abhängigkeiten und Nöte bedeutet?

Mütter im maghrebinischen Recht

Das islamische Recht der malekitischen Schule[9] räumt den Müttern bestimmte Privilegien ein. Trennen sich die Ehepartner, wird der Mutter oder den Frauen der mütterlichen Familie das Sorgerecht zugesprochen, es kann von ihnen aber nur ausgeübt werden, bis der Junge die Pubertät erreicht oder das Mädchen einen Ehemann gefunden hat. Nach hanafitischem Recht, das früher in Teilen Tunesiens, im Mzab und vor allem in Ägypten Gültigkeit hatte, wurde dieser Zeitraum bei den Jungen auf sieben, bei den Mädchen auf neun Jahre begrenzt.

In Marokko spricht das bürgerliche Gesetz, die *Mudawwana*, das Sorgerecht der Mutter und den Eltern mütterlicherseits zu; der Vater hat keinerlei Anspruch auf eine eventuell anfallende Erbschaft. Selbst eine nicht-musulmanische Mutter kann sich auf dieses Recht berufen, wenn sie die Kinder im islamischen Glauben erzieht, wenn nicht, beschränkt sich das Sorgerecht auf die ersten fünf Lebensjahre des Kindes. Der Vater darf das Kind besuchen und auch bei der Erziehung mitentscheiden, aber nicht bei ihm wohnen.

Bei einer den Frauen gegenüber äußerst strikten Rechtsprechung scheint dieses Sorgerecht ein ausgesprochenes Privileg zu sein, das den Müttern zugestanden wird, um der Wertschätzung, die sie genießen, Ausdruck zu verleihen, auch wenn dieses Recht nur eine bestimmte Zeit von ihnen ausgeübt werden darf.

Das algerische wie das marokkanische Recht sind der *chari'a* treugeblieben. Das alte kabylische Gewohnheitsrecht war jedoch sehr viel rigoroser: Nach dem Abstillen hatte die Mutter keinen Anspruch mehr auf das Kind. Die einzige Möglichkeit, es zu behalten, war eine Leviratsehe, bei der die Witwe einen Bruder ihres verstorbenen Ehemanns heiratete, um mit den Kindern in der väterlichen Familie bleiben zu können.

In Tunesien, wo eine gewisse liberale Reform stattgefunden hat, wird versucht, die Verantwortung gleichmäßig auf beide Partner zu verteilen. Wer das Sorgerecht bekommt, wird von einem Richter entschieden, der das Interesse des Kindes wahrnimmt, d.h. es als eine Person mit eigenen Rechten betrachtet. Das Sorgerecht ist vor allem das Recht auf elterlichen Schutz, also ein Recht des Kindes. Mit der Funktion der Mutter wird kein bestimmtes Recht verbunden.

In Algerien und Marokko hingegen werden der Mutter das Sorgerecht und die Mitverantwortung für die Erziehung des Kindes nur eingeräumt, weil sie immer noch der Sippe verpflichtet ist und als Gebärerin im Dienst der Patrilinearität steht. Angesichts dieser für die Reproduktion und die Zukunft der Patrilinearität unerläßliche Funktion tritt das Individuum völlig in den Hintergrund. Das Sorgerecht ist außerdem zeitlich begrenzt, die Kinder werden also keineswegs aus der väterlichen Sippe entlassen, sondern für eine bestimmte Zeit der Obhut der Mutter anvertraut, damit diese ihre Pflicht als Amme und Versorgerin erfüllt.

Die Vormundschaft bleibt beim Vater, sowohl in Marokko als auch in Algerien. Bei seinem Tod wird sie in Algerien der Mutter zugesprochen. Wenn die Mutter nicht mehr lebt, kann in Algerien der Vater vor seinem Tod einen Vormund einsetzen, oder aber der Familienrat bestellt einen gesetzlichen Vertreter. In der traditionellen malekitischen Rechtsprechung wurde in Marokko die Vormundschaft einem Richter übertragen. Heutzutage hat er jedoch nur eine einfache Kontrollfunktion. Die Frauen sind also auch als Mütter den Männern untergeordnet, die für sie und ihre Kinder aufkommen müssen. Das Recht und die islamische Rechtsprechung strukturieren den gesellschaftlichen Bereich ausschließlich im Interesse der Männer.

Männer unter Einfluß

Obwohl Frau Lâali im modernen Frankreich lebte, hat sie nicht gezögert, ein mit ihrer mütterlichen Funktion einhergehendes Sonderrecht, das nur unter ganz bestimmten Umständen eingeräumt wird, für sich in Anspruch zu nehmen. Es ist das Recht, daß eine Mutter bei der Geburt ihres Kindes erklären kann, daß es schon vor den üblichen neun Monaten gezeugt worden sei. Nach malekitischem Recht kann dieser Zeitraum bis acht Jahre, nach kanafitischem zwei Jahre betragen. Die marokkanische *Mudawwana* wie auch die tunesische *Majalla* begrenzen die Dauer einer Schwangerschaft auf ein Jahr. In Algerien bestimmt das Gesetz vom 6. Juni 1984, daß eine Schwangerschaft nicht länger als zwölf Monate betragen dürfe. Trotzdem dient der alte Brauch, der Schwangerschaften von fünf Jahren tolerierte, häufig noch als Maßstab. Im Fall von Frau Lâali wäre das Kind 25 Monate nach seiner Zeugung geboren. Frauen, die einmal verheiratet gewesen waren, sich aber in der Zwischenzeit scheiden ließen oder sich von ihrem Mann trennten, oder Frauen, die ihren Mann verloren hatten, konnten auf diese Weise ihren Ex-Ehemann zum Vater des Kindes erklären. Eine praktische Sache, vor allem dann, wenn kein zweiter Ehemann zur Hand war. Die verwitweten, geschiedenen oder getrennt lebenden Mütter konnten so die rigorosen Regeln der Patrilinearität durch eine geschickte Manipulation umgehen. Eine Möglichkeit, die zwar auch ihre Grenzen hatte, aber doch sehr real war.

Dieser Volksglauben ermöglichte Frau Lâali, ihren zweiten Mann als Vater ihres zweiten Sohnes zu disqualifizieren. Sie hatte nun einen Sohn, dessen einzig lebender Elternteil sie war, einen Sohn, der ihr ganz allein gehörte, der es ihr erlaubte, ihre Autorität weiter auszubauen.

Wie stark der Einfluß war, den sie auf ihren Sohn ausübte, zeigte sich im Lauf der Jahre. Ali war so sehr mit seiner Mutter verbunden, daß er nichts ohne ihre Zustimmung unternahm: Er fing früh an zu arbeiten und lieferte brav jeden Monat seine Lohntüte ab. Sie gab ihm dann sein Taschengeld. Er begleitete sie, wann immer er konnte, auf ihren Gängen durch die Stadt, und im Sommer folgte er ihr in die Kabylei. Während seines Militärdienstes in Algerien schrieb er seiner Mutter jede Woche rührende Briefe. Auch mir erzählte er, wie schwer ihm die Trennung von seiner »innig geliebten Mutter« fallen würde.

Die Kindheit eines Mannes

Die beherrschende Rolle, die die Mutterschaft im Leben einer Frau spielt, erklärt die hingebungsvolle Liebe der Mutter zu ihren Söhnen. Die Intensität dieses Gefühls und das Überhäufen des Kleinkinds mit den Beweisen dieser Liebe bleiben jedoch nicht ohne Auswirkungen auf die Entwicklung des jungen Mannes.

Der erste Bruch, wenn das Kind abgestillt wird, ist für beide ein sehr schmerzhaftes Erlebnis. Die Mutter fühlt sich schuldig und versucht, den Vater dafür verantwortlich zu machen, da das Abstillen meistens durch eine neue Schwangerschaft notwendig wurde. Das Kind hingegen fühlt sich plötzlich nicht mehr im Besitz der ausschließlichen, ungeteilten Liebe seiner Mutter, das Vertrauen zum ›guten Objekt‹ ist gestört, ein verheerender Verlust, ein Trauma, das es dem kleinen Jungen schwer macht, sein Ich zu entwickeln.

Die Erziehung, die ihm danach zuteil wird, ist für die Entwicklung des kleinen Mannes auch nicht besonders förderlich. Im Gegensatz zu dem kleinen Mädchen, das schon mit zwei Jahren zum Gehorsam erzogen wird, kann der kleine Junge seinem Ärger freien Lauf lassen. »Er muß den anderen Angst einjagen können, wie ein wütender Löwe soll er seine Umgebung in die Knie zwingen, selbst vor seinem Schatten soll sie zittern.«[1] Seine Mutter ermutigt ihn, seine Altersgenossen herauszufordern, sich mit ihnen zu schlagen, denn Gewalt gilt als eine der männlichsten Tugenden. Bei einer Keilerei feuern die Mütter ihre Söhne an:

Zeig's ihm, er soll genauso viel abkriegen wie du. Du kommst mir nicht nach Hause und kriegst auch nichts zu essen, bevor du's ihm nicht gezeigt hast.

Früher durften sich die Jungen deswegen auch nicht die Nägel schneiden, denn bei einem Kampf konnte man damit die Haut seines Gegners in Streifen abreißen.

Die Gewalt öffnet dem Jungen den Zugang zu der Welt der Männer, zur Außenwelt, zur Welt der Gesellschaft – eine Welt, die in krassem Gegensatz zu dem mütterlichen Universum steht, das er zurückgelassen hat, einem Universum voller Zärtlichkeit, körperlicher Nähe, Wärme und Liebe.

Von der einen Welt in die andere katapultiert, häufen sich die Brüche, die Trennungen. Abgesehen von ein paar Gebirgsregionen (insbesondere der Kabylei, wo diese Einrichtung völlig fehlt) werden im Alter von sechs oder sieben Jahren überall im Maghreb die Jungen aus dem Hamman der Frauen ausgeschlossen. Sie haben dann zwar Zutritt zum Hamman der Männer, aber die beiden sind eigentlich gar nicht vergleichbar! Der erstere war eine Verlängerung des mütterlichen Körpers: ein Ort der Wärme und Feuchtigkeit und der hingestreckten Körper, die sich langen Massagen und Waschungen hingaben, ein Ort, an dem die Frauen ganze Tage in einer wohltemperierten, entspannten Atmosphäre verbrachten, während die Kinder herumtoben durften. Der Hamman der Männer hingegen ist sehr viel abweisender. Man hält sich nicht so lange dort auf, das Treiben ist nicht so bunt, die Körper sind schamhaft verhüllt, und die Jüngeren müssen sich den Älteren gegenüber respektvoll verhalten. Er kann aber trotzdem als Ort der Regression, der wehmütigen Erinnerung gelten, weswegen der Hamman häufig als Therapie für psychosomatische Krankheiten empfohlen wird. Aber der Sohn begleitet den Vater nur selten in den Hamman. Gewöhnlich schließt er sich seinen gleichaltrigen Freunden an. Für die jüngere Generation hat der Hamman jedoch viel von seiner Anziehungskraft eingebüßt, nur wenige suchen ihn regelmäßig auf.

Ein anderer Bruch ist die Beschneidung, ein präislamisches Ritual, das von den Musulmanen übernommen wurde und im Maghreb bei Fünf- bis Achtjährigen durchgeführt wird, in einem Alter, in dem sie auch aus dem Hamman der Frauen ausgeschlossen werden. Wie die Geburt des Jungen ist auch seine Beschneidung mit einem Fest verbunden, das ein öffentliches Ereignis daraus macht und so den gesellschaftlichen Charakter betont. Sie ist ein bedeutsamer Augenblick im Leben eines Jungen, ein durch Gewalt, Blut, physische Schmerzen und viel Lärm charakterisierter Initiationsritus, eine gefürchtete und gleichzeitig ersehnte Prüfung und Vorbereitung auf eine zukünftige Sexualität. Sie läßt die Sexualität aber auch als etwas Gefährliches erscheinen, etwas, was es zu beherrschen gilt wie den Schmerz bei der Beschneidung. Die Opferung der Vorhaut wurde als eine Vorwegnahme der Opferung des Hymens gedeutet. Die Beschneidung ist gleichzeitig aber auch eine Reinigung, der junge Mann wird damit zum fortpflanzungsfähigen Mitglied der Gemeinschaft und kann seinen Platz unter den Männern einnehmen.

Dank dieses Rituals kommt der Frischbeschnittene in den Genuß der männlichen Privilegien. Er kann von nun an den Frauen gegenüber seine Autorität und Vorrangstellung geltend machen.[2] Aber wie im Hamman der Männer nimmt er auch innerhalb der Männergesellschaft nur eine untergeordnete Stellung ein. Bis er einen eigenen Sohn aufzuweisen hat, bleibt er der Sohn seines Vaters und muß sich der unter den Männern bestehenden Hierarchie beugen. Während er unter den bevormundeten Frauen König war, ist er unter den dominierenden Männern nur noch Untertan.

Seine Aufnahme in die Männergesellschaft bedeutet auch, daß er die Regeln der Segregation zwischen den beiden Welten – der männlichen und der weiblichen – befolgen muß: Jungen ab zehn Jahren wird beigebracht, in Gegenwart von Mädchen zu schweigen, ihre Gesellschaft zu meiden, sie möglichst nicht anzuschauen, kurz, dem weiblichen Geschlecht gegenüber so zurückhaltend wie nur möglich zu sein. Problematisch ist nur, daß diese Verhaltensregeln auch in bezug auf die Mutter gelten, da sie ein Teil dieses weiblichen Milieus ist.

Jugend

Nach der Beschneidung tritt in der Beziehung zwischen Mutter und Sohn eine weitere Veränderung ein. Der heranwachsende Junge, der für das, was er tut und was er denkt, immer mehr Verantwortung übernehmen muß, erlangt eine gewisse Selbständigkeit. Er schläft inzwischen auch häufig außer Haus, bei einem Onkel oder bei Freunden.

Aber selbst wenn Mutter und Sohn sich physisch nicht mehr so nahe sind, so besteht doch eine gefühlsmäßige Verbundenheit. Die Söhne wissen, daß sie die ungeteilte Liebe ihrer Mutter besitzen und daß sie in ihr eine bedingungslos ergebene Verbündete haben. Die Mütter erlauben es sich nicht, die Verhaltensweisen der Jungen zu verurteilen:

> *Was ein Mann macht, ist immer richtig... Er teilt Schläge aus – nun ja, er ist ein Mann, er kann tun und lassen, was er will.*[3]

Die Söhne hegen ihren Müttern gegenüber ähnlich ausschließliche Gefühle.

> *Allein der Name der Mutter gibt soviel Kraft, daß man keine Nahrung zu sich nehmen braucht.*[4]

Und diese gegenseitige Zuneigung nimmt auch im Lauf der Zeit nicht ab; sie vertieft sich vielmehr, auch wenn die Wünsche und Handlungen des jungen Mannes zu einer Quelle von Konflikten werden können, zumal die Gebote der Schicklichkeit jeder Art von Gefühlsäußerung im Wege stehen.

Innerhalb der Familie ist die Beziehung zwischen Mutter und Sohn jedoch bei weitem die dauerhafteste und engste, die zwischen einem Mann und einer Frau besteht. Mutter und Sohn sind das einzig heterosexuelle Paar in der patrilinearen und patriarchalischen Gesellschaft. Die ausschließliche Zuneigung, die ›Mutterfixierung‹, wie Sylvie Garnero sie bezeichnet, hat jedoch häufig zur Folge, daß für andere Gefühle kein Platz ist, auch nicht für Gefühle gegenüber dem Vater, zu dem der Sohn eine ganz andere Beziehung hat.

Wem ich den Vater nahm,
dem hab ich nichts genommen,
wem ich die Mutter nahm,
dem hab ich nichts gelassen.

Dieses kabylische Sprichwort ist vielleicht etwas krass, aber es zeigt die Kraft und die Ambivalenz der Gefühle, die Mutter und Sohn verbinden, Gefühle, die so stark sind, daß sie jede andere Beziehung – in diesem Fall die zum Vater – erschweren oder unmöglich machen.

Die Dyade Mutter-Sohn und der Vater

Ein Mann soll sich weder im Haus, der Domäne der Frauen, aufhalten, noch soll er sich um den Nachwuchs kümmern, der ausschließlich von den Frauen versorgt wird.

In den ersten Lebensjahren eines Kindes ist der Vater also abwesend. Er überläßt es den Frauen, vor allem der Mutter, sich ständig und ausschließlich um die Kinder zu kümmern. Das Kind lebt im Universum seiner Mutter.[6] Vom Vater vermitteln die Mütter gewöhnlich nur ein ziemlich unscharfes, in weite Ferne gerücktes Bild.

Sylvie Garnero hält diese Ausblendung des Vaters für äußerst verhängnisvoll, da auch in der für die Persönlichkeitsentwicklung wichtigen ödipalen Phase der Vater fehlt. Damit eine Strukturierung stattfinden und der kleine Junge den dritten Punkt des ›ödipalen Dreiecks‹ bilden könnte, müßte er die Eltern als Paar vor Augen haben, was jedoch nicht der Fall ist. Stattdessen hat der kleine Junge die Rolle des Ehemanns übernommen. Er ist der Beweis für die Fruchtbarkeit der Mutter, ihm verdankt sie ihren sozialen Status und ihre Autorität innerhalb des Hauses. All das macht ihn zum

Beschützer seiner Mutter, eine Funktion, die ihm auch das musulmanische Recht zuspricht. Sollte sie ein zweites Mal heiraten, so kann der Sohn als der Vormund seiner Mutter auftreten.

Die Mütter erwähnen den Kindern gegenüber natürlich auch den Vater, aber meistens nur, um irgendwelchen Drohungen Nachdruck zu verleihen. Er ist so etwas wie das Gesetz, eine Art letzter Instanz, derjenige, von dem die Verbote kommen. Die Mütter verstärken so die Angst vor dem Vater, zu der die von Scheu, Respekt und Scham (*hachouma*) geprägten Beziehungen zwischen Mann und Frau, zwischen Vater und Kindern, sehr viel beitragen, da solche Gefühle jede zwischenmenschliche Verständigung erschweren.

Entsprechend negativ, wenn nicht schreckenserregend, ist das Vaterbild. »Ohne die Liebe der Mutter, die bei ihm vermittelt und das Kind in Schutz nimmt, wäre es die Hölle. Der Vater schikaniert und tritt einen, während die Mutter einem gewöhnlich zu Hilfe kommt«, meinte ein junger Marokkaner.[7]

Der Vater wird aber von dem Sohn nicht nur gefürchtet, sondern auch bewundert, da er alle männlichen Tugenden und die gesellschaftlichen Gesetze, die mit dem göttlichen Gesetz zusammenfallen, verkörpert. Wie der Vater bemüht sich auch der Sohn um ein respekteinflößendes Auftreten. Eine so innige Beziehung wie zur Mutter wird er jedoch zu keinem der Männer entwickeln können.

Auch wenn der Heranwachsende sich allmählich in die Gruppe der Männer integriert, so bleibt die Beziehung zum Vater häufig problematisch. Zwar wurde die erste Hürde genommen, nämlich die der sexuellen Segregation nach einer an der Seite der Frauen verbrachten Kindheit, aber die Kluft zwischen den Generationen, die Hierarchie innerhalb der verschiedenen Altersgruppen erschweren immer noch die Kommunikation zwischen Vater und Sohn. Der Vater scheint nicht nur das Gesetz, sondern auch die Erinnerung an die Ahnen und die Ehre der Sippe zu verkörpern, einer Sippe, deren letztes Glied der junge Mann bildet.

Die Rangordnung unter den männlichen Familienmitgliedern ist nicht nur zwischen den Generationen, sondern auch unter den

Vertretern derselben Altersgruppe, zwischen den Geschwistern, äußerst strikt. Zum Beispiel besitzen die älteren Geschwister eine Autorität, die von den jüngeren respektiert werden muß. Unter Brüdern, die im Ausland leben, kann es vorkommen, daß nur dem Ältesten die Kompetenz zugestanden wird, das verdiente Geld zu verwalten und zu bestimmen, was für das Leben im Ausland ausgegeben und was dem in ihrem Heimatort lebenden Vater geschickt wird.

Eine solche Autorität wird dem jungen Mann jedoch erst sehr spät eingeräumt, wenn er Vater eines Sohnes ist. Deswegen ist die Hochzeit auch für ihn ein wichtiges Ereignis.

Die Dyade Mutter-Sohn und die Schwiegertochter

»Den Sohn verheiraten« wird von jeder maghrebinischen Mutter als ihre Lebensaufgabe betrachtet. »Kaum haben sie einen Sohn geboren, denken die kabylischen Frauen auch schon an seine Heirat«, schreibt Yamina, eine junge Kabylin.[8] Selbst Frau Lâali, die ›Pariserin‹, die gegenüber der Tradition durchaus kritisch ist, hat es sich nicht versagen können, den traditionellen Triumph einer Mutter auszukosten und für ihren Sohn eine Frau auszusuchen. Glücklich und zufrieden sagte sie: »Er war damit einverstanden!«

Wenn man sich den Einfluß, den die Mutter auf ihren Sohn hat und der von der ganzen Gesellschaft – insbesondere aber von den Männern – anerkannt wird, sowie die Rolle der Mutter innerhalb der patrilinearen Strukturen vor Augen hält, dann versteht man die Ergebenheit und den Gehorsam der Söhne gegenüber ihren Müttern. Eine Schwiegertochter ist ein Störfaktor in der Mutter-Sohn-Beziehung. Dennoch muß die Mutter akzeptieren, daß die Schwiegertochter die Kinder des Sohnes gebiert. Dann heißt es:

> *Die Kinder des Sohnes entspringen dem Schoß einer Fremden. Gott hat es so gewollt.*[9]

Es war aber schon immer die Aufgabe des weiblichen Familienoberhaupts, der Familienmutter, gewesen, eine neue Frau in den Dienst der väterlichen Sippe zu nehmen. Um den Sohn zu verheiraten, muß zuerst einmal eine Frau für ihn gesucht werden. Und wer könnte das besser als eine Frau, da die Geschlechtertrennung jeden Kontakt zwischen Männern und Frauen verhindert.

Die Mutter muß eine Frau wählen, mit deren Hilfe ihr Sohn eine männliche Nachkommenschaft zeugen kann, eine Frau, die dem Sohn die Ausübung eines legalen, gesellschaftlich sanktionierten Geschlechtsverkehrs erlaubt.

> *Wenn sich ein junger Mann dem Laster ergibt, so sehnt er sich nur nach einer Familie.*[10]

Aus diesen beiden Gründen ist die Ehe eine religiöse Verpflichtung. Außerdem bedeutet eine Frau eine weitere Arbeitskraft im häuslichen Bereich, eine Hilfskraft für das weibliche Familienoberhaupt. Und wenn der Sohn auch noch auf seine Kosten kommt, um so besser. Eine gute Schwiegertochter wird immer eine gute Arbeiterin, eine gute Dienstmagd, eine gute Mutter sein – im Dienst der Mutter und der väterlichen Sippe. Daß sie eine gute Ehefrau sein wird, ist nicht so wichtig. Auch Schönheit zählt nicht viel. Man mißtraut eher den Reizen einer schönen Frau, da man nicht weiß, welches Kapital sie daraus zu schlagen versucht. Wichtiger sind Gesundheit, Ausdauer, Arbeitsfähigkeit, Sparsamkeit, eine gute Erziehung, die ihre Herkunft gewährleistet, Fügsamkeit und Zurückhaltung.

Die Heirat wird von den Erwachsenen in die Wege geleitet und geregelt; die Jungen, denen jedes Verantwortungsbewußtsein abgesprochen wird, haben den Mund zu halten. Es gibt jedoch auch Eltern, die ihre Söhne vorher konsultieren. Frau Lâali war damit einverstanden, daß ihr Sohn sich selbst überzeugte. Glücklicherweise fand die Schwiegertochter, die seine Mutter ausgesucht hatte, seinen Beifall. Von seiner Seite aus gab es also keine Probleme.

Was die junge Frau betrifft, so ist es immer noch nicht üblich, sie nach ihrer Meinung zu fragen. Gewöhnlich wird sie vor vollendete Tatsachen gestellt. Die ganze Angelegenheit ist dann schon so weit gediehen, daß ein Rückzieher unmöglich wäre. »Bei einem Mann sagt man nicht nein«, wird ihr gesagt. Ihre ganze Erziehung war nur Vorbereitung auf diese Hochzeit gewesen, und als guterzogenes Mädchen wird sie sich fügen. Die Schwiegermutter erklärt sich vielleicht gerade noch bereit, ihr ihre Bedingungen zu unterbreiten. Vor nicht allzu langer Zeit kam es noch vor, daß die Mütter ihren zukünftigen Schwiegertöchtern folgenden Handel vorschlugen:

> *Ich werde mich bei meinem Sohn für dich verwenden, wenn du dich später dann nach meinen Wünschen richtest und mir nicht sein Herz stiehlst.*[11]

Daß es sich hierbei um ihr eigentliches Anliegen handelt, daran besteht kein Zweifel. Die Bande zwischen Mutter und Sohn dürfen nicht von einer Fremden, einem Eindringling zerstört werden, von einer Jungen, die aus einer anderen Sippe stammt und sich zwischen Mutter und Sohn drängt. Innerhalb der Strukturen der väterlichen Sippe haben verschiedene Loslösungsprozesse, wie zum Beispiel das Abstillen, der Ausschluß aus dem Hamman der Frauen, die Kontakte des Sohnes außerhalb des Hauses, die Mutter-Sohn-Beziehung vielleicht erschüttert, aber nicht grundsätzlich verändert. Auch die Heirat des Sohnes hat keine besonderen Auswirkungen auf das Zusammenleben mit der Mutter. Die Mahlzeiten werden weiterhin gemeinsam eingenommen, und auch an der Fürsorge der Mutter ändert sich nichts. In Zukunft werden sich einfach nur zwei Frauen um das Wohlergehen desselben Mannes bemühen, wobei die Jüngere sein Bett teilen darf, während die Ältere sich auf ihr Alter und die alten Bande berufen kann.

Die Ehe befreit die Söhne also keineswegs von ihrer Mutter, im Gegenteil, ihr Einflluß verstärkt sich häufig noch, da sie sich durch ihren Sohn eine neue Position innerhalb der Männergesellschaft erringen kann.

»Innerhalb des Familienverbandes werden alle Frauen von den Männern gleich behandelt; auch die Ehefrau hat, formal zumindest, nicht mehr Rechte als die anderen weiblichen Mitglieder der *Ayla*. Die einzige Ausnahme bildet die Beziehung zwischen Mutter und Sohn«, bemerkt der Soziologe Mostefa Boutefnouchet in seiner Analyse der traditionellen Familienstrukturen Algeriens.[12] Die Ehefrau ist innerhalb der Sippe sehr viel angreifbarer als die Mutter, weil ihre Unbescholtenheit von so ausschlaggebender Bedeutung ist. Der Mann »muß sich eifersüchtig und mißtrauisch zeigen, seine Ehefrau würde es nämlich nicht verstehen, wenn er es nicht wäre. Er beweist damit, daß ihm die Ehre und Reinheit seines Geschlechts etwas bedeutet«.[13] Das, was die Ehefrau der Mutter voraushat – ihre geschlechtliche Funktion – kann ihr auch zum Nachteil gereichen, denn die Männer sind sich der Gefahr bewußt, die sie bedeutet, und versuchen ihre Bewegungsfreiheit so weit wie möglich einzuschränken. Diese Gefahr verpflichtet den Ehemann zu ständiger Wachsamkeit, auch wenn er innerhalb des Hauses von der Schwiegermutter abgelöst wird.

Von der Mutter zur Schwiegermutter

Die Führung des Haushalts unterliegt einer strengen Hierarchie. In der väterlichen Großfamilie verwaltet die Familienmutter die Lebensmittelvorräte. Sie besitzt die Schlüssel zur Vorratskammer, aus der sie jeden Tag so viel holt, wie sie braucht. Diese Aufgabe als Verwalterin und Verteilerin verleiht ihr eine gewisse Macht über die anderen Frauen des Hauses – eine Macht, die sie auch mißbrauchen kann. Manche Mütter zweigen beispielsweise für ihre ursprüngliche Familie Lebensmittel ab, und entsprechend knapp wird das, was für den Haushalt benötigt wird, bemessen. Gelegentlich geben sie dann ihren Schwiegertöchtern die Schuld dafür. Erinnern wir uns daran, daß eine Frau selbst als Oberhaupt des Haushalts immer eine Fremde bleibt, die die Interessen der Familie, die sie aufgenommen hat, verraten kann. Ich habe selbst erlebt, wie Schwiegermütter – meistens waren es Frauen, die sehr spät geheiratet hatten – sogar beschuldigt wurden, einen Teil der Vorräte verkauft zu haben. Dieser Schlüssel zu der Vorratskammer wird zwischen Schwiegermüttern und Schwiegertöchtern immer für böses Blut sorgen. Eine marokkanische Familienmutter erklärte:

> *Sie (die Schwiegertöchter) können nur verschenken, was sie gestohlen haben. Sie sind mit leeren Händen hier eingezogen. Ich kann jedoch verschenken, was ich will.*[14]

Die Verteilung der Arbeiten durch die Schwiegermutter erfolgt nach einer genau festgelegten Rangordnung. Die einfacheren Arbeiten wie der Abwasch werden gewöhnlich den kleinen Mädchen anvertraut, während das Wasserholen, das einen Gang außer Haus bedeutet, zu einer Quelle, die ziemlich weit entfernt sein kann, häufig den Frauen vorbehalten bleibt. Die gröberen Arbeiten werden vorzugsweise den Schwiegertöchtern zugeschoben – auf dem Land ist das die Feldarbeit –, während die angeseheneren Tätigkeiten, wie das Zubereiten der Mahlzeiten oder Aufgaben, die mehr Geschick erfordern als die alltägliche Routine, so vor allem das Weben und Töpfern, in das Ressort der Familienmütter fallen.

Die Schwiegertochter arbeitet immer unter der Aufsicht und der Anleitung ihrer Schwiegermutter. Sie darf sich nicht zu lange außer Haus aufhalten, wenn sie zur Quelle oder aufs Feld geht, und wenn sie irgendwelche Speisen zubereitet, muß sie ihre Schwiegermutter kosten lassen. Und sie muß ihr die Last abnehmen, wenn sie beladen nach Hause kommt. An kalten Wintermorgen erwärmt sie das Waschwasser für sie, wäscht ihre Kleider und bietet ihr vor allen anderen Tee oder Kaffee an, wenn keine Männer anwesend sind.[15]

Auch Frau Lâali hat in Paris von der Gegenwart einer arbeitswilligen und beflissenen Schwiegertochter profitiert. In den zwei oder drei Jahren nach der Heirat ihres Sohnes hat sie sich so häufig wie nie zuvor mit ihren Pariser Freundinnen getroffen. Während sie auf ihrem Sofa im Wohnzimmer thronte und mit ihnen plauderte, war Djamila in der Küche tätig und bediente die Damen.

Der Respekt, den die Schwiegertöchter ihrer Schwiegermutter schulden, kommt in ihren Höflichkeitsbezeugungen zum Ausdruck.

So wird häufig die Anrede *lalla* (Madame) benutzt, und die Begrüßungen sind so steif und formell, daß keine Vertrautheit entstehen kann. Von den Schwiegertöchtern werden manchmal richtige Loyalitätsbekundungen erwartet, wie Fatima Mernissi in Marokko feststellte.[16] Die jungen Frauen dürfen auch nur mit der Zustimmung ihrer Schwiegermutter den Hamman aufsuchen oder ihrer Familie einen Besuch abstatten.

Ich habe in den siebziger Jahren eine in Algier verheiratete junge Frau kennengelernt, die man als Opfer ihrer Schwiegermutter bezeichnen konnte, obwohl diese ohne böse Absicht einfach nur von ihrer Macht Gebrauch machte. Als Waise hatte die junge Frau unglücklicherweise keinen Ort, an den sie flüchten konnte, wenn sie ihrer neuen Familie entrinnen wollte. Ihr Mann war der einzige Sohn und wurde von seiner Mutter entsprechend verwöhnt und verhätschelt. Die emigrierten und moderner eingestellten Familienmitglieder nannten ihn übrigens spöttisch ›Ali, das Muttersöhnchen‹. Er führte seine Frau nie aus, und sie wagte auch nicht, allein das Haus zu verlassen. Die Einkäufe auf dem Markt und auch die Besuche bei der Verwandtschaft erledigte die Schwiegermutter. Nur während der Sommermonate, die sie zusammen mit der Familie in deren Heimatdorf verbrachte, war sie nicht zuhause eingesperrt. Sie durfte auch nie ihre Meinung äußern, sondern mußte einfach nur die Befehle ihrer Schwiegermutter ausführen, als deren Dienstmädchen sie fungierte. Selbst ihre Rechte als Mutter wurden ihr von der Schwiegermutter beschnitten: Die junge Frau durfte ihr Kind nachts nicht bei sich behalten; sein Bett war in das Zimmer der Großmutter gestellt worden. Dieser Sohn hatte wirklich seiner Mutter einen Sohn geschenkt, wie die älteren Frauen es Ali in ihren Lobgesängen ans Herz gelegt hatten.

Die Schwiegermütter, die ihren Schwiegertöchtern gegenüber immer das Sagen haben, verfügen noch über eine weitere, sehr gefürchtete Waffe: die Verstoßung, von der immer dann Gebrauch gemacht wird, wenn eine Frau sich als unfruchtbar erweist. In der Kabylei sagt man den Schwiegermüttern nach, daß sie ihre Schwiegertöchter dann verwünschen:

Gott soll dich aus dem Haus verschwinden lassen. Er soll dich so unfruchtbar wie eine trockene Zwiebel im Garten machen.

Daneben verfügen die Schwiegermütter über ein ganzes Arsenal von Zaubermitteln, um ihre Schwiegertöchter loszuwerden. Zum Beispiel wird das Couscous für den Sohn mit der Erde eines Ameisenhaufens vermischt; der Juckreiz und die Bisse, die er verspürt, sollen auf die junge Frau den Verdacht lenken, sie habe versucht, ihren Ehemann zu vergiften. Oder dem jungen Mann wird ein angebrütetes und getrocknetes Ei ins Essen getan; es soll bewirken, daß er sich von seiner Frau und seinen Kindern abwendet und ihnen das Leben unerträglich macht. Ein anderer Aktzauber bedient sich einer Kröte, an die die Schwiegermutter folgende Worte richtet:

Wer zwei Frauen hat, der ist nicht bei Verstand,
Kröte, nimm den Platz dieses Mädchens ein,
aus seinem Herzen soll er sie sich reißen.

Oder:

Weine, meine Kröte, weine,
gemein ist der Mann, der zwei Frauen hat,
ein Unglückseliger,
soll er eine von ihnen verstoßen.[17]

Es ist hier keineswegs von Polygamie die Rede! Bei den beiden Frauen handelt es sich um die Ehefrau und die Mutter des Mannes.

Die Rivalität zwischen Schwiegermutter und Schwiegertochter ist schon sprichwörtlich. Bei gewissen Gelegenheiten ist es sogar erlaubt, sich Luft zu machen. So werden in der algerischen Kabylei auf den häuslichen Festen der Frauen – bei Geburten, Beschneidungen, Hochzeiten – Spottverse gesungen, in denen die beiden gegeneinander ausgespielt werden und die Worte der Schwiegertochter genau so hart und unversöhnlich sind wie die der Schwiegermutter:

Tamghart,[18] *weiß wie die Sau,*
friß und halt's Maul!

Oder:

O tamghart, du stehst über mir,
aber über dir steht Gott.[19]

In »Tamghart«, einem Spottlied, in dem die Schwiegermutter als ›die Alte‹ apostrophiert wird, sagt die Schwiegertochter:

Tob nur, Alte, tob nur,
sie ist von deinem Sohn, die Hammelkeule,
die ich mir brate und dann schmecken lasse,
während du vor der Tür stehst,
einfältig und dumm wie du bist,
dein Sohn, der gehört nicht mehr dir.

...

Ach wenn doch einer käme
und die Alte auf den Markt mitnähme,
Benzin über sie gösse,
heh, Schwarzer, schlachte sie mir
und gib mir die Leber.[20]

Die Feste bieten Gelegenheit, lange unterdrückten Gefühlen freien Lauf zu lassen. Sie befriedigen die persönlichen Rachegelüste und machen die Abrechnung zu einer öffentlichen Angelegenheit. Die Gruppe der Zuhörerinnen (die weiblichen Sippenmitglieder und die Nachbarinnen) kann die Rolle des Schiedsrichters und Moderators übernehmen oder auch nur zuhören, um sich ein Urteil zu bilden.

Eine kabylische Fabel illustriert die konfliktträchtige Dreierkonstellation Mutter-Sohn-Ehefrau:

Es war einmal ein Mann, der lebte mit seiner Mutter und seiner Frau zusammen in einem Haus. Die Schwiegertochter haßte die Mutter und die Mutter die Schwiegertochter. Sie haßten sich noch mehr, als Feinde sich hassen können, und waren zu jedem Verbrechen bereit. Da sie so abgrundtief böse war, hatte Gott der jungen Frau keine Kinder geschenkt. Sie hatte schon jedes Mittel ausprobiert und unzählige Wallfahrten unternommen, Amulette getragen – aber nichts hatte geholfen, sie war nicht schwanger geworden.

Die Bosheit ihres Herzens ließ sie vor nichts zurückschrekken; eines Nachts sagte sie zu ihrem Mann:

»Hörst du, heute hat mir ein Marabut ein Amulett mitgegeben und etwas verschrieben, damit ich Kinder kriegen kann.«

Er sagte: »Ah, wirklich?«

Sie fuhr fort: »Er hat mir die Leber deiner Mutter verschrieben.«

Er sagte: »Oh, hat er das? Das ist kein Problem, die kann ich dir morgen bringen.«

Am nächsten Morgen sagte er zu seiner Mutter: »Komm, laß uns meinen Onkel (mütterlicherseits) besuchen.«

Und sie antwortete: »Gut, mein Sohn.«

Sie brachen also auf: Er hatte einen Weg gewählt, der von niemandem begangen wurde. Als sie in der Mitte eines Waldes angelangt waren, blieb er stehen und sagte zu seiner Mutter: »Sag ein Gebet, Mutter, deine Stunde ist gekommen!«

Die Frau flehte: »Verschone mich, mein Sohn, was hab ich dir getan, verschone mich, mein Sohn, verschone mich!«

Er zog einen Dolch heraus und stieß ihn ihr in die Brust, dann schlitzte er ihren Leib auf, nahm die Leber heraus und machte sich auf den Rückweg, ohne sich um den Leichnam seiner Mutter zu kümmern. Mit der Leber in der Kapuze seines Burnus schritt er tüchtig aus, bis er an einer einsamen Stelle auf sieben Wegelagerer traf, die es auf sein Leben abgesehen hatten. Einer hatte schon den Dolch erhoben, um ihn zu töten.

Da sagte die Leber in der Kapuze: »Verschont ihn! Ver-

> *schont ihn! Schenkt mir Gehör. Ich habe ihn geboren, er weiß nicht, was das bedeutet, verschont ihn, oh, verschont ihn.*«[21]

Diese Geschichte ist in verschiedener Hinsicht interessant. Das konfliktträchtige Dreieck wird ohne Umschweife als solches geschildert; der eigentliche Konflikt besteht jedoch zwischen den beiden Frauen. Die Mutter wird zum Opfer ihrer Schwiegertochter, deren verbrecherische Taten eine Folgeerscheinung ihrer Unfruchtbarkeit sind. Die lustvoll ausgemalte Grausamkeit der Schwiegertochter steht in krassem Gegensatz zu der aufopfernden, grenzenlosen Liebe der Mutter, die über den Tod hinausreicht.

Die Schwäche gegenüber seiner bösen Frau, derer sich der Sohn schuldig macht, hat schreckliche Folgen und erweist sich als ein nicht wiedergutzumachender Fehler. Die Moral liegt auf der Hand: Die Liebe der Mutter ist unerschöpflich, den Ehefrauen ist jedoch alles zuzutrauen. Die Mutterschaft impliziert eine weibliche Aufopferungsbereitschaft, von der vor allem die Söhne profitieren. Die Unfruchtbarkeit hingegen, die die Frau ihrer mütterlichen Funktion beraubt, läßt die grenzenlose weibliche Verruchtheit erkennen.

Da die Schwiegermütter innerhalb des Hauses ständig mit ihren Schwiegertöchtern konfrontiert sind, während die Männer aufgrund ihrer Tätigkeiten, aber auch weil die Tradition es so will, selten zuhause anzutreffen sind, werden viele Entscheidungen von ihnen initiiert. Die Schwiegermütter haben genügend Zeit und Muße, alles zu beobachten, was ihre Schwiegertöchter im Lauf eines Tages machen, und die Hausarbeit bietet genügend Anlässe zu Konflikten. Die Schwiegertochter kann zum Beispiel, was Gehorsam, Beflissenheit, ihre Fähigkeiten oder was ihr Verhalten betrifft, zu wünschen übrig lassen. Einer untauglichen Schwiegertochter entledigt man sich am besten so schnell wie möglich, bevor ihre Kinder sie an die Familie binden und sie durch ihre Söhne eine gesicherte Position hat. Dann nämlich sieht sie sich – bereits eine Schwiegertochter aussuchend – nicht mehr unterdrückt, sondern endlich in der Lage, selbständig zu handeln und auch mitzureden.

Auf diese Weise reproduziert sich das System von Generation zu Generation. Jede Frau steigt mit zunehmendem Alter innerhalb der Gruppe der weiblichen Familienmitglieder auf. Zuerst erstreckt sich ihre Macht nur auf ihre Töchter, später dann auch auf ihre Schwiegertöchter und Enkelinnen. Jede Frau – vorausgesetzt, sie ist Mutter von Söhnen – erklimmt diese Pyramide, deren Spitze die Älteste der Sippe einnimmt, eine Sippe, die sich aus vielen Söhnen und deren Frauen und Kindern zusammensetzt. Dabei vereint sie in sich nacheinander die Funktionen einer Mutter, einer Schwiegermutter und Großmutter.

Die Großmütter sind häufig sehr mütterlich und fürsorglich. Folgen die Generationen sehr rasch aufeinander, kann es vorkommen, daß die Großmütter neben ihren eigenen Kindern auch noch ihren Enkelkindern die Brust geben. Die mütterliche Brust oder die Brust der Großmutter ist für die Kinder und Enkel selbst in einem Alter von vier, fünf Jahren immer greifbar. Durch das Stillen können die Mütter sehr enge Bande knüpfen, die manchmal mit den Banden des Blutes in Konflikt geraten. Diese engen Bande kommen einer Adoption gleich, die offiziell von der Religion verboten ist. Die Mütter sind also in der Lage, neben der männlichen Verwandtschaft eine inoffizielle Verwandtschaft, die Milchverwandtschaft, großzuziehen.

Die Frauen innerhalb des Hauses unterstehen der Familienältesten, sie teilt die Befehle aus und ihre Macht ist unumstritten. Von den dominierenden Männern anerkannt, trifft sie bei ihren weiblichen Untergebenen, mit denen sie, abgesehen von ihren eigenen Töchtern, nur diese hierarchische Ordnung verbindet, kaum auf Widerstand. Aber auch bei blutsverwandten Frauen kann sich aus einer Freundschaft keine feste Beziehung entwickeln, außer bei endogamen Ehen[22], die die weibliche Autorität stärken und die männliche schwächen.[23] Alles scheint dazu beizutragen, jede Art von Gefühlen, die die Frauen aneinander binden, zu verhindern oder zu ersticken. Wenn Mutter und Tochter sich besonders nahestehen, muß die Mutter ihrer Tochter nur umso mehr Trost zusprechen und sie ermahnen, Geduld zu beweisen (bis sie sich selbst als Mutter Genugtuung verschaffen kann), statt zu rebellieren. Angesichts der bevorstehenden Prüfungen, die zwar unvermeidbar, aber doch von vorübergehender Natur sind, können die Mütter sich höchstens solidarisch mit ihren Töchtern zeigen. Die strikte Hierarchie jedoch spaltet die Gruppe der Frauen und verhindert Koalitionen, die die Autorität der Männer untergraben könnten; sie dient der patriarchalischen Ordnung, die von den Rivalitäten unter den Frauen profitiert.

In ihrer Funktion als Organisatorin, Vorarbeiterin und Hüterin der Moral trägt die Mutter zur Macht und zum Ruhm der väterlichen Sippe bei und unterstützt so die Herrschaft der Männer. Denn die Mütter üben diese häusliche Autorität nur aus, weil sie die patrilineare Ordnung und deren Ehrenkodex respektieren und reproduzieren. Die Mütter spielen die Rolle der Ordnungshüter, wenn die Männer sich außer Haus begeben, um ihren Geschäften nachzugehen. Und als Stellvertreterinnen der männlichen Autorität sind sie zu den Komplizinnen der patriarchalischen Ordnung geworden, die ihnen zu ihrem Status verholfen hat. Die Mütter sind die Verbündeten der männlichen Macht. Ihre Söhne haben sie zur patriarchalischen Ordnung überlaufen lassen, in der ihnen ein Ehrenplatz eingeräumt wurde. Aber spekulieren sie nicht darauf, neben dieser unbestreitbaren Macht über die jüngeren Frauen des Hauses einmal die Gelegenheit zu haben, sich über ihre Söhne in das Lager der Männer einzuschleusen? Wie ein trojanisches Pferd werden die Söhne von ihren Müttern in das Lager der Männer vorgeschickt. Aber selbst wenn die Macht, die sie über ihre Söhne haben, ein wichtiger Faktor ist, so verbannt eine strikte Trennung Mann und Frau in ihre Bereiche. Die Mütter verfügen nur über diesen, aus einer engen Mutter-Sohn-Beziehung resultierenden Einfluß und nicht über eine wirkliche Macht im wirtschaftlichen oder politischen Bereich, aus dem sie als Frauen de jure und de facto ausgeschlossen sind.

Trotzdem können die Mütter von Söhnen eine wirkliche Gegenmacht ausüben, da sie im häuslichen Bereich so viele wichtige Funktionen auf sich vereinigen und ihre Söhne sozusagen in der Hand haben. Es ist also ganz normal, daß die Frauen einen großen Teil ihres Lebens damit verbringen, sich als Mütter zu profilieren und so zur Reproduktion der männlichen Herrschaft beitragen. Man kann dieses ›soziale Matriarchat‹ (*maternalisme social*), diese Herrschaft der Mütter, als eine Antwort auf das Agnatentum betrachten. Aber diese Antwort ist nicht subersiv, sie bleibt im Rahmen der häuslichen und weiblichen Sphäre, auf die die Männer sie beschränkt haben. Ein Revanchedenken richtet sich allenfalls gegen die anderen Frauen. Dadurch, daß die Frauen sich von ihrer Mutterrolle versklaven lassen, auch wenn sie als Mütter von dem System profitieren können, gewährleisten sie den Bestand der Gesellschaft.

Vom Sohn zum Ehemann

Durch die Heirat des Sohnes kommt zu der Dyade Mutter-Sohn eine dritte Person hinzu: die junge Ehefrau. Wird die Situation die Mutter-Sohn-Beziehung verändern und die Dyade in eine Triade verwandeln?

Für die Mutter bedeutet die neue Konstellation eindeutig einen Zuwachs an Macht. Zu ihrer Funktion als Mutter kommt die Verantwortung für das häusliche Unternehmen und die ihr untergebenen Personen, die als Arbeitskräfte richtig eingeteilt und organisiert werden müssen. Da sie sich ihre Untergebenen häufig selbst ausgesucht und entsprechende Bedingungen gestellt hat, sind die Neuankömmlinge gewöhnlich keine Gefahr für ihre seit langem bestehende Beziehung zu ihrem Sohn. Ihr Machtbereich wird vielmehr erweitert, da zu dem unvermindert gebliebenen Einfluß auf ihren Sohn eine wirkliche Herrschaft über ein neues Familienmitglied hinzukommt, mit dem sie zunächst nicht viel verbindet, falls sich nicht schon feindselige Gefühle und eine latente Eifersucht eingeschlichen haben. Und die junge Frau wird sich hüten, gleich bei ihrer Ankunft eine Machtposition anzustreben. Da ihr schon als Kind von einer Frau – ihrer Mutter – solche Tugenden wie Gehorsam und Häuslichkeit eingetrichtert worden waren, akzeptiert sie gewöhnlich die Vorherrschaft ihrer Schwiegermutter. Diese kann sich dabei nicht nur auf den Generationsunterschied berufen, sondern auch auf die Befehlsgewalt, über die sie in dem väterlichen Haushalt verfügt. Der Neuankömmling muß sich also in doppelter Hinsicht unterordnen. Die junge Frau ist nicht nur ihrem Ehemann gegenüber zu Gehorsam verpflichtet, sondern auch gegenüber ihrer Schwiegermutter.

Auch wenn im Westen häufig angenommen wird, daß sich durch eine Heirat die dyadische Mutter-Sohn-Beziehung zu einer Triade ausweitet, so hat die Schwiegertochter jedoch überhaupt keine Chance, sich zwischen Mutter und Sohn einen Platz zu sichern. Sie wird vielmehr von beiden beherrscht, und häufig wenden sich auch beide gegen sie. Man könnte glauben, die unverändert weiterbestehende Mutter-Sohn-Beziehung hätte sich nur eine Hilfskraft zugelegt, die dem Sohn erlaubt, seine sexuellen Bedürfnisse zu befriedigen und der Mutter als willkommene Küchenmagd dient.

Um eine echte Triade zu bilden, hätten Mutter und Sohn ihre Dyade auflösen müssen. Unmöglich wäre das nicht gewesen, denn der Sohn ist durch seine Zugehörigkeit zu dem herrschenden Geschlecht der Mutter überlegen. Gegenüber der Schwiegertochter kann die Mutter jedoch ihr Alter, die Dauer der Beziehung zu ihrem Sohn, ihr Vorrecht, und vor allem ihre ideologisch unschlagbare Funktion als Gebärerin in die Waagschale werfen.

Für die zwei Personen unterschiedlichen Geschlechts, die sich kaum kennengelernt haben, bevor sie einander aufgezwungen wurden, und die nur eine Sache verbindet, nämlich eine fruchtbare sexuelle Beziehung, um Gesellschaft und Sippe zu reproduzieren, für sie gibt es keine Paarbeziehung. Viel eher könnte man bei der Mutter-Sohn-Beziehung von einem Paar sprechen, auch wenn es eine sehr ungleiche Beziehung ist. Der Sohn verfügt über das Privileg, dem herrschenden Geschlecht anzugehören, was von seiner Mutter nie in Frage gestellt wurde, und die Mutter kann sich Genugtuung verschaffen, indem sie ihre abhängigen Söhne unter ihren Einfluß bringt. Die Bande zwischen Mutter und Sohn beruhen auf einer natürlichen, biologischen Abhängigkeit – einer Abhängigkeit, die durch das Geschenk des Lebens begründet ist und die in der innigen Verbundenheit beim Stillen und später im Verhältnis zur Mutter als Ernährerin weiterbesteht.

Diese Abhängigkeit ist für den Sohn sehr viel problematischer als für die Tochter, die bei der Mutter eine harte Schule durchlaufen hat und deren Bestimmung es ist, sich später von der Mutter zu trennen. Außerdem wird sie selbst einmal Kinder gebären und von dieser Abhängigkeit profitieren. Für den Jungen ist die Abhängigkeit der Preis, den er für die aufopfernde Liebe der Mutter zahlen muß. Er wird immer ein Schuldner seiner Mutter bleiben. Dem Kult, den die Mutter mit dem kleinen Mann treibt, diesem Wesen, das sie geboren, gestillt, aufgezogen, verwöhnt – auf Händen getragen – hat, entspricht die Verehrung, die der erwachsene Mann für seine Mutter empfindet und die auf einer tiefen Verbundenheit und Zuneigung beruht. Im täglichen Leben können weder die Riten noch die Ideologie diese gegenseitige Verehrung auf irgendeine Weise beeinträchtigen; im Gegenteil, innerhalb des häuslichen Bereichs wird sie geradezu gefordert. Wie sollen unter solchen Bedingungen die Männer aber jemals diese Abhängigkeit überwinden?

So wenig wie die Mutter den Vater mit dem Sohn vertraut gemacht und zugelassen hatte, daß die Dyade Mutter-Sohn zu einer Triade Mutter-Sohn-Vater wurde, so wenig ist sie jetzt bereit, die Schwiegertochter in ihr inniges Mutter-Sohn-Verhältnis hereinzulassen.

Damit die Dyade Mutter-Sohn standhält und sich nicht in eine Triade verwandelt, muß die Mutter darauf achten, daß ihr Einfluß nicht abnimmt und ihr keine Konkurrenz erwächst. Folglich wird sie entsprechende Gegenmaßnahmen treffen. So macht sie beispielsweise ihrer Schwiegertochter zur Bedingung, sie dürfe den Sohn bzw. Ehemann nicht auf ihre Seite ziehen. Außerdem fordert sie bedingungslosen Gehorsam von ihr, und die junge Frau weiß, daß es für sie wichtiger ist, das Wohlgefallen ihrer Schwiegermutter als das ihres Mannes zu erregen.

Häufig gibt die Mutter auch dem verheirateten Sohn nur ein Taschengeld, und in vielen Familien ist es üblich, daß jedes Geschenk, das der junge Ehemann seiner Frau machen will, von der Mutter genehmigt werden muß. Meistens bedeutet das dann zwei

Geschenke. Der Schriftsteller Ali Ghalem hat in einem Buch mit dem bezeichnenden Titel *Eine Frau für meinen Sohn* (1979) solche Situationen ausführlich beschrieben.

Männer unter dem Einfluß ihrer Mutter

Bei ihrem Einzug in die neue Familie und auch später, wenn sie in ihr leben, sind sich die jungen Frauen bewußt, daß sie nicht nur mit ihrem Ehemann, sondern immer auch mit dieser Dyade Mutter-Sohn konfrontiert sein werden.

Der junge Ehemann wird sich weiterhin in einem Abhängigkeitsverhältnis zu seiner Mutter befinden, ohne daß das traditionelle Sozialgefüge darunter leidet, denn die Mütter haben sich ganz in den Dienst ihrer erwachsenen Söhne gestellt. In gesellschaftlicher Hinsicht ist die Mutter die ›männlichste‹ unter den Frauen – eine Frau, die sich völlig mit der väterlichen Sippe identifiziert und den Männern am nächsten steht, denn die Mutterschaft ist das einzige Band zwischen Männern und Frauen, das Bestand hat.

Die Mutter ist die einzige Frau, die für die väterliche Sippe unentbehrlich wurde. Um sich für ihre Dienste erkenntlich zu zeigen, gestatten die Männer zwischen dem Sohn und seiner Mutter bestimmte Beweise der Zuneigung. Daß ein solcher Vorstoß gegen das in anderen Bereichen sehr puritanische Schamgefühl geduldet wird, bestätigt die Integration der Mutter in die väterliche Sippe.

Die Männer lassen es also zu, daß die Mutter in ihrem Leben eine äußerst wichtige Rolle spielt, die an ihre tiefsten Empfindungen rührt. Selbst wenn sie erwachsen sind, ist die Mutter immer noch Beschützerin, Fürsprecherin und Vermittlerin. Sie ist die Verbindung zwischen dem Mann, ihrem Sohn und der unsichtbaren Welt. Sie ist auch die einzige, die den bösen Zauber der anderen Frauen von ihrem Sohn abwenden kann, weil sie hellseherische und medizinische Fähigkeiten besitzt und dieses von den Männern so gefürchtete weibliche Wissen in seinen Dienst stellt.

Ihr Wissen ist auch auf kultureller Ebene von großer Bedeutung.

Als Archivarin der Familiengeschichte ist sie in der Lage, die geheimsten Winkel und Ecken der Verwandtschaftsbeziehungen und Allianzen auszuleuchten. Außerdem vermittelt sie einen großen Teil der traditionellen Kultur: Brauchtum, Riten, Wertvorstellungen, Verhaltensregeln, mündlich überlieferte Literatur wie Märchen, Lieder etc. Sie fungiert immer noch als Priesterin des Ahnenkults, als Bewahrerin der Kindheitserinnerungen und der traditionellen Wurzeln des Landes. In den Ländern der Emigration männlicher Arbeitskräfte ist die Mutter als Heimat, Refugium und Hort alter Werte von besonderer Bedeutung. »Ein Mann kann weggehen und jahrelang im Ausland leben, er wird immer wieder in seine Heimat und zu seiner Mutter zurückkehren.«[24]

Die Beziehung eines Mannes zu seiner Mutter besteht also in jedem Lebensalter, ja sie intensiviert sich noch im Lauf der Jahre. »Ein Mann wird bis zum Ende seiner Tage das Loblied seiner Mutter singen«, sagt Genevois und zitiert einige Aussagen von Männern, die sie in Algerien gehört hat:

> *Allein der Name der Mutter erhält mich am Leben. –*
> *Man kann von allem genug haben, nur nicht von der Mutter. –*
> *Erst wenn wir ins Paradies eingehen, lösen wir uns aus ihren Armen, um im Schoß Gottes zu ruhen.*[25]

Die Mutter ist die einzige Frau, die ein Mann von ganzem Herzen liebt. Viele maghrebinische Männer tragen ihr Foto in ihrem Portemonnaie mit sich herum, und sie verkünden jedem, der es hören will, daß ihre ganze Liebe ihrer Mutter gehört.

Eine Abrechnung, die nie erfolgte: aggressive, verletzliche Männer

Für die erwachsenen Söhne wird die Kindheit das verlorene Paradies der zärtlichen Gefühle bleiben. Die Wirklichkeit, mit der ein Erwachsener in einer durch eine rigorose Geschlechtertrennung geteilten Gesellschaft konfrontiert ist, läßt wenig Raum für die

Entwicklung von Gefühlen, wie das in seiner Kindheit der Fall gewesen war. Psychologen und Psychoanalytiker sprechen von einer Fortführung der kindlichen Dialektik,[26] die mit einer Fixierung an die Mutter einhergeht, mit emotionaler Unreife, die aus dem Eingeschlossenheit in der dyadischen Beziehung zur Mutter resultiert, und mit Traumvorstellungen, was das Bild der Vergangenheit und der traditionellen Kultur betrifft.[27] Ein so übermächtiges, alles bestimmendes Mutterbild ist kaum oder gar nicht zu bewältigen und kann nur lähmend wirken.

Ein algerischer Psychoanalytiker folgert: »Die Schwangerschaften, die Aufzucht einer zahlreichen Nachkommenschaft und das Alter verleihen der Frau eine Aura der Reinheit von sakralem Charakter und läßt die ödipale Dynamik zur Karikatur erstarren.«[28]

Diese Erstarrung oder Blockierung läßt nur eine defensive Identifikation zu, die zwei gegensätzlich erscheinende, häufig aber gemeinsam auftretende Aspekte aufweist: Rückzug in das Abhängigkeitsverhältnis zur Mutter und/oder Rachegefühle, Aufbegehren, ja selbst Haß und Gefühle sadistischer Natur, die nicht nur der Mutter, sondern allen Frauen gegenüber entwickelt werden. Und indem die Frauen jede partnerschaftliche Zuneigung unmöglich machen, tragen die Frauen selbst zur Frauenfeindlichkeit der Männer bei. Nichts könnte besser die Trennwand illustrieren, die die Mutter errichtet, als der Satz eines Kabylen:

> *Wenn meine Mutter stirbt, wird es für mich nicht einmal den Namen einer Frau geben.*

Aggressive Reaktionen der Männer sind in den maghrebinischen Städten auf Schritt und Tritt zu beobachten: Beschimpfungen, Anpöbeleien, Beleidigungen, ja selbst Tätlichkeiten, Vergewaltigungen und Ausschreitungen gegenüber den Frauen sind an der Tagesordnung und bewirken bei den Frauen ein entsprechend defensives Verhalten – Vermummung, hermetisches Abschirmen – oder auch ein offensives, provokatives Auftreten.

Diese Aggressivität macht sich auch im Privatleben bemerkbar. Die Hochzeitsnacht bietet häufig die erste Gelegenheit, die Brutalität auszuleben, und das unter dem Vorwand, besonders männlich zu sein. Auch ihrer Mutter gegenüber verhalten sich die Männer oft genug fordernd und aggressiv. Seit ihrer Kindheit führen sie mit ihr eine Art Kleinkrieg, der für eine spannungsgeladene, zwischen Liebe und Haß schwankende Atmosphäre zwischen Mutter und Sohn sorgt. Daneben – manchmal auch gleichzeitig – können die Männer mit einem regressiven Verhalten reagieren und als Erwachsene versuchen, die Beziehung zur Mutter mit ihrer Frau fortzusetzen.

Der tunesische Soziologe Abdelwahab Bouhdiba hat diese Form männlicher Identifikation sehr häufig im Maghreb beobachtet: »Die Frau ist oft nur ein Muttерersatz: Diese Tendenz ist in allen arabo-musulmanischen Gesellschaften vorhanden.«[29] Und Sylvie Garnero führt weiter aus: »Eingesperrt und als Frau und Mutter mystifiziert, wird die Frau zum Refugium für den Kind gebliebenen Mann.«[30] Die so zur Mutter hochstilisierte Ehefrau kann auch nur als Mutter agieren. Die Achtung ihres Mannes besitzt sie erst, wenn sie selbst Kinder geboren hat.

Eine glückliche eheliche Beziehung bedeutet also, daß die Frau ihren Mann bemuttert, daß sie an die Stelle der Mutter tritt. Aber das ist nur möglich, wenn die Mutter abwesend ist oder nicht mehr lebt. In der traditionellen Gesellschaft, in der väterlichen Sippe, in der die Mutter mit ihren Schwiegertöchtern unter einem Dach lebt, kann die junge Frau diese Rolle erst nach dem Ableben der Mutter spielen. Früher, als die Lebenserwartung der Frauen noch niedriger war, trat dieser Fall häufiger ein. Aber das frühe Heiratsalter und die Schwangerschaften brachten Schwiegermutter und Schwiegertochter auch früher zusammen. Heutzutage ist die Mutter gewöhnlich ein aktives Mitglied des Haushalts. Sie schiebt sich zwischen ihren Sohn und dessen Frau und verhindert, daß der Sohn die Rolle des Ehemanns übernimmt.

Da sie mit ihrem Mann nichts verbindet, bindet sie den Sohn an sich und bedingt so die Distanz zwischen dem erwachsenen Sohn und seiner Frau. Damit schließt sich der Kreis, und dasselbe Muster, dieselben Schwierigkeiten werden sich in jeder Generation wiederfinden.

Die Nähe zur Mutter bedeutet Distanz zur Frau. Sylvie Garnero bemerkt: »Der Mutter Platz machen, heißt die Frau verschwinden lassen«,[31] und Christiane Olivier schreibt: »Die Frau fängt dann an zu existieren, wenn die Mutter ihren sakralen Charakter verliert. Ihre Herrschaft ist schuld an der Frauenfeindlichkeit der Männer und an der Eifersucht der Frauen.«[32]

Die Glorifizierung der Mutter läßt neben sich kein anderes Frauenbild zu, ja bewirkt die Unterdrückung der Frau. Da der Mann nur als Sohn einer anderen Frau auftritt, sich in deren völliger Abhängigkeit befindet, ist er nicht frei, eine Paarbeziehung einzugehen. Es gibt keinen Platz für eine gleichwertige Partnerin. Das einzige heterosexuelle Paar bilden Mutter und Sohn. Nur das Inzestverbot verhindert, daß sie zueinanderfinden.

Mann und Frau: ein zum Scheitern verurteiltes Paar

Zwischen Djamila und Ali bestand von Anfang an eine unüberwindbare Mauer des Schweigens. Obwohl sie beide Großstadtbewohner waren und eine höhere Schulausbildung hatten, wurden sie Opfer eines Verhaltensmusters, bei dem sich Zurückhaltung mit Schüchternheit paarte. Einander vollkommen fremd, gelang es ihnen nicht, die richtigen Worte zu finden, sich zu verständigen, geschweige denn Gefühle füreinander zu entwickeln. Ihre anfänglich defensiven Reaktionen schlugen in Feindseligkeit um, und sie versuchten, sich dem traditionellen Muster entsprechend gegeneinander abzugrenzen. Ihr Zusammenleben entwickelte sich zu einer Art Kraftprobe. Obwohl sie einander keineswegs ebenbürtig waren, machte jeder Gebrauch von den Waffen, die ihm zur Verfügung standen. Djamila verteidigte ihre häusliche Autorität und berief sich auf die alten Sitten und Gebräuche, während Ali versuchte, seine Frau zum Ausgehen zu bewegen, was von Djamila möglicherweise als eine Vergewaltigung ihres Willens interpretiert wurde.

In einer patrilinearen Gesellschaft, in der jeder im Dienst der Patrilinearität seine Aufgabe zu erfüllen hat, den Reichtum der Sippe zu vermehren, hat eine Paarbeziehung keinen Platz. Die zwischenmenschlichen Beziehungen werden dem Individuum aufgezwungen; sie sind von vornherein festgelegt und müssen so akzeptiert werden, wie sie sind. Eingebunden in die Traditionen – »das war schon immer so« – geht das Individuum keine großen Risiken ein, was ihm ein gewisses Gefühl der Sicherheit vermittelt. Nur gibt es unter solchen Umständen kaum eine Möglichkeit sich zu verständigen. Die Trennung der Geschlechter verhindert jede Kommunikation zwischen Männern und Frauen, vor allem, wenn sie derselben Generation angehören und nicht verwandt sind. Nur die Bande des Blutes ermöglichen es, sich gelegentlich über die strikten Regeln der Geschlechtertrennung hinwegzusetzen, was im täglichen Leben nicht einmal Ehepartnern gestattet ist.

Für ein Paar gibt es überhaupt keine Basis; Intimitäten sind nicht erlaubt. Ein Mann und eine Frau sind tagsüber niemals allein, und ein Verstoß gegen diese Verhaltensregel wird im ganzen Maghreb – in Algerien wie in Marokko und selbst im Atlas, wo die Frauen sich ziemlich frei bewegen können – auch als solcher empfunden. Es gehört sich nicht für einen Mann, die Gesellschaft der Frauen zu suchen, auch nicht die seiner eigenen, und für die Frauen gilt dasselbe. Ich habe selbst erlebt, wie eine lebhafte Unterhaltung zwischen den Frauen eines Hauses plötzlich abbrach, als sich ein Mann näherte. Ich mußte mich auch immer mit Männern und Frauen, ja selbst mit Ehepaaren getrennt unterhalten. Die Gespräche, die ich mit den Männern führte, fanden ausschließlich in einem für Gäste und männliche Familienmitglieder reservierten Raum statt, falls wir uns nicht gerade außerhalb des Hauses befanden. Mit den Frauen hingegen habe ich mich stundenlang in den von den Männern verlassenen Häusern unterhalten. Die Eheleute verbindet nichts, außer daß sie im Dienst der väterlichen Sippe ihre biologische Bestimmung erfüllen. Ihre Arbeitsbereiche sind voneinander getrennt. Die Frau arbeitet in der Gruppe der Frauen, der Mann in der der Männer. Eheleute bilden keine Gruppe, keine Untereinheit innerhalb des patrilinearen Gefüges. Sie besitzen keine Autonomie, weder in wirtschaftlicher noch in emotionaler Hinsicht.

Die Dyade Mann-Frau hat keinen Platz neben der Dyade Mutter-Sohn, die als einzige eine reale Basis besitzt. Nur nachts finden die Eheleute zueinander, um die Nachkommenschaft für die väterliche Sippe zu zeugen.

Zwischen den Ehepartnern gibt es keinen Dialog, keinen Austausch. Sie dürfen sich nicht mit Vornamen anreden. Nicht die Person, sondern die Rolle, die sie spielen, wird bezeichnet, der Mann ist für seine Frau ›er‹ oder ›der Mann‹, während die Frau für den Mann ›sie‹, ›die Frau‹ oder ›die Alte‹ ist, bestenfalls ›die Mutter meiner Kinder‹. Denn als Mutter von Söhnen hat die Frau die Achtung ihres Mannes erworben, hat sie sich einen Platz in dem Reich der Mütter erobert.[33] Im Lauf der Jahre, wenn die Ehefrau als Gebärerin an die Stelle der Mutter gerückt ist oder die Mutter verstorben ist, wird die Beziehung zwischen dem zum Vater gewordenen Sohn und seiner Frau manchmal etwas enger. Als Eltern können sie ein aus Vater und Mutter bestehendes Paar bilden, nicht aber als Partner, als Mann und Frau.

Für die maghrebinischen Männer besitzt eine Frau keine Eigenpersönlichkeit. In den Augen eines Mannes, die er nicht auf sie richten darf, existiert sie eigentlich überhaupt nicht. Er sieht nur seine Mutter. Umgekehrt existiert auch ein Mann nur als Sohn für seine Mutter, als Sohn seines Vaters und als Vater von Söhnen. Man könnte beinahe glauben, die Männer hätten sich der Mütter bedient, um das Lager der Frauen zu spalten und jede Rebellion im Keim zu ersticken. Sich selbst haben die Männer jedoch dazu verdammt, Söhne zu bleiben, Söhne, die niemals zu Ehemännern werden können.

Wie sollte sich auch zwischen Mann und Frau eine partnerschaftliche, auf Gleichheit beruhende Beziehung entwickeln können, wenn schon die kleinen Jungen und Mädchen in dem Glauben an die männliche Überlegenheit erzogen werden? Und wie sollten Frauen, die seit frühester Kindheit die Ausbrüche männlicher Gewalt nicht nur ertragen, sondern als Ausdruck glorioser Männlichkeit bewundern mußten, das autoritäre und meistens auch ziemlich regressive Gehabe ihrer Ehemänner in Frage stellen? »Die Ehefrau erträgt die Despotie ihres Mannes mit einer Ergebenheit, die nicht gespielt ist, sondern häufig sogar eine gewisse Befriedigung erkennen läßt. Ein Mann, der weder autoritär, noch eifersüchtig ist, kann kein richtiger Mann sein. Gewöhnlich berichtet sie ihren Nachbarinnen voller Stolz von der Maßlosigkeit ihres Mannes.«[34]

Verheiratet zu sein bedeutet für eine Maghrebinerin nicht, mit einem Mann zusammenzuleben, sondern einen Sohn zu haben, den die Gesellschaft zwar dem Mann zugesprochen hat, der emotional aber ihr Eigentum ist. Eine Frau, die ihrem Mann und vor allem der väterlichen Sippe einen männlichen Nachkommen schenkt, schenkt sich damit den einzigen Mann, der in ihrem Leben eine Rolle spielt. Und da es innerhalb einer Paarbeziehung zwischen Männern und Frauen keine Gleichheit gibt, bewirkt der Einfluß der Mütter auf ihre Söhne eine versteckte Polyandrie[35] bei den Müttern.

Angst vor der weiblichen Sexualität

Kontrolle über die weibliche Sexualität

Weder erlauben es die Regeln der Segregation einem Paar, tagsüber bei der Arbeit Kontakte zu haben, noch gestatten sie nachts die Vereinigung zweier gleichwertiger Partner. Die musulmanischen Feministinnen sprechen sogar von einer universellen Verschwörung, die Existenz des menschlichen Paares zu leugnen, was sie mit bestimmten Passagen aus dem Koran belegen.[1] Ihre Sprache ist zwar ziemlich heftig und subjektiv gefärbt, aber das ändert nichts an der Tatsache, daß im Maghreb sowohl die patrilineare als auch die religiöse Ideologie ein gleichberechtigtes, eng miteinander verbundenes Paar ausschließen. Diese Ideologien betrachten das Paar und die eheliche Liebe als eine Gefahr für das System und die Herrschaft der Männer.

Im sexuellen Bereich, wie übrigens auch in allen anderen Bereichen, schuldet die Frau ihrem Mann unbedingten Gehorsam. Von den Frauen ausgehende Initiativen werden als unschicklich betrachtet. Nur Prostituierte und höchstens noch Mätressen legen solche Verhaltensweisen an den Tag. Die Frauen müssen sich auch in sexueller Hinsicht dem Willen der Männer völlig unterordnen. Sie müssen ihnen jederzeit zur Verfügung stehen, dürfen sich nie verweigern, »weder auf dem Tragsattel eines Kamels noch auf dem obersten Rand eines Kohleherds«, soll der Prophet gesagt haben.[2]

Durch die Dressur, die das Mädchen über sich ergehen lassen mußte, wurden ihm solche Tugenden wie Gehorsam, Schweigsamkeit, Regungslosigkeit eingebleut – Tugenden, die von patriarchalischen und religiösen Ideologien untermauert wurden. In sexueller Hinsicht muß sie ganz ähnliche Tugenden an den Tag legen. Vor der Hochzeitsnacht werden ihr noch einmal die Regeln des Gehorsams und der Passivität vorgebetet. Der junge Mann hingegen soll entschieden und forsch auftreten und auch keine Gewalt scheuen, da seine Männlichkeit auf dem Spiel steht.

Das Laken mit dem Blutfleck wird manchmal während der Hochzeitsfeierlichkeiten vor den versammelten Nachbarn und Bekannten zur Schau gestellt, inmitten des ganzen Rummels, der Freudenschreie, der Böllerschüsse und Feuerwerkskörper. Es ist der Beweis dafür, daß das Ritual vorschriftmäßig vollzogen wurde und daß die Eheleute bei der Ausübung des Geschlechtsverkehrs ihre ihnen zugedachten Rollen übernommen haben.

Man wundert sich vielleicht, daß in einem so puritanischen Milieu wie im Norden des Maghreb der erste sexuelle Kontakt bei der Hochzeit dermaßen öffentlich gemacht wird. Was auf den ersten Blick als Exhibitionismus erscheinen mag, ist jedoch nur Ausdruck der großen gesellschaftlichen Bedeutung dieses Aktes, der durch ein Opfer die Inanspruchnahme der neuen Frau als Gebärerin im Dienst der väterlichen Sippe anzeigt und gleichzeitig die Männlichkeit des jungen Ehemanns feststellt, die Garantien für den Fortbestand der väterlichen Sippe.

Was die Anwesenden durch ihre Reaktionen als wichtiges Ereignis bestätigen, ist keine private Angelegenheit, die nur zwei Individuen betrifft. Vielmehr handelt es sich um einen Initiationsritus, von dem die Zukunft der väterlichen Sippe abhängt.

Unter solchen Voraussetzungen muß zwischen Sexualität und Gefühlen genau unterschieden werden. Die Sexualität soll frei von Emotionen sein, die doch nur Verwirrung stiften. Die Sache ist zu ernst, zu wichtig für die väterliche Sippe, um das Individuum darüber entscheiden zu lassen. Zwischen Mann und Frau dürfen so wirre, so unkontrollierbare Gefühle wie Liebe, Verlangen und deren individuelle Erfüllung erst gar nicht zugelassen werden. Lust und Sexualität müssen sich den Vorschriften der Gruppe beugen; es zählt nur, was der Gruppe nützt. Die Sexualität ist also nichts weiter als eine soziale Funktion im Dienst der väterlichen Sippe.

Noch mehr als die männliche muß die weibliche Sexualität einer strikten Kontrolle unterliegen, denn im Gegensatz zur männlichen hat sie direkte soziale Folgen. Auch wenn der Mann den Samen gibt, den er von Gott empfangen hat und ein Kind damit zeugt, so trägt doch die Frau das Kind aus. Und sie bringt es auch zur Welt und stillt es.

Die soziale Kontrolle der Männer über die weibliche Sexualität ist unerläßlich, wenn sie ihre Herrschaft aufrecht erhalten wollen – eine Herrschaft, die auf der Aneignung des Nachwuchses, dem Produkt der Frauen, beruht. Der auf Seite 75 zitierte kabylische Mythos beinhaltet genau das: Die Männer müssen sich die Frauen sexuell untertan machen und ihnen ihr Gesetz aufzwingen, da sie sonst nur Unheil stiften. Außerdem müssen die Männer sich das Alleinrecht auf eine Frau sichern und darauf achten, daß diese auf sexuellem Gebiet nicht noch mehr von ihrer Rolle profitiert.

Die Sage läßt klar erkennen: Die weibliche Initiative ist nicht nur gefährlich, weil damit eine freie Wahl des Partners verbunden ist, sondern auch, weil die Frauen die Männer noch verrückter machen könnten, als sie es schon sind.

Die freie weibliche Sexualität, bei der die Frauen die Initiative haben, stellt für die patriarchalische Gesellschaftsordnung eine Bedrohung dar. Am Anfang, heißt es in der Sage, herrschte das Chaos; die Frauen hatten die Sexualität entdeckt und die Männer verführt. Die gesellschaftliche Ordnung war von den Männern geschaffen worden, die zu diesem Zweck die Frauen unterwerfen (und einsperren) mußten. Die Männer befürchten also, die aktive Sexualität der Frauen könne ihre Macht untergraben, indem sie durch ihre Verführungskünste, ihre Reize und ihr Wissen die Männer zu ihren Sklaven machen. Und sind sich die Frauen nicht auch ihrer Macht bewußt, wenn sie sich bei ihren Tänzen von den üblichen Zwängen befreien und ihre ganze Erotik entfalten? Wird der jungen Braut, vor der sie tanzen, nicht eine der geheimsten Waffen der Frauen verraten: die Manipulation des männlichen Begehrens, einer der wichtigsten Trümpfe in der Hand der Strateginnen der weiblichen Gegenmacht?

Die Männer haben allen Grund, diesen bewußten Einsatz der weiblichen Sexualität zu fürchten, denn die Frauen geben dieses Wissen weiter und ermutigen sich gegenseitig, es gegen die Männer einzusetzen. Denn die Männer, mit denen sie sexuell verkehren, sind grundsätzlich ihre Gegner. Keiner von ihnen kann der Mann sein, der ihre ganze Zuneigung verdient und dem sie alles verzeihen: Keiner von ihnen ist ihr Sohn.

Die Waffe der weiblichen Sexualität ist in doppelter Hinsicht subversiv: nicht nur durch ihre ›Macht über die Sinne‹, die die Männer den Frauen ausliefert, sondern auch durch die Bedrohung, die sie für die Vaterschaft darstellt, was innerhalb eines patriarchalischen Systems besonders fatal ist. Als ein Instrument, das den Frauen nicht nur Macht über die Männer verleiht, sondern auch die Legitimität der Nachkommenschaft zu einer Sache der Frauen macht, darf dann die weibliche Sexualität nicht der Kontrolle der Männer entgleiten.

Die Frauen wurden also aus guten Gründen in die Steinhäuser eingesperrt, die in dem kabylischen Märchen die Männer für sie gebaut hatten, um ihre Sexualität zu beherrschen und zu unterdrükken. Manche Völker haben ein noch viel radikaleres Mittel entdeckt, um diese Gefahr zu bannen: Durch die Verstümmelung der Geschlechtsteile wird versucht, die Lust der Frauen abzutöten. Im Maghreb wird die Klitoris zwar nicht beschnitten, aber man versucht, die Frauen beim Geschlechtsverkehr zu anästhetisieren, indem man sie zur Passivität verurteilt.

Fitna und Kaya: aktive Sexualität

Da die Religion der männlichen Sexualität einen sehr hohen Stellenwert einräumt, ist die Angst der Maghrebiner vor der im Sexuellen begründeten Macht der Frauen umso größer. Die Männer können nicht auf die Frauen verzichten und werden deshalb immer ihren Verführungskünsten ausgesetzt sein.

Ein Algerier beschreibt, was passiert, wenn ein Mann den Verführungskünsten eines jungen Mädchens mit schmaler Taille, langer, feiner Nase und einem bestimmten Auftreten erliegt:[3]

> *Wenn sie ihn seiner Kräfte beraubt, ihm das Mark aus den Knochen gesaugt hat, läßt sie ihn wie einen leeren Bienen-*

korb stehen und geht, während er sich kaum auf den Beinen halten kann. Sie verläßt ihn, da er nichts mehr geben und nichts mehr nehmen kann – ein alter Pflug[4]*, mit dem sich nichts mehr anfangen läßt. Sie hat seine Sinne so verwirrt, daß er den richtigen Weg nicht mehr erkennen kann. Und sein Beutel ist leer.*[5]

»Ein junges Mädchen macht einem Mann Angst«, schreibt Hossain Bendahman,[6] denn sie kann seine Männlichkeit entweder aufbauen oder zerstören. Für diese Angst der Männer vor den Frauen macht Sylvie Garnero die Mutter verantwortlich, die den Mann infantilisiert. Die Autorin spricht in diesem Zusammenhang auch von einer Kastrationsdialektik: »Der verstümmelte Mann vergewaltigt, die vergewaltigte Frau verstümmelt.«[7]

Die Frau wird verachtet und mit Argwohn betrachtet, da sie die Versuchung (*fitna*), die Teufelin (*chitania*) verkörpert.

Der Begriff der *fitna* ist in den musulmanischen Gesellschaften von zentraler Bedeutung. Er leitet sich von dem arabischen Wort FTN ab und bedeutet im klassischen Arabisch ›auf die Probe stellen, versuchen, verführen, aufwiegeln, den Kopf verdrehen, zaubern‹ und außerdem ›einen Skandal verursachen, durch pietätlose Bemerkungen schockieren‹.

Im klassischen Arabisch liegt die Betonung auf dem Sexuellen, während in den Dialekten diese Bedeutung weniger ausgeprägt ist. Zu dem Sexuellen kommen noch religiöse und politische Inhalte hinzu: Gottlosigkeit, Meuterei, Aufruhr, Zwist, Auseinandersetzung, Unordnung, Erregung, Verführung, Versuchung.

Im kabylischen Berberdialekt wurde dieses arabische Wort zu *fetna*, was Unordnung, Zwist, Krieg bedeutet.[9] Fatima Mernissi beruft sich auf Kacem Amin (1928) und andere Autoren musulmanischer Tradition wie At-Tarmidi, Al-Bukhari etc.[10] und stellt die These auf, daß der Islam und der musulmanische Mann die *fitna* fürchten.

Ohne sich ausschließlich auf die Frauen zu beziehen, scheint dieser Ausdruck im klassischen Arabisch all das zu bezeichnen, was Männer mit Frauen assoziieren: Chaos, Unordnung und Katastrophen, die sie nur durch ihre Wachsamkeit verhindern können.

Man braucht nicht weiter auf Fatima Mernissis Argumentation einzugehen, die zu der paradoxen Schlußfolgerung gelangt, die Männer müßten sich als die Schwächeren vor den Frauen schützen, auch der traditionelle musulmanische Diskurs der Männer läßt erkennen, daß die gesellschaftliche Ordnung als eine Sache der Männer betrachtet wird; sie erschaffen sie, bewahren sie und verbessern sie auch gegebenenfalls – und sie reklamieren sie für sich, während die Frauen eher dazu neigen, sie durch ihre Triebhaftigkeit zu zerstören. Dieses Bild von den Frauen als subversiv und noch dem Naturstand oder unzivilisierten Zustand nahe, scheint die sehr konkreten Möglichkeiten einer weiblichen Gegenmacht verdecken oder kaschieren zu wollen, einer Gegenmacht, die in der Ausübung einer Funktion begründet ist, die die Männer von den Frauen abhängig macht: der Sexualität.

Fatima Mernissi und auch Fatna Aït Sabbah bemerken, daß die Unordnung (*fitna*), die Subversion der Gesellschaftsordnung, vor allem mit den Frauen assoziiert wird, da ihnen eine besondere Art von Intelligenz zugeschrieben wird: diese *kayd* genannte Intelligenz ist spezifisch weiblich, sie ist kalt und berechnend und nur auf die Zerstörung des Systems ausgerichtet.[11] Für Fatna Aït Sabbah macht sie das Wesen der Frau aus, das sie mit dem Adjektiv ›omnisexuell‹ belegt, denn so wird sie in dem erotischen Diskurs des Islams geschildert. Fatima Mernissi interpretiert *kayd* als die Fähigkeit, die Männer hinters Licht zu führen und zu besiegen, und zwar nicht durch Gewalt, sondern durch List und Intrige.[12] Sie benutzt jedoch die Schreibweise *gaid*, was fälschlicherweise an Macht denken lassen könnte, während *kayd* wohl eher in der klassischen und dialektalen Bedeutung als List, häufig mit einer bösen Absicht, als Strategie und Kunstgriff aufzufassen ist. Im Koran wird *kayd* verwandt, um die List der Frauen zu stigmatisieren.

Allerdings ist die Furcht der Männer vor der List der Frauen nicht nur im Maghreb zu beobachten; auch westliche Psychiater haben sich damit beschäftigt und ihm eine universelle Gültigkeit bescheinigt. »Die Furcht, die der Mann vor der Frau empfindet, hat mit ihrer Sexualität zu tun«, schreibt Karen Horney,[13] die in der Verharmlosung der älteren, sexuell nicht mehr attraktiven Frauen,[14] die sich unter die Männer mischen dürfen, den Beweis für ihre These sieht. Das Mißtrauen der Männer gegenüber den Frauen wird zur Beklemmung angesichts dieser anderen und deswegen als undurchsichtig und mysteriös geltenden Wesen, deren okkulte, magische Kräfte ihnen Angst einflößen. Auf biologische Phänomene wie Menstruation, Schwangerschaft, Wochenbett reagieren Männer häufig mit panischem Schrecken. Sie begehren zwar den Körper einer Frau, fürchten aber gleichzeitig die in seinen Untiefen verborgenen Kräfte. Die Männer, die diesem andersartigen, höchst beunruhigenden Körper ihr Geschlecht anvertrauen und bei diesem Akt ihren Samen und ihre Kraft verlieren, empfinden die alte Angst, kastriert zu werden.

Die Alpträume der Männer sind häufig mit Frauen bevölkert. Für den musulmanischen Denker Bukhari ist die Vermehrung der Frauen eine apokalyptische Vorstellung:

> *Die Frauen werden so zahlreich sein, daß auf einen Mann fünfzig Frauen kommen, die er unterhalten muß.*[15]

Diese Schreckensvision von der rapiden Vermehrung der weiblichen Bevölkerung scheint den eschatologischen Mythen von einer auf den Kopf gestellten Welt zu entsprechen, bei der die Herrschaft der Männer ins Wanken gerät.

Die Waffen der Frauen

Bei dem Kampf der Geschlechter innerhalb der patrilinearen Gesellschaft spielt die Sexualität eine große Rolle; sie ist eine der wichtigsten Waffen in den Händen der männlichen und weiblichen Strategen.

Auch wenn die Frauen weder in der Politik noch innerhalb der Gesellschaft einen festen Platz einnehmen, so ist ihre Fortpflanzungsfähigkeit doch durch nichts zu ersetzen. Man hat deshalb die Frauen und alle mit der Fortpflanzung verbundenen Aktivitäten in den häuslichen Bereich verbannt, und die Männer wachen darüber, daß er nicht verlassen wird. Innerhalb dieses Bereiches verfügen die Frauen jedoch über einen gewissen Freiraum, von dem aus sie die Männer unter Druck setzen können. Die Männer fürchten daher ihr Zusammensein und versuchen durch eine strikte Hierarchie innerhalb der väterlichen Sippe jede Art von Bindung zu verhindern. Ein Problem scheint jedoch unlösbar für die Männer: Wie sich der Frauen bedienen, ohne von ihnen abhängig zu werden?

Für die Frauen stellt sich das Problem, daß sie ihre Strategien innerhalb des von den Männern verlassenen Bereichs entwickeln müssen. In dieser häuslichen, familiären Sphäre verfügen sie über ein bestimmtes Arsenal: Als Mütter setzen sie auf den Einfluß, den sie auf ihre Söhne haben, einen Einfluß, der häufig über den häuslichen Bereich hinausgeht, und als Frauen stehen ihnen die Taktiken der sexuellen Verführung und der weiblichen List zur Verfügung, die in der Kabylei auch die ›Wissenschaft der Frauen‹ genannt werden.

Es gibt unzählige Erzählungen, die die List oder die Wissenschaft der Frauen zum Gegenstand haben, Geschichten, in denen gewöhnlich eine Frau einen Mann überlistet. In einer kabylischen Erzählung wird zum Beispiel ein junger Mann von seinem Vater gezwungen, vor seiner Heirat als Initiation die ›Wissenschaft der Frauen‹ zu studieren.[16] In diesem Fall ist das der praktische Unterricht, den eine verheiratete Frau einem jungen Mann erteilen kann. Sie gibt ihm damit die Mittel in die Hand, die ihm am Schluß erlauben, die Frauen des Hauses (seine Frau, seine Schwester, seine Mutter) und die offenen und versteckten Absichten, die ihrem sexuellen Appetit entspringen, zu vereiteln.

Es gibt viele solche Geschichten im Maghreb. In Marokko oder Tunesien heißen die Heldinnen gewöhnlich Aïcha Laâbo oder Aïcha Laabu, was von Colin[17] mit ›Aïcha, die Schwindlerin‹ übersetzt wurde. Sie führen einen Mann – meistens ihren eigenen – an der Nase herum und stellen viele Aspekte der männlichen Gesellschaft in Frage oder machen sie lächerlich. Manchmal tun sich sogar mehrere Frauen zusammen, um die Männer zu foppen. Ihr beliebtester Köder ist das Heiratsversprechen.

Die gegen die Männerherrschaft rebellierenden Frauen verfügen noch über eine Reihe anderer Waffen, so zum Beispiel die der Magie. In vielen Fällen helfen diese Mittel auch, die Frauen in die männliche Gesellschaft einzugliedern, wie zum Beispiel die Mittel gegen Kinderlosigkeit. Aber ist die Mutterschaft nicht auch ein Versuch der Frauen, die Männergesellschaft zu unterminieren, da sie dann den Einfluß auf ihre Söhne in die Waagschale werfen können?

Zauberpraktiken und Magie sind fast ausschließlich in den Händen der Frauen und ermöglichen es ihnen, vor allem in den ländlichen Gebieten, Druck auf die Männer auszuüben. Dieses geheime Wissen ist meist im Besitz der außerhalb oder am Rand der Gesellschaft lebenden Frauen: der unverheirateten, alten Frauen, der Witwen und Kinderlosen – der Nicht-Mütter.

Hinter all den Zauberpraktiken steht natürlich die Absicht, das Verhältnis zwischen Männern und Frauen umzukehren, den Mann gefügig zu machen. Zum Beispiel soll ein Mann soweit gebracht werden, daß er einer bestimmten Frau einen Heiratsantrag macht, oder eine Frau soll ihren Mann betrügen oder ihn in ihre Gewalt bringen; wieder eine andere soll unfruchtbar werden. Selbst die patriarchalische Ordnung kann in Frage gestellt werden. Am meisten fürchten die Männer, impotent gemacht zu werden. Sie können auch dazu verführt werden, sich von den ihnen Nahestehenden abzuwenden, sich von ihrer Familie, von der väterlichen Sippe zu trennen, ihre Herkunft zu verleugnen und ihre Pflichten zu vergessen.

Diese Praktiken sind zwar verboten und für die Strenggläubigen ein Stein des Anstoßes, aber sie haben sich bis auf den heutigen Tag erhalten. Es handelt sich vor allem um ein spezifisch weibliches Wissen, um Techniken, die von Unterdrückten beherrscht werden, denen sonst kaum Mittel zur Verfügung stehen, um sich gegen die Vorherrschaft der Männer zu wehren.

Ist es verwunderlich, wenn die Frauen sich einer Ordnung widersetzen, die sie unterdrückt, oder wenn sie sie umzustürzen versuchen, wenn sie stolz diese Drohung vernehmen lassen? Und ist es verwunderlich, wenn auf der anderen Seite der allgemeine gesellschaftliche Diskurs, der Diskurs der herrschenden Männer, die Gefahren der weiblichen Waffen herausstreicht und bei Bedarf auch übertreibt? Das Resultat ist, daß in dem Klima eines mit entgegengesetzten Strategien geführten Geschlechterkampfes die Ängste der Männer und die institutionalisierte Misogynie (Frauenhaß) sich nur noch verstärken.

Die Hinterfragung der Mutterschaft

Durch die Institution der Geschlechtertrennung, vor allem bei Gleichaltrigen, durch eine erzwungene Passivität der Frauen im sexuellen Bereich und durch die Beschwörung der Gefahr, die eine aktive, weibliche Sexualität für die Gesellschaft bedeuten würde, konnten die Männer hoffen, sich den Frauen endgültig zu unterwerfen. Ein paar Positionen, gegen die sie nichts ausrichten konnten, mußten sie ihnen jedoch überlassen.

Die Männer, die einerseits versuchten, die als potentiell gefährlich geltende sexuelle Funktion der Frauen ganz unter ihre Kontrolle zu bringen, bemühten sich andererseits, die mütterliche Funktion herauszustreichen und zu verherrlichen: Wenn die Frauen ihren Platz gefunden und ihre Fortpflanzungsfähigkeit in den Dienst der Patrilinearität gestellt hatten, ergebene Dienerinnen ihrer Söhne geworden waren, die sie mit der väterlichen Sippe verbanden, stellten sie keine Bedrohung mehr dar.

Die Mutterschaft kann also dazu dienen, die Frauen zu unterjochen, aber sie ist auch eine bedrohliche Waffe, wenn sie von den Frauen entsprechend eingesetzt und manipuliert wird. Und ist sie nicht an sich schon eine mysteriöse, beunruhigende Kraft, die den Männern Angst macht?

Jeder Mann ist der Sohn einer Frau, und seine erste Beziehung zu einer Frau erlebte er als der abhängige, ja, der unterdrückte Teil, was sich als narzißtische Verletzung niederschlug, ein aus dem kindlichen Gefühl der Unterlegenheit geborener Groll. Schuldner seiner Mutter, der er das Leben verdankt, und gleichzeitig immer abhängig von ihr, da er als Kind auf ihren Schutz angewiesen war, fürchtet ein Mann, wieder in eine neue Abhängigkeit zu geraten, wenn er sich mit einer Frau – der Mutter seiner Kinder – zusammentut. Das, was sie von Natur aus nicht besitzen, können die Männer durch nichts ersetzen. Sie sind auf die Gebärfähigkeit der Frauen angewiesen, was das Gefühl der Abhängigkeit, das Ressentiment ihnen gegenüber nur verstärkt.[18]

Wenn zu der Angst vor der weiblichen Sexualität noch der Groll auf die dominante Mutter und die Eifersucht auf die Gebärfähigkeit der Frauen hinzukommen, kann das für die Männer zum Alptraum werden. Welche Schreckensbilder rufen die Gedanken an diese mysteriösen, elementaren Kräfte wach, über die alle Frauen verfügen – ungebändigte, subversive Kräfte, die sich der Kontrolle der Männer entziehen und den Untergang der Gesellschaft herbeiführen.

Es gibt in allen Kulturen unheimliche weibliche Phantasiewesen: böse Feen, böse Alte, Hexen, Menschenfresserinnen, die mit den Vorstellungen von bestimmten Perversionen der weiblichen Funktionen, der sexuellen und mütterlichen Funktionen, zu tun haben. Die im Mittelmeerraum angesiedelten Sagen, vor allem die maghrebinischen, räumen ihnen einen besonderen Platz ein.

Bevor man diese Wesen eingehender studiert, sollte man sich vielleicht das weibliche Idealbild, wie es in den Schriften des Koran beschrieben wird, vergegenwärtigen: das Idealbild der das Paradies bevölkernden Frauen.

Das Paradies der Männer: die ewigen Jungfrauen

Und die Gefährten der Rechten – was sind die Gefährten der Rechten? (selig!)
Unter dornenlosem Lotos
und Bananen mit Blütenschichten
Und weitem Schatten
Und bei strömendem Wasser

Und Früchten in Menge,
Unaufhörlich und unverwehrten,
Und auf erhöhten Polstern.
Siehe, wir erschufen sie (die Huris) in (besonderer) Schöpfung
Und machten sie zu Jungfrauen,
Zu liebevollen Altersgenossinnen
Für die Gefährten der Rechten. (Koran)[19]

Die von dem Propheten verheißenen Traumgeschöpfe, die die Gläubigen und Rechtschaffenen im Paradies erwarten, sind jung, unberührt und rein, sie besitzen wohlgeformte Brüste, senken züchtig die Augen und führen ein keusches, zurückgezogenes Leben. Diese Frauen sind nur für die Lust der Männer da, eine andere Funktion haben sie nicht, auch nicht die der Reproduktion. »Die Huris«, schreibt Fatna Aït Sabbah, »sind Frauen ohne Uterus ..., der musulmanische Mann hat ein Paradies mit sterilen Frauen erfunden.«

So sieht also das musulmanische Frauenideal aus. Die Immortalität macht die Reproduktion überflüssig. Die Frauen sind als Mütter nicht mehr gefragt; sie sind ihrer reproduktiven Funktion enthoben, die hier auf Erden ein notwendiges und für die Männer außerdem sehr gefährliches Übel ist.

Das Christentum, auch eine von patriarchalischen Gesellschaften übernommene Religion, hat die Frau auf ähnliche Weise ihrer reproduktiven Funktion beraubt. Sowohl im Islam als auch im Christentum ist Gott der alleinige Schöpfer des Lebens, und die Frau, der die höchste Verehrung entgegengebracht wird, der selbst ein ganzer Kult gewidmet ist, ist Jungfrau.

In beiden Religionen wird zwischen Fortpflanzung und Sexualität unterschieden, und das eine wird dem anderen geopfert, wenn auch die Prioritäten umgekehrt sind. Die Jungfrau Maria ist eine Heilige Mutter, die dank der unbefleckten Empfängnis rein geblieben ist. Die Huris hingegen sind keine Mütter, sondern ewige Jungfrauen, die nur dem Vergnügen der Männer dienen. Aber sowohl im Islam wie im Christentum scheinen sich diese beiden Funktionen auszuschließen, als könnten die Männer nicht zulassen, daß die Frauen zwei für sie absolut notwendige Funktionen in sich vereinen. Die Männer ziehen es also vor, nur eine anzuerkennen, um so zu verhindern, daß die Gegenmacht der Frauen zu stark wird.

Durch diese Strategien hoffen sich die Männer von den Frauen zu befreien. Entweder wird, wie im Christentum, die Sexualität verteufelt und die Keuschheit in den Rang einer Tugend erhoben, oder die Frauen werden, wie das im Islam geschieht, zu Lustobjekten degradiert. In beiden Fällen muß die Frau, die dem Weiblichkeitsideal entsprechen will, einen Teil ihrer Persönlichkeit verleugnen.

Tödliche Mutterschaft

Eine andere Diskreditierung der mütterlichen Funktion ist die Verbindung zwischen lebensspendenden und todbringenden Kräften.

Die großen Muttergöttinnen der antiken Kulturen des Mittelmeerraums brachten auch immer Tod und Zerstörung. Astarte, eine punische Göttin, war gleichzeitig die Göttin des Krieges. Und Demeter, die Göttin der Saat, nahm wie die Erde auch die Toten in ihrem Schoß auf. Beinahe alle Völker haben zwischen Leben und Tod eine dialektische Beziehung hergestellt.

Selbst die Psychoanalyse hält es für wahrscheinlich, daß zwischen der Beziehung zur Mutter und der Angst vor dem Tod ein direkter Zusammenhang besteht.[20] Bachelard spricht von einem Isomorphismus zwischen dem Bauch der Mutter und dem Tod, von der ›Maternität des Todes‹ und dem ›mütterlichen Tod‹.[21]

Es scheint sich also um ein universelles Phänomen zu handeln, das in der Vorstellungswelt der verschiedenen Kulturen einen mehr oder weniger großen Raum beansprucht. Im Maghreb illustrieren viele Erzählungen mit großer Eindringlichkeit den engen Zusammenhang zwischen Tod und Frau oder Tod und Mutterschaft.

Néfissa Zerdoumi zitiert ein Beispiel aus Tlemcen, in dem Tergou, eine Frau von veränderlicher Gestalt, in den Friedhöfen umgeht und die Besucher zu Tode kitzelt.[22]

Am interessantesten ist jedoch die kabylische Sage vom Ursprung des Todes, von der zwei Versionen existieren; sie gehört auch heute noch zum mündlich überlieferten Sagenschatz:

In der Kabylei wird erzählt, daß es anfangs keinen Tod gegeben habe. Wenn die Menschen ihres Lebens müde waren, legten sie sich einfach auf die Erde, und ihre Seele verließ ihren Körper, häufig auch für lange Zeit – die Zeit, die sie brauchten, um sich auszuruhen. Danach kehrte sie wieder in den Körper zurück. Aber eines Tages kam dann doch der Tod auf die Erde:

Es lebte einmal ein Mann, der hatte eine Frau und einen kleinen Sohn, der gerade zur Welt gekommen war und noch in seiner Wiege lag. Eines Tages trat Gott in ihr Haus und fragte die Frau: »Wenn dein Sohn stirbt, soll er dann für immer tot sein, oder soll er nur eine Zeitlang weggehen und dann wieder zurückkehren?« Als die Frau diese Worte vernommen hatte, soll nach der einen Version die Urmutter der Welt, eine alte Zauberin, zu der jungen Frau gekommen sein und zu ihr gesagt haben: »Wenn du sagst, das Kind soll eine Zeitlang weggehen, wirst du lange warten müssen, und es ist nicht sicher, ob du es jemals wiedersiehst. Wenn du aber sagst, die Menschen sollen sterben und nicht wiederkehren, wirst du es bald wiedersehen.« Nach einer anderen Version soll die junge Frau sehr mißtrauisch gewesen sein, aber dasselbe gedacht haben wie die Urmutter.

Jedenfalls hat sie Gott geantwortet: »Laß die Menschen sterben und nicht mehr zurückkommen; ich möchte nur möglichst bald mein Kind wiedersehen.« Und Gott erwiderte: »Ich werde dir deinen Wunsch erfüllen. Sag deinem Sohn Lebewohl, denn sein Ende ist nahe, und wenn du ihn bald wiedersehen willst, mußt du ihm so rasch wie möglich nachfolgen.« Die junge Frau erschrak: »Ich flehe dich an, Vater, so habe ich das nicht gemeint!« Aber Gott antwortete: »Das, was du gesagt hast, gilt.«

Das Kind starb also und kurz nach ihm auch seine Mutter.

Und seitdem sterben die Menschen und kehren nicht wieder zurück auf die Erde.

Die verschiedenen Versionen weisen mehr als eine Gemeinsamkeit auf. Es ist die Mutter eines Sohnes, die vor die Wahl gestellt wird: ein Tod ohne Wiederkehr oder ein vorübergehendes Ableben des Kindes. Die junge Frau geht in die Falle, die ihr gestellt wird. Durch ihre Entscheidung glaubt sie zu verhindern, daß ihr der Sohn für immer entrissen wird. An die Folgen denkt sie nicht. In einer Version riskiert sie sogar den Tod ihres Schwiegersohns. Blind vor Liebe, der übermächtigen Liebe einer Mutter, trifft sie eine persönliche Entscheidung, die für alle übrigen den ewigen Tod bedeutet.

Die Sage prangert die Blindheit der Mutterliebe an, den fehlenden Gemeinschaftssinn der Frauen und schlimmer noch, ihr asoziales Verhalten, das der mütterlichen Bindung zum Sohn entspringt, eine sehr intensive, aber persönliche Bindung, die für die soziale Ordnung verhängnisvolle Folgen hat. Die Figur der Urmutter unterscheidet sich kaum von all den anderen doppelgesichtigen Göttinnen der antiken Mittelmeerkulturen.

Der Fehler, den die Frau im Hinblick auf die Gesellschaft begangen hat, wird bestraft von einem allmächtigen Gottvater, der das von den Männern geschaffene und aufrecht erhaltene Gesetz verkörpert. Die Frau, der Quell des Lebens, kann also auch Tod und Verderben bringen; die Mutterschaft integriert die Frauen nicht automatisch in die Gesellschaft. Sie kann im Gegenteil die Gesellschaft unterminieren. Deshalb muß sie der Kontrolle der Männer unterstehen. Die Sage rechtfertigt somit auch den Ausschluß der Frauen von den gesellschaftlichen und politischen Institutionen, eine geglückte Revanche der Männer.

Erinnern wir uns an den jungen Mann, der die ›Wissenschaft der Frauen‹ studierte. Seine Lehrmeisterin zeigte ihm die unumschränkte Macht der Frauen über die Männer, die sie als Bedrohung für Ehre und Leben der Männer besitzen. Die weise Frau lehrt den jungen Mann auch die Angst vor dem Tod und die damit verbundene Angst vor den Frauen zu überwinden. Erst als ihm das gelingt, ist er erwachsen und kann sich selbst eine Frau nehmen. Erst dann kann er seinen Platz in der Gesellschaft der Männer einnehmen. Auch hier wird die Frau durch ihre asozialen Umtriebe zu einer Gefahr für den Mann. Männer setzen im Umgang mit Frauen, denen sie ihr Leben verdanken, ihr Leben aufs Spiel.

Ein Vergleich verschiedener Texte aus dem maghrebinischen Kulturkreis läßt eine unterschiedliche Einstellung der Frauen und Männer gegenüber dem Tod erkennen, die sich auch in der kabylischen Vorstellungswelt anders ausdrückt. Für die Frauen ist der Tod ein Fluch, das Nichts. Für die Männer hingegen kann und muß der Tod eingeholt, überwunden und vielleicht sogar endgültig besiegt werden. Er hat in ihren Augen eine nützliche, wenn nicht sogar wichtige gesellschaftliche Rolle.

Die strukturellen Unterschiede, die in diesen Texten hervortreten, sind augenfällig:

FRAU	MANN
überstürztes Handeln	Beständigkeit
unkontrolliertes Daherreden	beherrschte Sprache oder Schweigen
blinder Mutterinstinkt	wohlüberlegte Vaterschaft
unproduktives Kleinkind	erwachsener, produktiver Mann
Tod, gegen den sich nichts ausrichten läßt	Tod überwindbar
Tod = Nichts	Tod hat eine nützliche Funktion (Opfer)
persönliches Interesse	Gemeinschaftssinn
Gefühl	Verstand
Unordnung (Anarchie)	Ordnung (politisches Gesetz)

Aber jenseits dieser Gegensätze lassen sich dialektische Beziehungen erkennen, die die Unauflöslichkeit des Bandes zwischen Leben und Tod ausdrücken. Indem sie Leben hervorbringt, gebiert die

Frau auch den Tod. Wie die Erde nimmt sie den Samen auf; Ort und Zeitpunkt der Niederkunft lassen sich kaum voraussagen: Leben oder Tod, beides ist möglich.

Die allesverschlingende Mutter

Daß die Männer Angst vor einer schrankenlosen weiblichen Sexualität haben und versuchen, sie unter Kontrolle zu bringen, und daß ihnen immer ein Gefühl der Beklemmung bleibt, das im Anprangern der weiblichen Gegenmacht und der weiblichen List zum Ausdruck kommt, ist nicht weiter verwunderlich; Misogynie und Geschlechterkampf werden dadurch nur noch angeheizt.

Daß aber auch die Mutterschaft, die von den Männern als unerläßlicher Beitrag der Frau zum gesellschaftlichen Gefüge gewürdigt und in der Person der eigenen Mutter mit religiöser Inbrunst verehrt wird, ebenfalls als Gefahr betrachtet wird, ist nur ein scheinbarer Widerspruch: Die Verpflichtung der Söhne gegenüber ihrer Mutter, die Abhängigkeit von ihr, können zu einer Quelle feindseliger Gefühle werden. Die außergewöhnlich starke Mutter-Sohn-Beziehung kann so zu einer Gefahr für die patriarchalische Gesellschaft und zu einer tödlichen Bedrohung für die Männer werden.

Nachdem die beiden Gefahren, die sie in Abhängigkeit zu den Frauen bringen könnten – die sexuellen Kontakte innerhalb einer Generation und die Liebe zur Mutter und die daraus resultierende Abhängigkeit – dissoziiert und gebannt worden waren, hätten die Männer sich eigentlich mit den Erfolgen ihrer Strategie zufriedengeben können. Von weiblicher Seite lauert jedoch noch eine weit größere Gefahr, daß nämlich eine pervertierte Sexualität und ein fehlgeleiteter Mutterinstinkt sich in einer einzigen Frau vereinigen. Diese Vorstellung verstärkt bei den Männern das Gefühl der Bedrohung und die Feindseligkeit und läßt ihre Angst vor den Frauen zu einem Alptraum werden.

In der Psychoanalyse ist die schreckliche Allmacht der bösen

Mutter ein universelles Phänomen[23], das sich durch eine auf die Mutter projizierte Feindseligkeit des ohnmächtigen Kindes erklärt. Fabelwesen wie Hexen, Feen, böse Alte und sogar Menschenfresserinnen sind umgekehrte Mutterbilder, die in den Sagen der Völker eine mehr oder weniger wichtige Rolle spielen.[24] In manchen Kulturen sind diese weiblichen Schreckensbilder jedoch häufiger als in anderen, so beispielsweise in den um das Mittelmeer angesiedelten Kulturen, die gleichzeitig auch alle patriarchalischen Strukturen aufweisen. Im Maghreb gibt es zum Beispiel eine ganze Palette bösartiger weiblicher Wesen. Eine davon ist die Menschenfresserin, die vor allem in der Literatur eine große Rolle spielt, so auch in Ncer Khemirs Buch *Die Menschenfresserin* (1975), das bezeichnenderweise seiner Mutter gewidmet ist.

Die Menschenfresserin

Eine kabylische Sage erklärt den Ursprung der *teryel/teryalin* genannten Menschenfresserin. Sie folgt auf die Sage von der notwendigen Unterwerfung der Frauen zu Beginn des gesellschaftlichen Lebens (siehe S. 75). Die Frauen hatten sich dem Gesetz der Männer gebeugt, hatten sich in die von den Männern erbauten Häuser einsperren lassen und die sexuelle Initiative den Männern überlassen. Nur eine Frau und ein Mann wollten von den Häusern und Gesetzen nichts wissen und flüchteten in die Wälder. Aus dieser Frau wurde die erste Menschenfresserin (*teryel*), aus dem Mann der erste Löwe (*izem*). Beide, die Menschenfresserin und der Löwe, ernährten sich von Menschenfleisch.[25]

Bemerkenswerterweise wird in dieser Sage die Frau zur Kannibalin, während der Mann ins Tierreich verwiesen wird, wo er als Löwe zwar auch Menschen frißt und eine Gefahr für sie darstellt, gleichzeitig aber auch als edles und mutiges Tier gilt. Er greift die Menschen nur an, wenn ihm keine andere Wahl bleibt, während die Menschenfresserin ihnen zu ihrem Vergnügen nachstellt.

Männliche Menschenfresser tauchen in den maghrebinischen

Sagen sehr viel seltener auf. Sie sind auch weniger gefährlich, weniger gefräßig und lassen sich von dem Helden einfacher überlisten als die Menschenfresserinnen.

Die Menschenfresserin hat alle Eigenschaften eines Ungeheuers. Häufig ist sie riesengroß, blind oder einäugig. Da sie außerdem häßlich, schmutzig und abstoßend ist, wird sie gelegentlich auch ›Mutter Unrat‹ genannt. Sie hält sich in wilden, menschenleeren Gegenden auf, in Wäldern, im Maquis, häufig auch unter der Erde, in Grotten, tiefen Brunnen oder in der Nähe des Meeres, an gottverlassenen Orten, manchmal in den Bergen oder in einer verlassenen Stadt. Sie kann auch in einem Haus leben, gewöhnlich aber immer allein.

Die Menschenfresserin ist eine Frau ohne Mann. Sie geht zwar weiblichen Tätigkeiten nach, erscheint aber dennoch als grotesk, gotteslästerlich oder auch kriminell. Ihre Nahrung nimmt sie meistens roh zu sich; Menschenfleisch ist ihr am liebsten, ihr Appetit ist ungeheuer. Ihre weiblichen und mütterlichen Attribute sind jedoch nicht zu übersehen: Sie hat riesige Brüste, die sie vorne übereinanderschlagen kann, so daß die Spitze der rechten Brust auf der linken Schulter liegt und umgekehrt. Sie verschlingt auch schwangere Frauen. Kinder verschont sie jedoch meistens, um sie zu mästen und dann später, wenn sie erwachsen sind, zu verspeisen.

Ihr Verhalten ist häufig provozierend; sie blickt den Männern direkt in die Augen und legt eine aggressive Weiblichkeit an den Tag. So verführt sie zum Beispiel die Männer eines Dorfes, nachdem sie sich in eine schöne Frau verwandelt hat; sie reizt ihre Begierde und versucht, sich einen Ehemann zu angeln, um dann die ganze Familie, die Nachbarn und schließlich das gesamte Dorf aufzufressen, das sie verlassen zurückläßt.

Sie verkörpert ein weibliches Gegenbild: Alle typisch weiblichen Tätigkeiten und Gepflogenheiten, vor allem die sexuellen und mütterlichen, werden von ihr ins Gegenteil verkehrt. Sie ist eine Feindin der Männer, die auf sexueller wie emotionaler Ebene einen ungeheuren Appetit beweist.

In den Sagen wird das Opfer – ein junger unerfahrener Mann – gewöhnlich durch irgendwelche Versäumnisse der Mutter mit der um eine Generation älteren Menschenfresserin konfrontiert. Wenn er sie besiegt und die Ordnung wieder hergestellt hat, werden die weibliche Sexualität und Gebärfähigkeit in den Dienst der patriarchalischen Gesellschaft genommen, und der Mann, der seine Prüfung bestanden hat, ist erwachsen geworden.

Es ist äußerst aufschlußreich, daß im Maghreb die gesellschaftsfeindliche Rolle, die Kannibalenrolle, einer Frau und nicht einem Mann zugeteilt wurde, denn die nördliche Mittelmeerküste, Korsika zum Beispiel, weist die männliche Version auf.

Ein Vergleich zwischen zwei korsischen und ungefähr dreißig maghrebinischen Versionen der Märchen *Der Däumling* oder *Hänsel und Gretel* (im Maghreb *Mqidech, Amar ennefs, Hadidwan, Hamou, der Listenreiche*) erlaubte es mir, die Rolle, die die männlichen und weiblichen Kannibalen in der Vorstellungswelt der patriarchalischen Gesellschaften spielen, genauer zu untersuchen. Das Ergebnis war: Auf Korsika ist der Vater der Erwachsene, vor dem der kleine Junge Angst hat, im Maghreb ist es die Mutter. Auf Korsika steht die väterliche Autorität im Vordergrund, im Maghreb scheint innerhalb des abgegrenzten häuslichen Bereichs ausschließlich die Mutter zu herrschen. Auf Korsika tritt die Menschenfresserin immer nur als die Frau eines Menschenfressers in Erscheinung, und bei dem kannibalischen Festmahl, das von den Helden veranlaßt wird, verschlingt der Mann gewöhnlich seine Frau. Im Maghreb tischt die Menschenfresserin ihre eigene Tochter auf. Auf Korsika ist das Verbrechen gegen das Paar gerichtet, und die Akteure gehören derselben Generation an; im Maghreb richtet es sich gegen die Mutterschaft. Alles, was einem Mann schadet, scheint weiblichen Geschlechts zu sein; die Menschenfresserin, das alles verschlingende Ungeheuer, ist sowohl eine Frau ohne Mann als auch eine schreckenserregende, unfruchtbar machende weibliche Kraft.

Ausgehend von einem gemeinsamen mediterranen Erbe, das der Frau als Gebärerin eine wichtige Rolle zuteilt, kann man zwei verschiedene Formen der Entwicklung erkennen, was den Platz der Frauen in der Vorstellungswelt dieser beiden Kulturen nördlich und südlich des Mittelmeers betrifft. In der ersteren ist die Frau in eine Paarbeziehung eingebunden, in der letzteren herrscht eine strikte Geschlechtertrennung, die die für die väterliche Sippe unerläßliche weibliche Fruchtbarkeit garantieren soll.

Aïcha Qandicha

Die Menschenfresserin ist nicht das einzige maghrebinische Fabelwesen, das den Menschen Angst einjagt. In Marokko gibt es kein Kind, das nicht Aïcha Quandicha kennt. Sie taucht gewöhnlich zu einer Tageszeit auf, wenn die Menschen den Schutz ihrer Dörfer suchen – über die Mittagszeit, wenn die Sonne am höchsten steht, oder bei Einbruch der Dunkelheit. Am liebsten hält sie sich an feuchten Orten auf, wie sich das für eine Frau gehört: an Quellen, Teichen, Flüssen. Sie ist sehr schön und häufig auch sehr prächtig gekleidet. Aber sie ist keineswegs perfekt, denn Teile ihres Körpers sind animalischer Natur wie zum Beispiel die Ziegen- oder Kamelhufe, die man häufig bei ihr entdeckt. Wie die Menschenfresserin hat sie ausgeprägte weibliche und mütterliche Züge: lange, hängende Brüste.

Ihre Opfer sind vor allem junge Leute, zum Beispiel Hirten, die sie durch ihre verführerische, sinnverwirrende Erscheinung provoziert. Der junge Mann, der ihr zum Opfer gefallen ist, wird von ihr ins Wasser gezogen und mißbraucht. Ihre schrecklichen Umarmungen treiben ihn entweder in den Tod oder in den Wahnsinn. Besitzt der junge Mann jedoch bei ihrem Anblick die Geistesgegenwart, sein Messer in den Boden zu stoßen, kann er ihren Verführungskünsten widerstehen.

Die Charaktereigenschaften dieses Fabelwesens, seine Verhaltensweisen sowie die Folgen sind von symbolhafter Bedeutung. Der Psychologe Hossain Bendahman betrachtet es als eine Verkörperung der kastrierenden Mutterimago, die eine heftige Begierde weckt, deren Erfüllung jedoch zum Wahnsinn, zum Verschwinden in den Gewässern (dem mütterlichen Element) führt. Das Messer stellt den Phallus des Mannes dar, der, weil Inzest verboten ist, statt in die Mutter in die Erde eindringt.[26]

Ob man diese Interpretation akzeptiert oder nicht, das Motiv des Messers wird in den maghrebinischen Sagen jedenfalls häufig zur Symbolisierung des sexuellen Aktes verwendet. Die maghrebinische Vorstellungswelt ist außerdem bevölkert von weiblichen Wesen, die für die Männer und vor allem die jungen Männer eine Gefahr darstellen. Verführerisch und in höchstem Maße bedrohlich trumpfen sie mit einer sehr ausgeprägten und ungebändigten Weiblichkeit auf.

Der Muttermord oder Der Komplex Alis

Andere Geschichten sind weniger spektakulär, dafür aber nachvollziehbarer und bedrohlicher. Weitverbreitet im Maghreb sind Erzählungen, in denen der Held von der eigenen rasenden Mutter mit dem Tod bedroht wird.

Das ist beispielsweise der Fall in der *Geschichte von Ali und seiner Mutter,*[27] die Dermenghem (1945) mit *Die unmenschliche Mutter* und Savignac (1978) mit *Die böse Mutter*[28] betitelt hatten.

> *Der Held, ein junger Mann namens Ali, erhält von seinem Vater, dem Sultan, den Befehl, seine Mutter zu töten: »Derjenige, der seiner Mutter die Kehle durchschneidet, ist mein Sohn, er und kein anderer.«*
>
> *Ali weigert sich, während seine sechs Brüder, die Söhne der sechs anderen Frauen des Sultans, einverstanden sind, und flieht mit ihr an einen fernen, unbewohnten Ort. Dort ernähren Mutter und Sohn sich von den Tieren, die Ali erlegt. Auf der Jagd macht der junge Mann alle möglichen Bekanntschaften. So trifft er auf eine Gruppe von Kannibalen, die er bis auf einen tötet, auf zwei Jagdhunde, die zu seinen Gefährten werden, und auf eine gute Kannibalin, die ihn beschützt.*

Alis Mutter ist eifersüchtig auf die Hunde ihres Sohnes, von der Existenz der guten Kannibalin weiß sie jedoch nichts. Heimlich pflegt sie den verletzten Kannibalen, der als einziger mit dem Leben davongekommen war und nimmt ihn zu ihrem Geliebten. Sie verlangt von ihm, er solle ihren Sohn verschlingen, was er nach großem Widerstreben schließlich auch tut. Die Knochen Alis werden von seinem Pferd zu der guten Kannibalin getragen, die ihn mit ihrer Milch, ihrem Mark, mit Butter und Eiern wieder zum Leben erweckt. Als er seine Kräfte wieder erlangt hat, kehrt Ali zu seiner Mutter zurück, um sich zu rächen. Als er ihr gegenübersteht, läßt er dann aber doch von seinem Vorhaben ab.
Die Mutter versucht abermals, Ali mit dem Gift der Hydra zu töten. Diesmal wird er von seinen Hunden zum Leben erweckt. Nun erst entschließt er sich zum Muttermord. Er wirft seine Mutter den Hunden zum Fraß vor, und er kann nun endlich die Tochter des Sultans heiraten, die er vor der Hydra errettet hatte und tritt die Nachfolge seines Schwiegervaters an.

Diese Tragödie von großer dramatischer Intensität könnte ähnlich wie die der europäischen Psychoanalyse ans Herz gewachsene Ödipussage einen Komplex illustrieren – den Komplex Alis.

Die Symbolik ist augenfällig und das Bild der alles verschlingenden Mutter ist besonders spektakulär, da in dem Text gleich mehrere symbolträchtige Handlungen beschrieben werden. Der Muttermord wird von einer Drohung des Vaters begleitet. Der Sohn hat die Wahl: Entweder er tötet die Mutter und wird von dem Vater als Sohn anerkannt, oder er weigert sich und wird vom Vater verstoßen.

Der Muttermord darf auch nur auf diese eine Art ausgeführt werden: Die vorgeschriebene Tötungsart ist das rituelle Opfer. Es ist vergleichbar mit dem Opfer des Neugeborenen, das der Held einer anderen Sage seinem Freund brachte. Es handelt sich also um keinen gemeinen Mord, sondern um ein Opfer im Namen der Patrilinearität, der Gesellschaft der Männer.

Auch hier ist es die Verbindung von sexueller Triebhaftigkeit mit fehlgeleiteten mütterlichen Instinkten, die für einen Mann die größte Gefahr darstellt. Die Mutter scheint ihrem Sohn erst dann den Krieg zu erklären, als er zum Mann wird und sich von ihr entfernt. Der vorausschauende Vater verlangt deshalb von ihm, daß er die enge Beziehung zur Mutter löst und die Mutter der Gesellschaft der Männer opfert. Die Weigerung des Sohnes bringt die Abartigkeit der Mutter und ihre sexuellen Gelüste an den Tag, die ihre Liebe zum Sohn in Haß umschlagen lassen. In der kabylischen Sage wird ohne Umschweife erklärt: »Die Mutter fing an, ihren Sohn zu hassen, weil sie ohne Mann leben mußte.«[29] Dieser Haß hat aber auch noch andere Gründe: Die Mutter erträgt nicht die Abwesenheit ihres Sohnes. Ihre Liebe ist absolut und ausschließlich. Selbst auf die Hunde, die Gefährten Alis, ist sie eifersüchtig. Auch die Solidarität der Männer, das Sozialgefüge und die Gesetze der Männer sind ihr verhaßt, und es ist Alis Schuld, daß sie aus ihrem häuslichen Bereich verschleppt wurde.

Die Raserei der Mutter läßt jeden Versuch, sie von ihrem mörderischen Vorhaben abzubringen, scheitern, so daß der vom Vater befohlene Muttermord die einzige Lösung ist. Interessant ist, daß der Held sich erst dazu durchringen kann, nachdem er die wasserspeiende Hydra getötet hat, dieses Jungfrauen verschlingende, unfruchtbar machende Ungeheuer, das wie eine monströse Verkörperung der Mutter erscheint.

Mit dem weiblichen Element ist nicht nur Unheil verbunden: Ali konnte seine Mutter besiegen und eine Ersatzmutter finden, eine gute Mutter, die ihn wieder zum Leben erweckte. Mit Hilfe dieser nicht abartigen Mutter und der männlichen Gefährten errang er endgültig den Sieg über die entmystifizierte Mutter.

Ein anderes Beispiel für die Pervertierung mütterlicher Instinkte und die sexuellen Verirrungen der Mutter, mit denen der Sohn fertig werden muß, um erwachsen zu werden – ebenfalls eine Initiation –, wurde der orientalischen Vorstellungswelt von *Tausend und eine Nacht* entnommen. Abdelwahab Bouhdiba zitiert die Geschichte Jawdars, des Fischers, den ein Zauberer die Schätze des Lebens entdecken läßt. Seine letzte Prüfung ist die Entschleierung einer alten Frau, die der Held fälschlicherweise für seine Mutter hält. Als er schließlich seine Hemmungen überwindet und sie zwingt, sich nackt zu zeigen, löst sie sich in Nichts auf, denn sie war nur »ein Schatten ohne Seele«. Bouhdiba merkt dazu an: »Der Prozeß der Reife ist ein Anschlag auf die Mutter. Der Sohn muß das Bild der Mutter entmystifizieren, profanieren, auslöschen ... Es ist ein gutes Beispiel dafür, wie hemmend die Verbindung zu dem mütterlichen Schoß sein kann. Eine Entwicklung kann nur stattfinden, wenn auch die letzten Spuren inzestuösen Begehrens getilgt werden. Der Komplex Jawdars kann also als eine arabo-musulmanische Version des Ödipuskomplexes gelten. Es handelt sich um einen von aller Schuld befreiten Ödipus...[30]

Die Geschichte Alis und seiner Mutter, die den Vorzug hat, maghrebinischen Ursprungs zu sein, scheint in ihrer Kraßheit, ihrer dramatischen Intensität jedoch noch besser dieses Phänomen der maghrebinischen Gesellschaften zu illustrierern, das ich als den ›Komplex Alis‹ bezeichnen möchte.

Von der Göttin zur Menschenfresserin

Das entmystifizierende Bild der alles verschlingenden Mutter steht nur scheinbar im Widerspruch zu der Idealisierung der Mutter als Fruchtbarkeitsgöttin (siehe S. 94 f.).

Diese schrecklichen Mütter können einer ›kompensatorischen Vorstellung‹ (*imaginaire compensatoire*) zugeschrieben werden, wie der von Sylvie Garnero benutzte Terminus lautet. Die Kompensation entspricht der Idealisierung der Mütter und ihrem Einfluß im täglichen Leben, den weiblichen und männlichen Phantasiegebilden, die das Resultat nicht gelöster Konflikte sind, der Frustration, der Versagung und der Zwänge einer unbarmherzigen Dressur sowie der aufgezwungenen Verhaltensweisen.

Solche alptraumhaften Bilder haben eine befreiende Wirkung und ermöglichen es dem Individuum, seine Triebe mit den gesellschaftlichen Forderungen in Einklang zu bringen. Männer wie Frauen kommen dabei auf ihre Kosten. Die Männer prangern die Unersättlichkeit der Frauen auf sexueller wie emotionaler Ebene an sowie ihre subversiven, gegen die männliche Ordnung gerichteten Tendenzen. Die Frauen können sich in der Vorstellung eine symbolische Revolte leisten und mit ihrer Gegenmacht drohen.

Die Häufigkeit und ungewöhnliche Intensität dieser Bilder von der schrecklichen Mutter in der maghrebinischen Vorstellungswelt läßt jedoch einige Rückschlüsse ziehen bezüglich des Platzes, der den Frauen in den patriarchalischen Gesellschaften eingeräumt wird.

Von den Männern ihrer Freiheit beraubt, auf den häuslichen Bereich reduziert und ohne die Möglichkeit, eine eigene Initiative zu entfalten, sind die Frauen in keine befriedigende Beziehung eingebunden. Für ihre Mutter sind sie ein Objekt, von dem man nicht viel erwarten kann, dem Vater, der Verkörperung des Gesetzes, sind sie entfremdet, und mit dem Mann verbindet sie nichts, da das Paar als solches überhaupt nicht existiert und die Geschlechter in getrennten Bereichen leben. Ist es also erstaunlich, wenn diese ausgehungerten Frauen in ihrer Mutterrolle völlig aufgehen und endlich ihr Gefühlsdefizit ausgleichen in einer intensiven und dauerhaften Beziehung zu einem Mann, der ihr Sohn, ihr eigenes Geschöpf ist?

Von Müttern zu Frauen?

Ausnahmen innerhalb der Tradition

Mit dem Modell Erst-Mutter-dann-Frau wurde versucht, die privilegierte Stellung der Mütter von Söhnen innerhalb der patriarchalischen Gesellschaften des Maghreb zu erklären. Diese Stellung war so grundlegend für die sozialen, wirtschaftlichen, politischen und ideologischen Strukturen dieser Gesellschaften, daß das Modell auch heute noch von großer Bedeutung ist, auch wenn es vielleicht nur noch in der Vorstellung, in den Köpfen der einzelnen Männer und Frauen diese Rolle spielt.

Aber wie jedes Modell konnte auch das Modell Erst-Mutter-dann-Frau Simplifizierungen und Schematisierungen nicht vermeiden und mußte die Komplexität gewisser Situationen – vergangener wie gegenwärtiger – unberücksichtigt lassen.

Bevor wir den Einfluß dieses Modells auf die heutige, von sozialen Umwälzungen erschütterte Gesellschaft untersuchen, sollten wir anhand regionaler Varianten seine Gültigkeit in der Vergangenheit prüfen.

Die gefährdete Mutter-Sohn-Beziehung

Daß die Mutter-Sohn-Beziehung häufig nur von kurzer Dauer ist, erklärt sich durch die hohe Sterblichkeitsrate der Kinder: 1981 betrug sie in Algerien 150 Promille für die männliche Nachkommenschaft. Im letzten Jahrhundert überlebte bestenfalls ein Kind von zweien. Da im Durchschnitt eines von zwei Kindern weiblichen Geschlechts war, konnten die Frauen eigentlich nur alle acht Jahre mit einem Sohn rechnen. Diese Seltenheit erklärt die große Bedeutung, die der weiblichen Fruchtbarkeit zugemessen wurde.

Die Mutter-Sohn-Beziehung wurde aber noch durch einen weiteren Faktor bedroht: durch die überdurchschnittlich hohe Sterbeziffer der Frauen bis 40. Viele Frauen starben und sterben auch heute noch bei der Geburt oder an den Folgen, an Krankheiten oder durch unglückliche Zufälle, die mit ihrer Gebärfähigkeit zusammenhängen. Diese wird umso bedeutsamer, je gefährdeter sie ist. Halbwaisen mütterlicherseits sind auch heute noch sehr häufig. Da ein Mann jedoch eine Frau braucht, wird rasch eine andere, die die sozialen Funktionen der Mutter übernimmt, die Nachfolge antreten und die Waisen versorgen.

Die Instabilität der Mutter-Kind-Beziehung stellt das Modell jedoch nicht in Frage; im Gegenteil, die ihm zugrunde liegende Ideologie wird noch verstärkt. Zum Beispiel werden in den Sagen die Probleme, die entstehen, wenn die soziale Funktion der leiblichen Mutter von einer anderen Frau, der Stiefmutter, übernommen werden, so kraß geschildert, daß häufig für die leibliche Mutter ein Ersatz aus dem Tierreich – eine Kuh zum Beispiel – oder eine übernatürliche Instanz bemüht werden, um die Niedertracht der Stiefmutter auszugleichen.[1]

Die Stiefmütter haben jedenfalls die Phantasie beflügelt. Häufig haben sie, wie bereits gezeigt wurde (siehe S. 148 f.), die Züge von Menschenfresserinnen angenommen, die sich im Maghreb besonderer Beliebtheit erfreuen. Diese Verzerrungen des Frauenbildes scheinen einen schwachen Punkt im patrilinearen System aufzudecken. Der Idealfall, daß nämlich die leibliche Mutter mit der die soziale Funktion der Mutter erfüllenden Frau identisch ist, kann durch einen unglücklichen Zufall in Frage gestellt oder ins Gegenteil verkehrt werden. Es ist dann das kleinere Übel, eine Ersatzmutter zu suchen, die ihrerseits wieder die leibliche Mutter von Kindern sein wird und den Halbwaisen gegenüber die gesellschaftliche Funktion einer Mutter übernimmt, auf die die Sippe nicht verzichten kann. Doch damit sind all die Gefahren verbunden, die in den Sagen zum Ausdruck kommen. Der Appell an die Solidarität der männlichen Mitglieder der Sippe ist die einzige Möglichkeit, ihnen zu begegnen. Auch wenn die Brüder nicht von derselben Mutter abstammen, so haben sie doch einen gemeinsamen Vater. Die Gefahren, die der Beziehung zwischen der leiblichen Mutter und ihrem Sohn drohen, läßt sie umso kostbarer werden.

Die Schwiegertochter als Nachfolgerin der Schwiegermutter

Die niedrige Lebenserwartung bedingt auch eine rasche Aufeinanderfolge der Generationen. 1981 betrug die durchschnittliche Lebenserwartung der Männer in Algerien nur 54 Jahre und 57 Jahre in Marokko und Tunesien; für die Frauen in diesen Ländern jeweils 56, 57 und 58 Jahre. Wenn man davon ausgeht, daß das Durchschnittsalter seit ungefähr hundert Jahren um etwa zehn Jahre gestiegen ist – eine Annahme, die durchaus berechtigt ist, aber wenig berücksichtigt wird –, dann konnte eine Frau, die mit 15 heiratete und dreißig Jahre lang fruchtbar war, der väterlichen Sippe drei oder vier männliche Nachkommen schenken, vorausgesetzt, sie wurde alle zwei Jahre schwanger und die Hälfte der überlebenden Kinder war männlichen Geschlechts. Die sieben Söhne, die immer noch den Familien gewünscht werden, sind ein Maximum, das nur erreicht wird, wenn keine Mädchen geboren werden. Auch in den Sagen ist die Sieben die ideale Zahl; meistens konnte sie jedoch nur mit mehreren Frauen erreicht werden, ein Privileg, das nur die Sultane genossen.

Nach unserer Schätzung lebte der älteste Sohn knapp dreißig Jahre mit seiner Mutter zusammen, und wenn er mit 18 oder 20 heiratete, dann war die Dyade Mutter-Sohn höchstens zehn Jahre mit der Schwiegertochter konfrontiert. Wenn die Mutter noch vor ihrem 40. Lebensjahr starb, was häufig genug vorkam, dann lebte die Schwiegertochter gerade ein oder zwei Jahre mit ihrer Schwiegermutter unter einem Dach.

Natürlich konnte der Schwiegervater sich auch wieder verheiraten; dann regierte eine neue Schwiegermutter den Haushalt, in dem sie als Stiefmutter mit ihrem Stiefsohn lebte. Da die Lebenserwartung der Männer aber ungefähr der der Frauen entsprach,[2] war eigentlich kaum mit einer Wiederverheiratung des Witwers zu rechnen. Die Ehe konnte natürlich auch mit einer Verstoßung enden, doch dieser Gefahr war die Mutter-Sohn-Beziehung selten ausgesetzt, da die Mutter eines Sohnes gewöhnlich ihren Platz behaupten konnte.

Die demographischen Gegebenheiten verhinderten zwar nicht, daß das Zusammenleben der Dyade Mutter-Sohn mit der Schwiegertochter zu heftigen Konflikten führte, sie waren aber meistens nur von vorübergehender Natur und mit dem Ableben des älteren Partners der Dualunion aus der Welt geschafft. Nach dem Tod der Schwiegermutter trat die Frau des ältesten Sohnes, die meist selbst Mutter eines Sohnes war, ihre Nachfolge an. Diese Machtübernahme lag also für die jungen Ehefrauen in nicht allzu weiter Ferne, was die jungen Mädchen motivierte, sich so früh wie möglich in den Dienst der väterlichen Sippe zu stellen und für männliche Nachkommenschaft zu sorgen.[3]

Levirat

In Bezug auf das Modell konnten noch andere Fälle eintreten, die ebenfalls mit den demographischen Gegebenheiten zusammenhingen. So konnte zum Beispiel die hohe Sterblichkeit der Männer bedeuten, daß die Sippe ihres männlichen Oberhauptes beraubt wurde.

Dieser Tod hatte häufig den Weggang der Witwe zur Folge, vor allem, wenn sie noch sehr jung war. Die Kinder blieben meistens im Haus des Vaters, während die Mutter in ihre ursprüngliche Familie zurückkehrte, die verpflichtet war, sie wieder aufzunehmen. Häufig heiratete sie dann einen Mann ihrer Wahl.

Um zu vermeiden, daß die Kinder von ihrer Mutter getrennt wurden und um der Familie eine Frau zu erhalten, die ihre Tüchtigkeit unter Beweis gestellt hatte, wurde der Frau eine Leviratsehe vorgeschlagen: die Witwe sollte einen der unverheirateten Brüder ihres verstorbenen Mannes ehelichen.[4]

Die Praxis der Leviratsehe ist zumindest in der Kabylei, in Marokko und im Schleuh noch gang und gäbe. Sie scheint die ideale Lösung zu sein: Die Patrilinearität wird gewahrt, das harte Schicksal einer Mutter, die von ihren Söhnen getrennt wird, da die väterliche Sippe sie für sich reklamiert, bleibt der Frau erspart, und die stärkste heterosexuelle Beziehung, die Mutter-Sohn-Beziehung, bleibt bestehen.

Frauen als Familienoberhäupter?

Unter der berberophonen Bevölkerung Marokkos und in bestimmten Gebieten des Schleuh gibt es erhebliche Abweichungen von der patrilinearen Tradition. Wenn eine verwitwete Mutter nach ihrem Weggang einen Fremden heiratet, bleiben die Söhne zwar im väterlichen Haushalt, die Töchter können jedoch von der Mutter mitgenommen werden. Und eine noch junge Mutter von Söhnen kann im marokkanischen Schleuh und im algerischen Aurès sogar mit ihren Söhnen in der väterlichen Sippe bleiben, ohne eine Leviratsehe eingehen zu müssen. Voraussetzung ist jedoch, daß sie für den Unterhalt ihrer Kinder aufkommt und sie nicht vernachlässigt, da sie ihr sonst von der väterlichen Sippe weggenommen werden können.[5] In diesem Fall nimmt die Mutter die Stelle des Vaters ein und spielt als Familienoberhaupt eine typisch männliche Rolle; sie profitiert dabei auch von den damit verbundenen Privilegien. In manchen Fällen bedeutet das sogar, daß sie an den Gemeindeversammlungen oder den Versammlungen der Stämme als gleichberechtigtes Mitglied teilnehmen kann. Im Maghreb ist das jedoch keiner Frau gestattet.

Es gibt also Ausnahmesituationen, in denen auch Frauen über eine große Macht verfügen – sogar auf politischer Ebene, von der sie normalerweise ausgeschlossen sind –, wenn sie sich als Witwen und gleichzeitig als Mütter von Söhnen ausweisen können, die sich als Oberhaupt der Familie bewährt haben, und wenn sie bereit sind, in dieser männlichen Rolle die Interessen der väterlichen Sippe zu vertreten.

Die verwitweten Mütter können aber auch noch bei anderen Gelegenheiten in Erscheinung treten. Zum Beispiel kann das weibliche Familienoberhaupt Fremde empfangen und mit ihnen über Geschäfte sprechen. Sie kann sie auch in die Familie aufnehmen und sich sogar einen dieser Männer als Lebensgefährten zulegen, ohne ihn heiraten zu müssen. Und sie kann ihn verstoßen – wie ein Mann seine Frau. Dieser Ehemann ›auf Zeit‹ kann von der Familienmutter mit der Führung der Geschäfte beauftragt werden,[6] obwohl ihn nichts mit der väterlichen Sippe verbindet.

In diesen Ausnahmefällen scheinen die verwitweten Mütter von Söhnen wie die männlichen Oberhäupter der Familie betrachtet zu werden, deren Funktionen sie auch vollständig übernommen haben. Ihr Beispiel bestätigt den Extremfall des mütterlichen Modells, der auf den ersten Blick der üblichen Geschlechterrollenverteilung innerhalb der väterlichen Sippe zu widersprechen scheint.

Freie Frauen?

Eines der Vorrechte, das die verwitweten Mütter genießen, können auch Frauen außerhalb des Schleuhs für sich in Anspruch nehmen: Es handelt sich um eine relative sexuelle Freiheit, die schon bei anderen Gelegenheiten in Erscheinung trat und von den Maghrebinern entweder nachsichtig oder immer noch widerstrebend hingenommen wird. Gelegentlich wird sie sogar als Ausgeburt der kolonialen Phantasie bezeichnet. Befaßt man sich näher damit, treten jedoch ganz andere Aspekte zutage.

In einigen Gegenden verfügen bestimmte Frauen tatsächlich über eine zeitlich begrenzte Freiheit, die mit der der Männer vergleichbar ist, so beispielsweise die *'azriya* im algerischen Aurès. Diese Frauen, die einmal verheiratet gewesen waren, dann aber ihren Mann verloren oder sich von ihm getrennt hatten, leben entweder bei ihren Eltern oder allein. Bevor sie sich wiederverheiraten, also in der Zeit zwischen zwei Ehen, genießen sie häufig einen Sonderstatus. Sie werden hofiert und mit Aufmerksamkeiten überschüttet, und wenn sie in dem elterlichen Haus leben, werden ihnen die angenehmsten Aufgaben zugeteilt. Es gibt kaum ein Fest in der Nachbarschaft, zu dem sie nicht eingeladen werden, um an den Gesängen und Tänzen teilzunehmen. Besonders gefragt ist ihre Anwesenheit bei den Erntefesten und anderen ländlichen Geselligkeiten. Da sie über eine große Bewegungsfreiheit verfügen, können sie sich auch über die Barrieren der sexuellen Segregation hinwegsetzen. Man kann sie sogar in den Cafés mit den Männern Karten spielen sehen. Und wie die Männer können sie ein Gewerbe betreiben (einen Lebensmittelladen) oder ein kleines Unternehmen führen (Mauleseltransporte). Sie besitzen das »Auftreten großer Damen«[7] und gleichen eher »Kurtisanen, die von ihrer Umgebung hofiert werden, als gemeinen Dirnen«. Die Kinder aus außerehelichen Verbindungen werden gleichberechtigt in die mütterliche Sippe integriert. Und ihre Töchter haben dieselben Chancen auf dem Heiratsmarkt wie alle anderen.

Man könnte diese erstaunliche Toleranz gegenüber den Frauen als ein Sicherheitsventil betrachten, das den verwitweten oder geschiedenen Frauen erlaubt, ihre sexuellen Bedürfnisse zu befriedigen. Es würde sich also um ein kluges Zugeständnis handeln, um einen einkalkulierten Verstoß gegen die Regel, die der Aufrechterhaltung der sozialen Ordnung dient, indem er einer ungebändigten Kraft bestimmte Grenzen setzt und sie kanalisiert, denn nicht befriedigte weibliche Begierde ist bedrohlich, ja subversiv.

Verwitweten oder geschiedenen Frauen, die keine Jungfrauen mehr sind, wird übrigens auch in anderen Ländern eine Sonderstellung eingeräumt. Aber auch hier endet die temporäre Freiheit: Wenn die *'azriyas* mit dem Mann ihrer Wahl eine neue Ehe eingehen, werden sie wieder zu braven, gefügigen Ehefrauen. Häufig entpuppen sie sich sogar als besonders fromm und unternehmen eine Wallfahrt nach Mekka.

Es gibt bestimmte Gelegenheiten, wie beispielsweise *al muggar n tferxin,* das Fest der jungen Mädchen, das fälschlicherweise auch als ›kollektive Hochzeit‹ bezeichnet wird, bei denen die Frauen eine gewisse Freiheit genießen.

Dieses Fest findet jedes Jahr vor Beginn der Feldarbeiten statt und wird anläßlich eines großen Volksfestes begangen, das sowohl religiösen als auch kommerziellen Charakter hat. Die jungen Mädchen kommen in Begleitung ihrer Mütter oder Großmütter, um sich nach heiratsfähigen jungen Männern umzuschauen. Diese werden auf dem Fest mit den jungen Mädchen bekannt gemacht; verheiratete Männer müssen sich zurückhalten, sie würden sonst, so heißt es, den Verlust ihrer Zeugungskraft riskieren. Bei den Tänzen stehen sich die jungen Leute in zwei Reihen gegenüber, auf der einen Seite die jungen Männer, auf der anderen die jungen Mädchen; abwechselnd treten Männer und Frauen vor, um sich vorzustellen.[8] Das bedeutet jedoch noch keine sexuelle Freiheit, sondern höchstens eine Freiheit der Wahl und eine gewisse weibliche Eigeninitiative.

Beim Stamm der Aït Hadidou findet in der Nähe von Imilchil ein ähnliches Fest statt, das um dieselbe Zeit – Ende September – die heiratsfähigen jungen Männer und Frauen – auch Geschiedene – zusammenbringt. Wenn sie sich einigen können, holt der Mann gleich einen Kadi und bezahlt ihn, damit er die Ehe rechtskräftig werden läßt.

Besondere Fruchtbarkeitszeremonien

Auch wenn der doppeldeutige Ausdruck ›kollektive Hochzeit‹ oder ›Gruppenhochzeit‹ das suggeriert, so werden auf diesen Festen, so wie sie heutzutage abgehalten werden, zwar eine große Anzahl von Ehen geschlossen, aber keine Orgien gefeiert. Die Gemeinsamkeiten mit anderen Festen, die ebenfalls im Frühjahr auf dem Land gefeiert werden, mit den Regenritualen zum Beispiel[9] und vielen anderen im Maghreb verbreiteten Bräuchen und Gepflogenheiten, machen den engen Zusammenhang zwischen Fruchtbarkeitsriten und den Riten des bäuerlichen Lebens deutlich. Der Gedanke an die bereits erwähnten Tempelkulturen des Mittelmeerraums liegt ebenfalls nahe (siehe S. 95).

Und kann man in der Freiheit der *'azriya* im Aurès, deren Anwesenheit besonders bei den Erntefesten erwünscht ist, und in der

Sonderstellung dieser Frauen nicht auch die Relikte eines Fruchtbarkeitskultes sehen? Masqueray stellte diese Frage bereits 1914, als er von dem »beinahe religiösen Einfluß« sprach, den die *'azriya* ausübten, und darin das »Fortleben eines Phalluskultes« vermutete.[10]

Um dieser These Gewicht zu verleihen, sollte man auch die zeitweilige Freiheit erwähnen, die den *naylayat* und den *hamzaiât* des Djebel Amour im Süden Algeriens eingeräumt wird. Die jungen Mädchen dieser Region machen ihre ersten sexuellen Erfahrungen schon während der Zeit, in der sie ihre Mitgift zusammentragen, die sie später einmal als ordentliche Ehefrauen benötigen. Es handelt sich dabei schon fast um Prostitution, da sie aus ihrer sexuellen Freiheit finanzielle Vorteile ziehen; sie beschränkt sich jedoch auf die Zeit vor der Hochzeit.[11]

Kann man aber von diesem Brauchtum auf die Existenz alter Fruchtbarkeitskulte schließen, die vom Islam verdrängt worden waren? Eindeutige Beweise gibt es keine. Fest steht nur, daß heute den Müttern zeitweilig bestimmte Freiheiten eingeräumt werden und daß sie zu verantwortungsvollen Aufgaben herangezogen werden. Außerdem sind die weibliche Fruchtbarkeit und die Fruchtbarkeit der Erde von so großer Bedeutung, daß sie im Mittelpunkt vieler Rituale stehen und bestimmten Frauen auch eine gewisse Macht gewähren.

Freiräume

Die Regeln sind keineswegs so strikt, daß sie nicht auch Ausnahmen zulassen, was die Geschlechtertrennung, die Mobilität der Frauen und die Wahl des Ehegatten anbelangt.

Die Hierarchie unter den Frauen kann auch anders aussehen. In der Gegend von Chaouïa (im Aurès) ist die Beziehung zwischen Müttern und Töchtern häufig sehr eng, trotz der Dressur, die dort – vielleicht weniger rigoros als anderswo, aber dennoch – durchgeführt wird.[12] Unter solchen Voraussetzungen kann sich auch eine Solidarität unter den Frauen entwickeln, die zweifellos im Zusammenhang mit der Institution der *'azriya* zu sehen ist.

Im Aurès werden die Frauen weniger rigoros unterdrückt, was mit der Vorrangstellung der weiblichen Fruchtbarkeit zusammenhängt. Die weibliche Rolle und Fruchtbarkeit scheinen einfach weniger von den Männern kontrolliert zu werden, ja, sie gestehen den Frauen sogar eine gewisse Eigenverantwortung zu.

Diese Abweichungen stellen jedoch das herausgearbeitete Modell, in dem das Paar keine Existenzberechtigung hat, nicht in Frage. Im Aurès wie im übrigen Maghreb haben sich die Ehepartner einander nicht ausgesucht. Auch hier ist die Liebe zur Mutter weitaus größer als die Liebe zur Frau, und auch hier kann eine ausgeprägte Instabilität der Ehen festgestellt werden. Anders ist nur, daß auf die Verstoßung von der männlichen Seite häufig eine von den Frauen eingeleitete Trennung erfolgt. Die Frauen des Aurès, die wieder frei sein wollen, um von dem Status einer *'azriya* zu profitieren, provozieren häufig eine Verstoßung, damit sie nicht mehr die Bevormundung durch ihren Ehemann ertragen müssen.

Das ändert jedoch nichts an der Tatsache, daß innerhalb der Ehe die Frauen des Aurès sich wie alle übrigen Maghrebinerinnen eines untadeligen Benehmens befleißigen müssen. Der Ehebruch der Frauen wird auch hier sehr viel strenger bestraft als der der Männer, die gewöhnlich nur zu einer kleinen Geldbuße verurteilt werden, was im Vergleich zu anderen Gegenden noch viel ist. Außerdem muß die Frau die Rache ihres Mannes erdulden, der sie verstoßen oder sogar ihren Tod beschließen kann. Auch hier darf die Ehre der Männer und der väterlichen Sippe nicht angetastet werden.

Die jungen Mädchen hingegen werden nicht ins Haus verbannt; sie können sich sowohl im Aurès wie auch in den von den marokkanischen Berbern bewohnten Gebieten einigermaßen frei in den Gärten und auf den Feldern bewegen. Außerdem dürfen die jungen Mädchen in der Öffentlichkeit tanzen und mit den Männern plaudern.

In Marokko, im Schleuh zum Beispiel, können sich Männer und Frauen auch auf der Straße treffen. Es gibt keine besonderen

Wege, die nur für Frauen und junge Mädchen bestimmt sind, wie das in der Kabylei der Fall ist.

Während im Tellatlas – einschließlich des Aurès – die Frauen gewöhnlich von den Märkten ausgeschlossen sind, gibt es im Rif *souks,* die allein den Frauen vorbehalten sind. Im Süden Marokkos können sie jeden Markt besuchen. Diese Tendenz, im öffentlichen und sozialen Leben Kontakte zum anderen Geschlecht zu dulden, bewirkt in den entsprechenden Situationen eine sehr viel entspanntere Atmosphäre. Die Flexibilität in bezug auf die Regel läßt die persönlichen Beziehungen unproblematisch werden und schafft ein Klima, in dem es sich wesentlich besser lebt.

Im Schleuh wird den jungen Mädchen sogar die Gelegenheit geboten, sich selbst einen Mann auszusuchen, so zum Beispiel auf Festen, auf denen die jungen Männer und Frauen dieselben Tänze zusammen tanzen, die auch bei den Akhasas üblich sind. Die Ehen werden hier sehr viel seltener unter den Familien desselben Dorfs geschlossen. Da die Dörfer nur wenige Einwohner haben, schaut man sich in der Nachbarschaft um. In der Kabylei hingegen, in der die Dörfer schon kleinstädtischen Charakter haben, ist die Endogamie immer noch die Regel.

Aber auch die Möglichkeit der freien Partnerwahl bewirkt im Schleuh keine Paarbeziehung nach dem westlichen Modell. Zwischen Mann und Frau kommt kaum ein Dialog zustande; tagsüber ist immer noch jede Art von Annäherung verpönt. Nur e i n e Frau darf ein Mann in der Öffentlichkeit küssen: seine Mutter. Also ist auch hier die Beziehung zwischen Mutter und Sohn die stärkste und haltbarste. Die Beziehung zwischen Mann und Frau ist eher punktuell und instabil, und auch hier geht eine große Anzahl von Ehen in die Brüche.

Städtische Modelle

Die bisher beschriebenen Ausnahmen betreffen die Traditionen einer ruralen Gesellschaft, deren Zusammensetzung relativ homogen ist. Um die verschiedenen sozialen Schichten einer urbanen Gesellschaft zu erfassen, benötigt man jedoch mehrere Variablen.

Im Gegensatz zu dem Vorangegangenen sind die Abweichungen in den Städten sehr viel härter und unerträglicher für die Frauen. Das Beispiel der Bewohner der Stadt Fes um die Jahrhundertwende beweist, daß die Segregation zwischen Männern und Frauen dort erheblich strikter war.

In Fes waren die zur Oberschicht gehörenden Frauen zu einer rigorosen Klaustration verdammt: Beim Verlassen des Hauses war der Schleier obligatorisch. Innerhalb des Hauses lebten die Frauen meistens völlig getrennt von den Männern in einer Großfamilie, in der auch polygame Beziehungen zugelassen waren. Die Mahlzeiten wurden (und werden gewöhnlich immer noch) getrennt eingenommen.[13] In manchen Familien versammelte das männliche Oberhaupt abends die weiblichen Mitglieder seiner Familie um sich, um ein ziemlich steifes Teeritual durchzuführen.[14]

Das Leben in völlig voneinander getrennten Welten konnte zur Folge haben, daß sich die unterdrückten Frauen wie in den Harems solidarisierten, falls die Probleme in diesem Mikrokosmos nicht schon unüberwindlich geworden waren. Auch zwischen Mutter und Tochter konnte sich eine gewisse Solidarität entwickeln, denn die Erleichterungen im Haushalt ließen die Dressur der Mädchen weniger zwingend erscheinen. Die Mutter-Tochter-Beziehung war unter diesen Umständen gewöhnlich auch viel inniger, und wenn das Erstgeborene eine Tochter war, so wurde das sogar als ein gutes Zeichen betrachtet. Trotzdem war diese Beziehung immer nur von vorübergehender Natur, da der Weggang des Mädchens von vorneherein eingeplant war.

Umgekehrt konnte die Mutter-Sohn-Beziehung weniger intensiv sein, da der kleine Junge gleich nach den ersten, mit der Mutter verbrachten Lebensjahren auf eine Schule geschickt wurde. Das änderte aber nichts an der Tatsache, daß es immer noch Aufgabe der Mutter war, ihre Schwiegertochter auszusuchen und daß die Mutter-Sohn-Beziehung die einzige von Bestand war, die einzige, die es der Mutter erlaubte, durch ihren Einfluß auf den Sohn eine gewisse Macht innerhalb der Männergesellschaft auszuüben, die im Falle eines frühen Ablebens des männlichen Familienoberhauptes zu einer Art Regentschaft werden konnte.

Je höher der gesellschaftliche Rang war, desto wichtiger wurde die Familienehre und desto strikter die Überwachung der weiblichen Mitglieder. Auf sozial höherer Ebene kam also zu der sexuellen Segregation noch das Klassenbewußtsein hinzu. Die Privilegien dieser Gesellschaftsschicht – finanzielle Sicherheit, angenehme Wohnverhältnisse, Domestiken und Sklaven, Muße oder dem Prestige dienende Beschäftigungen, ein luxuriöses Leben, gesellschaftliche Vergnügungen – sie ließen die Frauen auch die Unannehmlichkeiten in Kauf nehmen: das Eingesperrtsein, die Polygamie, die jedoch eine gewisse, durch den Sohn erreichbare Machtposition innerhalb der Männergesellschaft nicht ausschloß.

Ein beträchtlicher Teil dieser bürgerlichen Oberschicht, deren Einfluß von Land zu Land variiert, ist dieser Tradition treu geblieben. Ein anderer Teil gibt sich moderner. In diesen Kreisen kann man Frauen begegnen, die Posten mit großer Entscheidungsbefugnis innehaben: Ministerinnen, Staatsbeamtinnen, hohe Funktionärinnen und hochqualifizierte Kräfte wie Ärztinnen, Professorinnen etc. Ihr Ehrgeiz, diese neuen Rollen zu übernehmen, kann jedoch immer noch an dem in den Köpfen der Männer herumspukenden Konzept von der allein seligmachenden Mutterrolle scheitern.

Die Landflucht der Bauern überschwemmte die maghrebinischen Städte mit Männern und Frauen, die sich von der väterlichen Sippe losgelöst hatten, trotzdem aber noch der patrilinearen Ideologie verhaftet waren. Häufig trug die Verunsicherung durch die neuen Lebensformen, die in ihren Augen erniedrigenden Bedingungen als Lohnempfänger oder Angestellte dazu bei, daß sie sich an die alten Werte klammerten und ihr Leben nach ihnen ausrichteten.

In einem anderen Teil der Stadtbevölkerung hat die Auflösung der alten Strukturen auch Familienverbände fragmentiert und die Individuen ohne den Schutz der väterlichen Sippe zurückgelassen. Sie sind mit völlig neuen Verhältnissen konfrontiert und müssen versuchen, sich anzupassen. Ein gewisser Prozentsatz von Frauen fand eine Arbeit und konnte zum Unterhalt der Familie beitragen, ja selbst die Funktionen des Familienoberhauptes übernehmen. Das alte Modell wurde jedoch nur unter dem Druck der wirtschaftlichen Notwendigkeit in Frage gestellt, und es handelte sich allenfalls um eine Notlösung.

Da das alte Modell früher in Städten Gültigkeit besaß und der Oberschicht zugeordnet wurde, besitzt es auch heute noch ein hohes soziales Prestige und wird von denjenigen, die sich nach oben gearbeitet haben, häufig nachgeahmt.

Strukturelle Veränderungen

Die durch bestimmte Umstände bewirkten Ausnahmen sowie die regionalen und lokalen Abweichungen von dem Modell konnten seine Gültigkeit im Maghreb nicht beeinträchtigen, denn damals lebten Männer und Frauen bis auf wenige Ausnahmen in ausschließlich patriarchalischen Gesellschaften. Die weibliche Fruchtbarkeit war ausschlaggebend für die Zukunft der Sippen. Von ihr ausgehend bauten sich die Verwandtschaftsbeziehungen, das Gerüst der sozialen Gruppen, auf. Die Situation der Frauen, ausschließlich für die Reproduktion der väterlichen Sippe zu sorgen, hat sich grundlegend verändert. Während der Kolonialzeit und seit der Unabhängigkeit der Maghrebstaaten haben tiefgreifende Veränderungen einen Wandel der sozialen Strukturen bewirkt, ein Prozeß, der immer noch nicht abgeschlossen ist.

Die neuen Verhältnisse – Auflösung der väterlichen Sippe

Es waren überall dieselben Faktoren, die zur Auflösung der Sippenstrukturen führten: der Rückgang der traditionellen Landwirtschaft, die die wirtschaftliche Basis der Sippen bildete, die Aufsplitterung des früher unteilbaren väterlichen Erbes, die Entwicklung einer Arbeiterklasse, das Schwinden der Sippensolidarität auf dem Arbeitsmarkt, die Monetisierung und Verbreitung der Marktwirtschaft, die Änderung der Wohnverhältnisse, der Ausbau neuer kommerzieller Strukuren und Aktivitäten, das Bevölkerungswachstum durch Verbesserung der sanitären Verhältnisse und des allgemeinen Gesundheitszustandes der Bevölkerung, die Abnahme von Epidemien und Hungersnöten, die Entwicklung eines Kommunikationssystems, die Mobilität der Bevölkerung, die Entwicklung des Schulwesens, Kontaktmöglichkeiten, die Verbreitung neuer Ideologien durch Presse, Radio, Bücher, Kino und Fernsehen. Verallgemeinernd kann man sagen, daß dieselben Ursachen auch überall dieselben Wirkungen gehabt haben. Die Familienverbände wurden in den Staat integriert, der sie in wirtschaftlicher, politischer wie auch ideologischer Hinsicht ihrer Autorität beraubte.

Die Sippenverbände zerbröseln heutzutage immer mehr in Einzelhaushalte, in Kleinfamilien und Konsumeinheiten, in ›neue Familien‹, deren Verbindung mit der väterlichen Mehrgenerationenfamilie ziemlich locker geworden ist und sich manchmal sogar aufgelöst hat, da sie keinen Zweck mehr erfüllte.

Staatsideologien und religiöse Ideologie

Auch wenn Gründe und Ursachen überall gleich zu sein scheinen, so ergeben sich doch immer wieder andere Kombinationen, was zu beträchtlichen Unterschieden führen kann, Unterschiede, die wiederum die Einstellungen zum Modell bedingen. So besteht beispielsweise ein großer Unterschied zwischen den Bewohnern eines Gebirgstals im marokkanischen Atlas und einem Akademikerehepaar in Tunis.

Beide kennen jedoch das dem Modell inhärente Wertsystem der patrilinearen Sippe zur Sicherung ihres Bestandes und sind vielleicht sogar einer Meinung, was die Stellung der Frau in der patrilinearen Gesellschaft betrifft. Das hängt nicht allein von der Art und Intensität der gesellschaftlichen Veränderungen oder der Widerstandsfähigkeit der patrilinearen Strukturen ab und auch nicht von der Unwandelbarkeit der Vorstellungen oder Verhaltensweisen, die im alltäglichen Leben immer wieder bestätigt werden, sondern vor allem von der Kraft der religiösen Ideologie, die das Modell auf sehr aktive Weise unterstützt (siehe S. 95 ff.).

Alle drei Maghrebstaaten haben den Islam als Staatsreligion proklamiert. Die musulmanische Religion versucht, den politischen wie den gesellschaftlichen Bereich auch durch ihre Gesetzgebung zu strukturieren (siehe S. 99 ff.). Dieses musulmanische Recht läßt sich sehr gut vereinbaren mit der patrilinearen Ideologie, zum Beispiel mit der Geschlechtsfolge, *nasab,* und mit der Reproduktion im Dienst der *umma,* der Gemeinschaft der Gläubigen. Sie unterstützen und stärken sich gegenseitig. Es ist also das patrilineare Modell, das das Maß an Freiheit bestimmt, das die drei Staaten gegenüber der religiösen Ideologie besitzen.

Auch wenn die Einstellungen dieselben sind, zum Beispiel was das Gesetz betrifft, das die Ehe einer Musulmanin mit einem Nichtmusulmanen verbietet, so fühlen sich die drei Staaten nicht im selben Maße an den Text der *chari'a* (musulmanisches Recht) gebunden, wenn es sich um Frauen und ihre natürliche Bestimmung im Dienst der väterlichen Sippe dreht.

Jeder der drei Staaten ist mit einer anderen Situation konfrontiert. Algerien hat eine andere Geschichte als Marokko oder Tunesien, und die Sippe wurde nicht überall im selben Maße in Frage gestellt; manchmal wurden die Sippenbande sogar verstärkt.

In Algerien haben hundertzweiunddreißig Jahre kolonialer Herrschaft, die Aufgliederung in französische Departements und die acht Jahre Krieg kein Stück Land unverschont gelassen. Die 1962 errungene Unabhängigkeit hat einen Staat gegründet, der sich als ›volkstümliche, demokratische Republik‹ bezeichnet. In Tunesien und Marokko wurden während der etwas kürzeren Kolonialzeit Protektorate errichtet, und die Autorität der Cherife und Beys wurde zumindest *pro forma* respektiert. 1956 erlangten beide Staaten ihre Unabhängigkeit. 1957 wurde der Sultan von Marokko zum neuen Haupt der neuen Monarchie, während der Bey von Tunis einer Republik weichen mußte.

In Marokko ist die Verbindung zwischen Staat und Religion am engsten. Der König leitet seine Macht und Legitimität von seiner illustren Ahnenreihe ab und trägt den doppelten Titel: *Amir al Muminin,* Oberster Befehlshaber der Gläubigen, und *Imâm al Muslimîn,* Imam oder Führer der Muslims. Als Nachfahre des Propheten (*cherif*) ist er sowohl das geistige wie das weltliche Oberhaupt. In der Person des Herrschers treffen sich Staat und Religion, und ihre

Interessen vermischen sich. Das marokkanische Recht hält sich an die *chari'a,* an den orthodoxen Sunnismus der malekitischen Rechtsdoktrin, dessen ursprüngliche Prinzipien es zu verkörpern behauptet.[1] Die Frauen müssen vor allem Mütter sein, sie müssen die *umma,* die Gemeinschaft der Gläubigen, vermehren und die Ausübung einer ehrbaren und gesetzlich geschützten Sexualität gewährleisten. Die Verstoßung ist immer noch erlaubt, vor allem, wenn ein Paar kinderlos bleibt. Abweichungen von dem religiösen Gesetz sind eher zaghaft. Eine Heirat darf nicht mehr erzwungen werden, und ein Mindestalter ist erforderlich. Der Staat hält sich jedoch zurück, und das Recht auf freie Partnerwahl wird häufig nicht respektiert.

König Hassan II. hat die von seinem Vater, Sultan Mohammed V., begonnene Gesetzgebung weitergeführt. Ein vorsichtiges Unternehmen, bei dem ihm sein Prestige als erbitterter Gegner der Kolonialmacht zugute kam. Noch eine andere bekannte Persönlichkeit hatte die marokkanische Regierung bei diesem Projekt unterstützt, Allal el Fassi, die treibende Kraft der nationalen Befreiungsbewegung *Istiqlal,* ein großer reformistischer Denker der berühmten Universität Qarawiyin in Fes, der die Statuten des bürgerlichen Zivilrechts, der *Mudawwana,* vorbereitet und vorgelegt hatte. Diese Kodifikation der *chari'a* durch den Staat hat von der Weisheit der marokkanischen Gelehrten, den *ulema,* profitiert. Zwei Klippen wurden so umgangen. Es gelang, einen musulmanischen Egalitarismus zu propagieren, der auch dem liberalen Bürgertum entgegenkam, das vor allem in Fes großen Einfluß besaß und eine gesetzliche Regelung wünschte, die den Platz der Frauen in der Gesellschaft festlegte. Eine Regelung, die möglichst schnell erfolgen und den Umständen angepaßt sein sollte. Und es gelang, ohne daß die in Marokko sehr zahlreiche Landbevölkerung (ungefähr 60 Prozent der Gesamtbevölkerung) vor den Kopf gestoßen wurde – eine Schicht, die der patrilinearen Ideologie sowie dem volkstümlichen Islam verhaftet war und den gelehrten Männern, den Wächtern der Traditionen, und dem religiösen Prestige ihres Herrschers großen Respekt zollten.

In den herrschenden Kreisen der marokkanischen Gesellschaft, in der traditionellen Bourgeoisie und auch im Adel, ist das religiöse Gesetz verbindlich; es ist jedoch nicht unvereinbar mit einer gewissen Freiheit, die die Frauen der Oberschicht genießen, eine Freiheit, zu der der Wohlstand, der Luxus und die Privilegien, die sie besitzen, einiges beitragen. Unter diesen Umständen verträgt sich eine richtig verstandene Fortschrittlichkeit auch mit dem Respekt vor der religiösen Tradition. So kann der Herrscher immer noch verkünden, daß die Frau »ein Bollwerk gegen die Verwestlichung und Entpersönlichung« sein soll.[2]

Am anderen Ende des Maghreb scheint die tunesische Republik sehr viel großzügiger mit der religiösen Ideologie umzugehen. Das Amt des Präsidenten ist befristet. Die Bestrebungen des Präsidenten Bourguiba, der in Paris Jura studiert hatte, sind eher laizistischer Natur. Er besitzt zwar nicht dieses religiöse Prestige, erfreut sich aber als Führer des nationalen Befreiungskampfes an der Spitze einer modern eingestellten Partei, der Neo-Destour, großer Beliebtheit.

Im Gegensatz zu Marokko gibt es in Tunesien schon seit langem Tendenzen, die sich entschieden für eine neue Gesellschaft einsetzen. Die für die reformistische Bewegung der Wiederbelebung des Islams, der *nadha* des arabischen Mittleren Ostens, empfänglichen Intellektuellen haben enge Beziehungen zu Kairo, Damaskus und selbst zur Türkei unterhalten. Und bestimmte tunesische Zeitungen haben schon sehr früh über den europäischen Feminismus berichtet. Schließlich ist Tunesien die Heimat Tahar Haddads, eines an der musulmanischen Universität von Zaytuna ausgebildeten Denkers und Kämpfers für Destour und die Gewerkschaftsbewegung, der 1930 in seinem aufsehenerregenden Buch *Unsere Frauen in der (religiösen) Gesetzgebung und der Gesellschaft* dazu aufrief, die Frauen den Männern gleichzustellen.

Nach der Unabhängigkeit, die den Tunesiern eine neue Identität beschert hatte, konnte der Chef der jungen Republik angesichts eines relativ geschwächten und heftigen Angriffen ausgesetzten religiösen Apparats einen großen Teil des städtischen Bürgertums für seine Politik gewinnen. Im Gefolge der Fortschrittlichkeitswelle gelang es dem Staat, der religiösen Institution die

Gesetzgebung zu entreißen. Gleichzeitig wurde die gesamte Verwaltung säkularisiert. Der Staat konnte unter diesen Umständen sehr viel mehr Macht über die Individuen gewinnen als in Marokko.

Das tunesische Zivilrecht, die *Majalla,* ist mit Abstand das fortschrittlichste Recht im Maghreb. Es entfernt sich am weitesten von dem patrilinearen Modell. Die Nachkommenschaft ist nicht mehr Sinn und Zweck einer Ehe; Kinderlosigkeit rechtfertigt keine Scheidung mehr; Männer und Frauen haben vor dem Scheidungsrichter dieselben Rechte. Selbst die väterliche Linie büßte ihren absoluten Rechtsanspruch ein, denn das Kind kann auch die mütterliche Linie anerkennen lassen. Den Frauen bietet dieser Kodex die größte Chance, sich nicht nur als Mütter verwirklichen zu können, auch wenn er einige Punkte enthält, die das Mißfallen vieler Tunesierinnen erregen.

Im Gegensatz zu Marokko besteht in Algerien ähnlich wie in Tunesien kein besonders enger Zusammenhang zwischen Staat und Religion. Der Präsident der algerischen Republik wie auch der tunesische Staatspräsident verdanken ihre Macht dem Volk oder dessen Stellvertretern und nicht einer Ahnenreihe, die auf den Propheten zurückgeht.

Wie der Präsident Habib Bourguiba weisen sich die algerischen Präsidenten, deren Amtsdauer etwas kürzer ist, durch ihre Teilnahme an dem besonders langen (acht Jahre dauernden) Befreiungskampf aus. Während dieses Krieges, der auf eine koloniale Herrschaft erfolgte, die sehr viel länger und folgenschwerer war als in Tunesien oder Marokko, waren der Islam und die mit ihm verbundenen Werte ein Hort für die bedrohte nationale Identität. Die Mehrheit der Algerier verharrte damals in einer konservativen Widerstandshaltung und betrachteten die Religion, die Frau, die Familie und die väterliche Sippe als Eckpfeiler ihrer Identität. Als die Unabhängigkeit erreicht war, schien der lange Kampf die Kräfte einer Gesellschaft erschöpft zu haben, die aufgrund politischer Machtkämpfe nicht in der Lage gewesen war, feste Strukturen zu entwickeln. Die technokratische Bourgeoisie hat sich auf wirtschaftlichem Gebiet Ziele gesetzt, die von ihr als sozialistisch bezeichnet wurden. Dieser öffentlich verkündete Sozialismus erregte das Mißfallen der Traditionalisten, die, unterstützt von militanten Vertretern des Arabo-Islamismus, den westlichen Einfluß anprangern. Zwischen diesen beiden Tendenzen gibt es zu viele Konflikte, um außer auf ökonomischem Gebiet wirkliche Reformen riskieren zu können.

Jenseits dieser Differenzen, die große Gefahren in sich bergen, hat die Staatsmacht einen von der Mehrheit der Bevölkerung akzeptierten gemeinsamen Nenner entdeckt: die arabo-musulmanische Identität als verbindendes Element.

Der algerische Staat hat unter diesen schwierigen Verhältnissen lange gezögert, die Familiengesetzgebung in Angriff zu nehmen. Die Gesetzesentwürfe führten erst am 9. Juni 1984 zu einer Modifizierung. Auch wenn es eines der erklärten Ziele der Ehe ist, »eine Familie zu gründen, die auf Zuneigung, Sanftmut und gegenseitigem Beistand beruht«, so dient sie auch dem Zweck, »die beiden Ehegatten sittlich zu schützen« und »die Bande der Familie zu erhalten« (Art. 4). Auf diese Weise wird der patrilinearen Ideologie Genüge getan. Die Ehepartner sind im übrigen verpflichtet, »die Bande der Verwandtschaft und die guten Beziehungen zwischen den Eltern und den Verwandten zu pflegen« (Art. 36). Die Frau wird der Autorität ihres Ehemanns unterstellt, dem sie in seiner Eigenschaft als Haupt der Familie Respekt entgegenzubringen hat (Art. 39). Auch wenn die Reproduktion nicht zu den Pflichten der Ehefrau gehört, so wird sie doch aufgefordert, »die von ihr geborenen Kinder zu stillen, wenn sie dazu in der Lage ist, und sie aufzuziehen«; die mütterliche Bestimmung der Frau kommt darin klar zum Ausdruck.

Wie die marokkanische *Mudawwana* ist auch die algerische Familiengesetzgebung im wesentlichen den Prinzipien der *chari'a* treu geblieben. In einem Punkt macht sie sogar eine noch größere Konzession an das patrilineare Recht als die beiden Nachbartexte. Sie verbietet eine Adoption, die in Tunesien erlaubt ist und in Marokko geduldet werden mußte, um die Folgen der Sklaverei in den Griff zu bekommen. Die religiöse Ideologie hat sich also durchgesetzt und dem patrilinearen Modell neuen Auftrieb gegeben.

Die bürgerliche Gesellschaft – eine Bedrohung für das patrilineare Modell?

Da die Veränderungen in den maghrebinischen Gesellschaften die patrilinearen Strukturen aufgeweicht haben, konnten die neuen Staaten in wirtschaftlicher wie auch in politischer und ideologischer Hinsicht einen großen Teil ihrer Autorität an sich reißen. Das wirkte sich besonders auf die soziale Rolle der Frauen aus, die durch die Familiengesetzgebung definiert worden war.

Die in den Zeiten des Umbruchs aufrecht erhaltenen Beziehungen zum Islam und der Einfluß der religiösen Ideologie lassen das patrilineare Erst-Mutter-dann-Frau-Modell zu einer Dauereinrichtung werden.

Die Autorität der väterlichen Sippe wurde nicht ausschließlich von den Staaten beansprucht. Da die Organisation der Gesellschaft auch andere Aspekte aufweist, die außerhalb des staatlichen Bereichs liegen, sollten die Staaten nicht vergessen, daß die bürgerliche Gesellschaft zwar von den neuen Familien konstituiert wird, daß daneben aber auch andere, in Größe, Umfang und Art unterschiedliche Gruppierungen genauso viel Einfluß haben können und deshalb auch berücksichtigt werden müssen. Dieser Teil der bürgerlichen Gesellschaft spielt je nach Staat und Organisationsgrad eine mehr oder weniger entscheidende Rolle in der Frage, wieviel Freiheit der Staat sich dem religiösen und patrilinearen Modell gegenüber herausnehmen kann.

Die marokkanische Gesellschaft ist immer noch sehr uneinheitlich. Zwischen der zum Proletariat abgesunkenen Agrarbevölkerung und der traditionalistischen und verwestlichten Bourgeoisie besteht eine tiefe Kluft. Trotz einschneidender Veränderungen dominiert das patrilineare Modell seit eh und je in den ländlichen Gebieten, vor allem in den abgelegenen Gebirgsregionen, deren Bewohner treue Anhänger des volkstümlichen Islam und des neuen Traditionalismus sind. Die Emigration ist zwar ein wichtiger Faktor, sie fällt bei den Frauen jedoch weniger ins Gewicht. Hingegen bewirkt die Landflucht, daß viele, ganz unterschiedliche Familien sich am Rand der Städte ansiedeln, manchmal sogar alleinstehende Frauen mit ihren Kindern. Dieser Teil der Bevölkerung könnte sich nach dem Vorbild der bürgerlichen Mittelschicht der konservativen, religiösen Strömung anschließen, er ist jedoch politisch kaum aktiv und auch kaum organisiert.

Die den Thron unterstützende Partei *Istiqlal* widersetzt sich jedem Versuch, das Zivilrecht zu modernisieren. Es gibt zwar eine Union der Frauen, aber ihr Programm ist nicht sehr interessant. Ihre Existenz verdankt sie keiner spontanen feministischen Bewegung, sondern einem Beschluß des Monarchen. Die modernistischen Tendenzen der marokkanischen Studenten finden kaum ein Echo. Die Vereinigungen, die im Land entstehen, sind eher religiöser Art, manchmal sogar Bruderschaften.[3] Als treue Untertanen ihres Herrschers, dessen Autorität sowohl weltlichen wie religiösen Ursprungs ist, hält die große Mehrheit der Marokkaner an dem religiösen und patrilinearen Modell fest. Der Protest der Frauen gegen die Überbewertung der Mutterrolle und ihre politischen Forderungen, die in der Person der Soziologin Fatima Mernissi ein Sprachrohr gefunden haben, führten nur zu ein paar Umgruppierungen, die zwar sehr aktiv sind, aber keine ausreichende Basis besitzen, um die Palastpolitik beeinflussen zu können.

Hingegen hat eine bemerkenswert gut organisierte tunesische Zivilgesellschaft ihren Präsidenten bei seinen Bemühungen, die Gesetzgebung zu modernisieren, tatkräftig unterstützt. In den Städten war eine einflußreiche und auch zahlenmäßig bedeutende Mittelschicht Triebfeder und Nutznießerin der Unabhängigkeit. Die patrilineare Solidarität war in dieser Schicht durch neue Bindungen ersetzt worden: So konnten zum Beispiel die Gewerkschaften viele militante Anhänger gewinnen, Männer wie Thahar Haddad, die den ideologischen Wandel entscheidend vorangetrieben haben. Den politischen Parteien gelang es, einen großen Teil der tunesischen Bevölkerung zu mobilisieren und Jugendverbände, Projekte und Clubs zu initiieren. Frauenorganisationen, deren Mitglieder militante Anhängerinnen der Neo-Destour waren, haben die sehr aktive *Union Nationale des femmes de Tunesie* mitorganisiert.

All diese Organisationen haben sich mit der Rolle der Frauen auseinandergesetzt und ihre Ansichten auf vielen Versammlungen und Kolloquien sowie in Zeitungen und Zeitschriften diskutiert und verbreitet.

Auf diese Weise wurde eine intensive ideologische Auseinandersetzung in die Wege geleitet, die über den religiösen Apparat und manchmal auch über die Religion hinausging. Um den Staat und eine liberale städtische Bourgeoisie mobilisierte sich ein sehr aktiver Teil der Gesellschaft, eine Mobilisierung, die sich nicht nur auf die Städte beschränkte, sondern auch in ländlichen Gebieten Erfolg hatte.

Die überholten patrilinearen Bindungen wurden durch Organisationsformen ersetzt, die auf anderen Grundlagen beruhten. Sie vollzogen den ideologischen Wandel und ließen das patrilineare Modell hinfällig werden.

Auch in Algerien hat es diese Bewegungen gegeben. Die Reformisten konnten im Gefolge von Ben Badis eine Jugend ansprechen, die der Unterdrückung der Frauen durch den Islam ein Ende machen wollte. Und auch in den Kreisen der Intellektuellen, die die französischen Gymnasien und Universitäten besucht hatten oder im Umkreis der UDMA wurden neue Konzepte entwickelt. Das modernistische städtische Bürgertum gestattete sich ebenfalls Zweifel an dem alten Modell, auch wenn diese Gruppen zahlenmäßig kaum ins Gewicht fielen.

Vor allem aber machte sich der achtjährige Krieg bemerkbar. Innerhalb der *Fédération de France* der FLN entwickelte sich eine sehr reformfreudige Strömung. Und dem Einfluß der Emigranten ist es zu verdanken, daß der Kongreß im Tal von Soumman sich 1958 sogar auf einen laizistischen Verfassungsentwurf geeinigt hatte.

Zwar haben viele Algerierinnen in den Reihen der FLN an dem Befreiungskampf teilgenommen – als Kuriere, Krankenschwestern, Küchen- und Versorgungspersonal[4] –, politische Funktionen hatten sie jedoch so gut wie keine. Sie wurden vor allem als Hilfskräfte eingesetzt und mußten sich zum Beispiel um die Familien der Frontsoldaten kümmern und andere praktische Aufgaben erledigen.

In neueren Studien über die Rolle, die die algerischen Frauen während des Befreiungskampfes spielten, ist häufig von einer ›Entrealisierung‹ und ›Verwandlung in Fabelwesen‹ in dem allgemeinen Diskurs die Rede; Cherifa Benabdessadok schreibt in ihrer Analyse der Zeitung *El Moudjahid*: »In dem Syntagma ›der Befreiungskampf der algerischen Frauen‹ ist ständig von einer politischen und kollektiven Befreiung die Rede, nirgends jedoch von der Befreiung der Frau und des Individuums.«[5] Und sie fügt hinzu: »Der auf den Kriterien der Nützlichkeit beruhende Diskurs über die Frauen bereitete den Rückzug der Frauen in den Jahren nach der Befreiung vor.«[6]

Die aktive Teilnahme der Frauen an dem Befreiungskampf führte nicht zu ihrer Emanzipation, wie Franz Fanon es sich erträumt hatte: »Die militante Frau läßt sich nicht mehr den traditionellen Stereotypen zuordnen ... Die alten Werte, die steril und infantil machenden Ängste, sind im Schwinden begriffen.«[7] Der Krieg, der ein ganzes Volk mobilisierte, ließ es gleichzeitig in einer Kampfideologie erstarren, die den Traditionen einer nationalen, mit der Waffe erkämpften Identität zu neuem Ansehen verhalfen, indem sie Heimat, Erde, Mutter und Religion unterschiedslos für ihre Zwecke einsetzte. Die Mutter, die schon während der Kolonialzeit als Hort der alten Werte, als Zuflucht gegolten hatte, wurde nun zur zentralen Figur, zum Symbol dieser Kampfideologie. Die Heldinnen wurden zwar gefeiert, ihre Rolle war jedoch nicht so verschieden von der der Frauen früherer Zeiten, die mit ihren Schreien und Liedern die kämpfenden Männer anfeuerten. Sie hatten zwar an der Befreiung eines ganzen Volkes teilgenommen, aber nicht an einer Befreiung der Frauen, die (wie zum Teil auch der Sozialismus) als eine Nachahmung westlicher Ideen bezeichnet wurde.

Während des Kampfes gegen die Kolonialherrschaft und auch noch während der Zeit des nationalen Aufbaus spielte die Solidarität der Kommunen eine wichtige Rolle, da sich in ihnen der Untergrund organisierte. Selbst in jüngster Zeit wurden parallel zu den neuen auch alte dörfliche Organisationsformen wiederbelebt. Verwandtschaftsstrukturen und die patrilineare und dörfliche Solidarität haben während des Krieges und auch während der Emigration häufig als Raster für neue soziale Organisationsformen gedient. Unter solchen Umständen sind Traditionen immer nützlich und sinnvoll, auch wenn sie einem neuen Kontext angepaßt werden müssen. Die patrilinearen Werte bekommen dadurch neuen Auftrieb.

Die Einheitspartei und Einheitsgewerkschaft haben in anderen Bereichen so viel zu tun, daß sie sich nicht mit den Forderungen der Frauen auseinandersetzen, die einen kaum organisierten und wenig aktiven Teil der Bevölkerung darstellen. Die in die Einheitspartei integrierte nationale Frauenorganisation (UNFA: *Union nationale des femmes algériennes*) beweist einen vorsichtigen Konformismus: »Durch die Institutionen des Volkes haben die Frauen ihren Willen bekundet, sich von den moralischen und religiösen Wertvorstellungen unseres Volkes wie auch von den Zielsetzungen der algerischen Revolutionen leiten zu lassen.«[8] Es ist keine Bewegung, die sich für radikale Veränderungen im Leben der Frauen einsetzt.

Die Studentenorganisationen sind zu zersplittert und kurzlebig, um in diesem Bereich einen spürbaren Einfluß zu haben. Organisiert sind vor allem die islamischen Gegenbewegungen. Sie besitzen zur Zeit die effizientesten Organisationen in einer Gesellschaft, die kaum neue Strukturen entwickelt hat.

Die Ablösung von der patrilinearen Ideologie scheint sich in den einzelnen Ländern dem Organisationsgrad der Zivilgesellschaft entsprechend zu vollziehen. Die Gemeinwesen werden von zwei miteinander in Konflikt stehenden Ideologien beherrscht: den Erneuerungstendenzen auf der einen Seite und einem starren Festhalten an der patrilinearen Ideologie auf der anderen Seite. Je nach den Zeitumständen und dem Gewicht der bürgerlichen Gesellschaft können sie sich auf verschiedene Art und Weise verbinden.

Die ›neuen Familien‹ – eine Zuflucht für das patrilineare Modell?

Die Auflösung der Sippen, das Eindringen des Staates in ihren Machtbereich, die unterschiedlich vorangetriebene Umstrukturierung der Gesellschaft und die Entstehung einer mehr oder weniger neuen bürgerlichen Gesellschaft haben der patrilinearen Ideologie, die durch die religiöse Ideologie und gelegentlich auch durch die historischen Umstände Aufwind erhalten hatte, kaum Abbruch getan.

Können diese in kleine Konsumeinheiten aufgeteilten Relikte der Familienverbände, die ›neuen Familien‹, die Basis der neuen Gesellschaft bilden? Können sie den Rahmen für so entscheidende Veränderungen abgeben, wie sie Frantz Fanon 1959 beschrieben hatte: »Jedes Element dieser Familie gewinnt an Persönlichkeit, was es an Verbundenheit mit einer Welt konfuser Wertvorstellungen verliert.«[9]

Die sozialen Umwälzungen, die heutzutage im Maghreb stattfinden, wirken sich auch auf die aus den patrilinearen Strukturen hervorgegangenen ›neuen Familien‹ aus. Aber diese Auswirkungen können ganz unterschiedlich sein, sie können die alten Bande entweder auflösen oder stärken; und sie können neue entstehen lassen.

In Algerien haben Krieg und Emigration die männliche Bevölkerung der Gebirgsdörfer erheblich dezimiert. Außerdem bewirkten der Rückgang der Landwirtschaft, die Verwüstungen und die Umsiedlungsmaßnahmen tiefgreifende Strukturveränderungen. Eine Untersuchung der Familien in neun von diesen Dörfern, die ich 1975 durchgeführt habe, läßt sehr unterschiedliche Entwicklungen erkennen.[10] Aufgelöste Familienverbände und alleinstehende Personen machen 20 Prozent der Haushalte aus, das heißt einen nicht unbeträchtlichen Teil der Gesamtbevölkerung (13 Prozent). Die traditionellen Gruppierungen, die komplexeren Haushalte, die mehr als zwei Generationen und/oder mehrere Paare einschließen, belaufen sich auf 52 Prozent. 25 Prozent der Bevölkerung lebt in einer ehelichen Gemeinschaft, doch dieser Reduzierung liegt keine persönliche Entscheidung zugrunde, sie ist bedingt durch die Auflösung der Familien, deren Auswirkungen vielleicht genauso wenig von Dauer und genauso vorübergehend revolutionär sind wie die Rollen der Frauen während des Befreiungskriegs. Damals sind Gruppierungen entstanden wie zum Beispiel die Zusammenschlüsse mehrerer Witwen, die ihre Einnahmen (Pensionen, Erlöse aus dem Verkauf landwirtschaftlicher Produkte) und Ausgaben gemeinsam verwalteten, ohne sich um die Regeln der patrilinearen Formen des Zusammenlebens zu kümmern.

Aber auch innerhalb der komplexeren Haushalte, die das patrilineare Schema übernommen haben, wurde der alten Form ein neuer Inhalt gegeben. Sie bilden keine Produktionseinheiten mehr, da diese nicht mehr in den Händen der Familien liegen, sondern es handelt sich um Gruppierungen, deren Einkommen aus verschiedenen Quellen stammen und die von den neuen Verdienstmöglichkeiten profitieren und so die verschiedenen Vor- und Nachteile ausgleichen können und ihr Einkommen weniger vom Zufall abhängig machen.

Die geglückteste Form von Anpassung an die neuen Verhältnisse bilden zweifellos die ›neuen Familien‹, die sich aus mehreren erwachsenen Männern zusammensetzen: beispielsweise einem nach Frankreich Emigrierten, der regelmäßig Geld nach Hause schickt, einem, der in Algier oder der Sahara arbeitet und auch meistens abwesend ist, dessen Einkünfte zwar sehr gut, aber nicht gesichert sind, sowie einem Lebensmittelhändler an Ort und Stelle, der sein Geschäft mit dem Geld der Abwesenden finanziert hat, und einem Bauern, der zusammen mit den Frauen einen kleinen landwirtschaftlichen Betrieb führt, um den Eigenbedarf zu decken. Diese Familien mit mehreren männlichen Mitgliedern scheinen mit den gegenwärtigen wirtschaftlichen Schwierigkeiten fertig zu werden und die gestiegenen Bedürfnisse zu befriedigen. Für das patrilineare Modell bedeutet das eine weitere Bestätigung.

In den Städten bestanden 1976 noch 70 Prozent aller Haushalte aus mehreren Familien und nur 30 Prozent aus einer ehelichen

Gemeinschaft, wie eine in Algier, Annaba und Oman durchgeführte Untersuchung ergab.[11] Unter diesen städtischen Familien sind Haushalte, die aus mehreren Paaren bestehen, relativ selten: Nicht selten leben die Angehörigen verschiedener Generationen zusammen, vor allem sind immer noch die Mütter in den Haushalten ihrer Söhne vertreten, in der Stadt wie auf dem Land.

Auch die Bevölkerungsentwicklung wirkt sich auf die Zusammensetzung der Familien aus. Die höhere Geburtenrate und eine immer jünger werdende Bevölkerung in den drei Maghrebstaaten lassen die Kinder zu einem wichtigen Faktor werden; auch innerhalb der Familie hat sich ihre Rolle entscheidend verändert.

Der Urbanisierungsprozeß (die Bevölkerung Algiers stieg zwischen 1966 und 1977 von knapp einer Million Einwohner auf ungefähr zwei Millionen) läßt die Wohnungsfrage immer dringlicher werden; in 43 Prozent der städtischen Wohnungen, die für die traditionellen Familienformen völlig ungeeignet sind, leben drei bis fünf Personen in einem Zimmer; Konflikte sind entsprechend häufig.

Die höhere Lebenserwartung hat zur Folge, daß die Generationen länger zusammenleben, auch wenn diese Lebenserwartung im Durchschnitt nur 56 Jahre beträgt (zwischen 56 und 58 für die Maghrebinerinnen). Der größere Abstand zwischen den Generationen hätte erwarten lassen können, daß der Beginn des Zusammenlebens hinausgezögert würde, aber bis jetzt hat sich daran wenig geändert.

Die Mobilität der Familien und die Abwanderung der Landbevölkerung in die Städte führte zu Umgruppierungen der Familien, für die die Beziehungen innerhalb der Sippen ausschlaggebend sind. Ein Domizil in der Stadt verwandelt sich häufig in ein Auffanglager für sämtliche Mitglieder der Familie, die hoffen, in der Stadt eine Arbeit zu finden. Gleichzeitig sind die Städte auch ein Zufluchtsort für alle marginalen Existenzen; für Junggesellen, die ihre Freiheit nicht aufgeben wollen, und für Frauen – für Witwen und Geschiedene –, die in weiterverarbeitenden Betrieben, in Textilfabriken und Haushalten gerade soviel Geld verdienen, daß sie sich und ihre Kinder ernähren können. In Marokko sind weibliche Familienoberhäupter keine Seltenheit mehr in den Städten.

Der Staat hat die väterliche Sippe ihrer Macht über die Individuen beraubt. Die neuen Familien müssen ihm die Erziehung ihrer Kinder, ihre Berufsausbildung, ihre geistige Bildung und die Vermittlung eines großen Teils des kulturellen Erbes überlassen. Der Staat scheint gegenwärtig die Institution der Familie sanktionieren zu wollen. Ihre Aufgaben und Ziele werden durch Gesetze neu definiert, die sich selbst über die Geschlechterfolge hinwegsetzen (*nasab*). Sogar der marokkanische Staat, der die Doktrin von *chalifat,* der Vizeherrschaft des Menschen, vertritt, bestimmte in der *Mudawwana,* daß die Ehe die Familie konstituiere. Sie ist also ein Produkt der Umstände, das seine Existenz zwei Vertragspartnern, die derselben Generation angehören, verdankt. In dem patrilinearen System war die Hochzeit zwar auch ein wichtiges Ereignis, aber eigentlich nur, weil durch die Ehe der Bestand der Sippe gesichert wurde.

Unter solchen Umständen wird einem Kind eine ganz andere Bedeutung zugemessen. In der vom Staat neudefinierten Familie sind die Mitglieder nicht mehr nur ›der Sohn von X‹. Ihr Platz in der Gesellschaft hängt von ihrer eigenen Tatkraft ab, von der Position und der Haltung, die sie dem Staat gegenüber einnehmen.

In den Städten werden die Familien und ihre Mitglieder zu anonymen Bürgern. Sie vermissen das Zusammengehörigkeitsgefühl, das ihnen die Sippe vermittelte.

Die neuen Familien, die nur noch Fragmente ihrer Privilegien beraubter Sippen sind, wachen jedoch eifersüchtig über die Familienehre und klammern sich an die patrilineare Ideologie, die, unterstützt von der Religion, inmitten der wirtschaftlichen und politischen Veränderungen einen beständigen Wert bedeutet. Entscheidend ist dabei, wie weit der Ablösungsprozeß fortgeschritten ist, wieviel von den familiären Bindungen noch besteht. Die Familien werden so zum Hort der alten Werte der Gemeinschaft, die häufig noch die Maßstäbe liefern, vor allem für die Frauen und jungen Mädchen, die immer noch als die schwächsten Glieder betrachtet werden, da sie in der sich verändernden Welt besonders gefährdet sind.

Die Bürger der neuen Staaten scheinen sich in einem Kreuzfeuer der Widersprüche zu befinden: auf der einen Seite eine erhöhte Mobilität und eine Instabilität der Ehe, auf der anderen Seite aber das Festhalten an traditionellen Wertvorstellungen und ein verstärkter Schleierzwang für die Frauen. Rollen, die innerhalb der Sippen schon an Bedeutung verloren haben, können innerhalb der Familien etwas modifiziert wieder neu verteilt werden. Die männliche, väterliche Autorität kann sich entweder verstärken und noch rigoroser werden, ja selbst despotische Züge annehmen, um den Verlust der wirtschaftlichen und politischen Vorrechte auszugleichen, oder aber das Familienoberhaupt dankt ab und steht gedemütigt vor seinen Söhnen, die sich besser in die neue Gesellschaft integriert haben, über eine besser Ausbildung verfügen und mehr Geld nach Hause bringen. Besonders demütigend ist es, den Verlust an Macht gegenüber einer Frau – der Mutter der Familie – einzugestehen.

Im Dienst der Familie statt im Dienst der väterlichen Sippe

In all diesen Fällen scheinen die Mütter auch innerhalb der neuen Familien eine wichtige Rolle zu spielen, die durch den Machtverlust des männlichen Familienoberhaupts häufig noch an Bedeutung gewinnt. Eine Ausnahme sind die Partnerfamilien nach dem europäischen Modell und bestimmte, zur Oberschicht gehörende Kreise. Aber nicht alle Frauen profitieren von dieser Situation.

Die jungen Frauen erfahren in dieser Zeit des Umbruchs zwar von den anderen Formen des Zusammenlebens, sind selbst aber innerhalb einer geschrumpften, jedoch umso kompakteren Familie eingesperrt. Auch die Männer sind mit veränderten sozialen Rollen konfrontiert. Nur können sie hoffen, sich als Individuen in die Strukturen der neuen Staaten, der neuen Gesellschaft einzugliedern. Die Frauen hingegen, die in einem geschrumpften Familienverband verblieben sind und sich immer noch derselben Ideologie unterordnen, haben wenig Aussicht, neue Rollen übernehmen zu können.

Hinzu kommt, daß die jungen Frauen und Mädchen gegenwärtig noch als einzige die Familienehre gefährden können. Da jeder Fehltritt auf alle jungen Frauen der Familie zurückfällt und ihre Chancen auf dem Heiratsmarkt beeinträchtigt, halten sie untereinander fest zusammen, sind aber gezwungen, sich dem Modell anzupassen.

Die neuen Familien haben sich vielleicht von den patrilinearen Strukturen befreit, aber die alters- und geschlechtsspezifischen Rollen und Funktionen werden immer noch von den Sippen ererbt und sind demselben System patrilinearer Werte untergeordnet. Selbst in Tunesien, wo das alte Modell schon entscheidend verändert wurde, kann man beobachten, daß »diese Veränderungen mit einer Unwandelbarkeit der Grundwerte des alten Modells einhergehen«.[12]

Da die väterliche Sippe jedoch der neuen Familie Platz gemacht hat, kann sie auch keine Dienstleistungen mehr fordern. Wenn aber zum Beispiel die marokkanische *Mudawwana* einen modernen Ansatz zeigt und die Ehe als Keimzelle der Familie bezeichnet, so ist doch die legitime Ausübung des Geschlechtsverkehrs, seine Absicherung und vor allem die Vermehrung der *umma* eines ihrer erklärten Ziele, d.h. die Fortpflanzung wird nicht mehr nur in den Dienst der Sippe, sondern der großen Gemeinschaft der Gläubigen gestellt.

Die Frauen sind also immer noch Fortpflanzungsmaterial. Für den marokkanischen Staat steht die *umma* über der Sippe, falls der Staat nicht selbst diese Position einnimmt. Statt der väterlichen Sippe dient die weibliche Fruchtbarkeit inzwischen der Religion oder dem Staat oder ganz einfach der Familie. Die neuen Familien können sich nämlich auch nicht mit der Vorstellung anfreunden, daß eine Frau neben ihrer Mutterrolle noch andere Ambitionen hat; sie sind keineswegs bereit, andere Werte anzuerkennen.

Fruchtbarkeit und Mutterschaft heute

Vergleicht man die Rolle, die die weibliche Fruchtbarkeit heutzutage spielt, mit dem, was sie innerhalb des traditionell bäuerlichen Kontextes bedeutete, so hat sie sowohl ihre ideologische wie auch symbolische Grundlage eingebüßt.

Mit der Verbreitung der Geldwirtschaft wurden auf andere Weise Werte angehäuft, die Landwirtschaft war nicht mehr der Schlüssel zum Reichtum. Andere Möglichkeiten als die Fruchtbarkeit haben sich als sehr viel interessanter und lohnender erwiesen. Man weiß schon gar nicht mehr, was eigentlich unter den ›großen Familien‹ zu verstehen ist – zweifellos die mächtigen, einflußreichen Familien. Aber worin besteht ihre Macht? Sind die ›großen Familien‹ aus Sippen mit zahlreichen männlichen Mitgliedern entstanden oder aus Sippen, die über einen großen Landbesitz oder über viele Güter, über neuen Reichtum verfügen?

Die Spielregeln sind nicht mehr dieselben. Die sozialen Machtkämpfe gehorchen anderen Gesetzen. In einer sehr viel differenzierteren Gesellschaft, in der es beträchtliche soziale Unterschiede zwischen den ständig anwachsenden Bevölkerungsgruppen gibt, lassen sich auch die Verhaltensweisen nicht unter einen Nenner bringen.

Was die weibliche Fruchtbarkeit betrifft, so besteht eine tiefe Kluft zwischen dem Verhalten einer Frau eines Ministers und einer Landfrau, die ihren Lebensunterhalt noch mit dem bestreitet, was ihre Arbeit auf einem Bauernhof einbringt. Man ist sich auch nicht im klaren, was oder wer eigentlich das Verhalten der Frauen in der Frage der Fruchtbarkeit bestimmen soll. Ist der Staat dafür zuständig, der eine Gesellschafts- und Familienpolitik definieren müßte? Oder sollen die neuen Familien die Zahl ihrer Kinder und den Abstand zwischen den Schwangerschaften selbst bestimmen? Oder fällt sie in das Ressort der väterlichen Sippe, die sich mit ihrem

Netz von verwandtschaftlichen Beziehungen innerhalb der bürgerlichen Gesellschaft als sehr nützlich erweisen kann? Die patrilineare Ideologie kann immer noch nach Lust und Laune von ehrgeizigen Politikern manipuliert werden.

So profitierte ein algerischer Lokalpolitiker von der Heiratspolitik seiner zahlreichen Familie und katapultierte sich nach oben. Die durch Heiraten entstandenen Allianzen überzogen beinahe die ganze Region – exogame Strategien, in die auch die ferne Verwandtschaft einbezogen wurde. Diese Strategien hatten die nach der Unabhängigkeit neu festgelegten Grenzen der Gemeinden als Maßstab genommen und sogar Dörfer einbezogen, die bis dahin außerhalb des Stammesgebietes lagen.[1]

Das Beispiel des Lokalpolitikers ist auch noch in anderer Hinsicht interessant, denn sein Verhalten war zumindest dem Anschein nach äußerst widersprüchlich. Obwohl sein ganzes Streben darauf gerichtet war, die Sippe zu vergrößern und seine Strategie in dieser Hinsicht extensiver Natur war, so verfolgte er, was die eigene Person betraf, eine ganz andere Politik. Er war geschieden, hatte aber einen Sohn aus einer früheren Ehe. An den Vorteilen, die ihm seine augenblickliche Situation bot – Haus, Wagen, Reisen, gehobener Lebensstandard –, war ihm sehr viel gelegen, und er scheute die Kosten und Einschränkungen, die eine Familie bedeutet hätte. Deshalb beschloß er, eine geschiedene Frau zu heiraten, die wegen ihrer Kinderlosigkeit verstoßen worden war. Diese Entscheidung bezeichnete er als seine persönliche Angelegenheit und fürchtete sogar, damit ein schlechtes Beispiel für die neuen Familien seiner Sippe zu geben, die ihre Macht zum größten Teil ihrer Fruchtbarkeit verdankte. Eine solche Einstellung ist jedoch eine Ausnahme. Männer wie er haben nicht die geringste Absicht, irgendwelche Veränderungen in den Verhaltensweisen und Anschauungen in bezug auf die weibliche Fertilität zu bewirken.

Dieses Beispiel beweist, wie stark die patrilineare Ideologie ist, eine Stärke, die nicht nur in der Tradition begründet ist, sondern auch in den geschickten Manipulationen zum Ausdruck kommt, die in Zeiten der Veränderung den neuen Machtverhältnissen Rechnung tragen.

Für die meisten maghrebinischen Frauen ist die Mutterrolle immer noch die einzig erstrebenswerte Rolle, der sie alles opfern, selbst ihr eigenes Leben. Wie sollten sich unter solchen Umständen Frauen und Männer von der patrilinearen Ideologie lossagen und die Vorrangstellung der weiblichen Fruchtbarkeit in Frage stellen?

Schwangerschaftsabhängige Krankheiten

Der Maghreb weist eine der höchsten Geburtenraten auf: 1981 waren es 50 Promille in Marokko, 46 in Algerien, aber nur 33 in Tunesien, wo tiefgreifende Veränderungen stattgefunden hatten. Übertroffen wurden die 50 Promille in Marokko nur von Kenya mit 53, Malawi, Mali, Niger und Botswana.

Die Kindersterblichkeit ist immer noch sehr hoch; in Algerien beträgt sie – ebenfalls 1981 – 150 Promille für Kleinkinder männlichen Geschlechts und 118 Promille für Kleinkinder weiblichen Geschlechts. Nach Schätzungen der Weltgesundheitsorganisation sind in Nordafrika 6 Prozent der 1982 registrierten Todesfälle Kleinkinder, ein trauriger Rekord (in Nordamerika und Europa beträgt die Kindersterblichkeit 2 bis 3 Prozent).

Signifikant ist auch das niedrige Heiratsalter der Frauen. In Algerien sind 44 Prozent der Frauen zwischen 15 und 19 Jahren verheiratet (31 Prozent in Marokko). Zwischen 15 und 19 bringen 61 Prozent der verheirateten Algerierinnen ihr erstes Kind zur Welt (1981).[2]

Bei so vielen Geburten ist auch die Zahl der Frühgeburten ziemlich groß; spontane Fehlgeburten, nicht lebensfähige Frühgeburten, Totgeburten werden in den Statistiken überhaupt nicht berücksichtigt. 1966 betrug in Algerien die Quote der lebensfähigen Frühgeburten 18 Prozent, eine ziemlich grobe Schätzung; in Wirklichkeit ist sie wohl wesentlich höher. Schuld an den Komplikationen ist häufig die noch nicht abgeschlossene körperliche Entwicklung der jungen Mütter. Erstgeburten verlaufen meistens ziemlich dramatisch: Verzögerungen des Geburtsverlaufs, Mangelgeburten, Cervixrisse, eklamptische Anfälle auf der Fahrt zum Krankenhaus, von den Infektionsrisiken nach der Geburt, den Fällen von Mastitis, den Abszessen etc. ganz zu schweigen.

Nach der ersten Frühgeburt folgt gewöhnlich eine Schwangerschaft auf die andere: zwischen 25 und 29 Jahren tragen 50 Prozent der Algerierinnen ungefähr sechs Schwangerschaften aus. Die Abstände zwischen so zahlreichen Schwangerschaften sind entsprechend kurz und die Frühgeburten entsprechend häufig.

Wer sich mit diesem Aspekt der maghrebinischen Gesellschaften auseinandersetzt, wird erstaunt feststellen, daß die maghrebinischen Frauen geradezu besessen sind von dem Wunsch, Kinder zu kriegen. Die Algerierin Assia Djebar beschreibt in ihrem Roman *Les alouettes naïves,* wie ihre Schwestern »ein Kind nach dem anderen in die Welt setzen, um ihre Angst zu ersticken«.[3] Gemeint ist die Angst vor der leeren Gebärmutter, die nur durch Schwangerschaften zu beschwichtigen ist.[4]

»Die Angst vor der leeren Gebärmutter, die Angst vor Fehlgeburten, der Alptraum, mehrere Mädchen nacheinander zu gebären und das Unglück der Totgeburten«, schreibt der tunesische Soziologe Abdelwahab Bouhdiba, »diese vier Möglichkeiten lassen eine arabische Mutter bange in die Zukunft blicken.«[5] Aber wie viele kranke, früh gealterte, traumatisierte Frauen kommen auf eine glückliche Mutter?

Mahfoud Boucebci, der an der Universität von Algier einen Lehrstuhl für klinische Psychiatrie innehat, beschreibt die algerische Frau folgendermaßen: »Gebären, Versorgen, Stillen ist ihre wichtigste, ihre nobelste Aufgabe. Da sie schon sehr jung damit beginnt und eine Schwangerschaft auf die andere folgt, die Stillzeiten aber sehr lange sind (manchmal über zwei Jahre), ist sie mit dreißig, also in der Blüte ihrer Jahre, bereits gealtert und erschöpft; das betrifft sowohl ihren Ernährungszustand wie auch ihre übrige körperliche Verfassung.«[6]

Da die Frauen ihre Weiblichkeit durch ihre Gebärfähigkeit beweisen müssen, kommt es häufig zu nervösen Depressionen, Schlafstörungen und Magersucht.[7] Boucebci weist auch auf die

Häufigkeit von Wochenbettpsychosen hin, die bei jungen Müttern beinahe an der Tagesordnung zu sein scheinen. 25jährige Frauen, die bereits Mütter von fünf Kindern sind, haben außerdem häufig mit lokalen Infektionen zu kämpfen.

Mit 30, 35 Jahren ist eine Frau, die sechs, sieben, manchmal sogar mehr als zwölf Schwangerschaften hinter sich hat, vorzeitig verbraucht, erschöpft und gealtert und kann schon die ersten klimakterischen Beschwerden verspüren. Frauen, für die die Mutterschaft Sinn und Zweck ihres Lebens ist, wird es jedoch sehr schwer fallen, auf weitere Kinder zu verzichten. Sie können ebensowenig wie ihre Umgebung den Abbau ihrer Kräfte akzeptieren. So kommt es, daß nicht nur weibliche Kleinkinder und Halbwüchsige eine extrem hohe Sterblichkeitsrate aufweisen, sondern auch noch 40jährige Mütter als Folge einer überstrapazierten Fruchtbarkeit.

Die Lebenserwartung der maghrebinischen Frauen ist immer noch sehr niedrig: 56 Jahre für die Algerierinnen, 57 Jahre für die Marokkanerinnen, 58 Jahre für die Tunesierinnen. Der Unterschied zwischen Männern und Frauen ist gering: zwei Jahre bei den Algeriern und Marokkanern, die im Durchschnitt 54 Jahre alt werden, knapp ein Jahr bei den Tunesiern, deren durchschnittliches Lebensalter 57 Jahre beträgt.[8]

Die Frauen sind zwar die Hauptleidtragenden dieser exzessiven Fruchtbarkeit, aber auch die Nachkommenschaft ist davon betroffen, denn die Auswirkungen auf den Verlauf einer Schwangerschaft sind ähnlich verhängnisvoll. Zunächst einmal vergrößern sich die Risiken entsprechend der hohen Sterblichkeitsrate der Mütter. Diese befinden sich außerdem in einem Zustand physischer wie psychischer Erschöpfung, und die Neugeborenen bekommen häufig nicht die Zuwendung, die sie brauchen. In der patrilinearen Sippe spielte das keine Rolle, weil sie über genügend Ersatzmütter verfügte. Fehlende Zuwendung und eine ablehnende Haltung gegenüber dem Letztgeborenen sind Faktoren, die einen großen Einfluß auf die psychische Gesundheit des Kindes haben.[9]

In den explosionsartig anwachsenden Städten und den engen, überbelegten Wohnungen sind Kinder ein zusätzliches Problem;

häufig sind sie hilflos den Aggressionen oder der unkontrollierten Gewalt der Erwachsenen ausgeliefert. Denn die neuen Familien sind unter dem Druck der Umstände nicht mehr in der Lage, dem einzelnen Schutz zu gewähren. Die früher in die väterliche Sippe eingebetteten Individuen sind also auf sich selbst angewiesen. Boucebci listet all diese Probleme unter der Bezeichnung ›soziale Pathologie‹ auf und lenkt die Aufmerksamkeit auf gesellschaftliche Warnsignale wie die Suizidrate, die Tötungen und Auseinandersetzungen von Kleinkindern, die Verbrechens-, Scheidungs- und Arbeitslosenrate, die Rate der vorzeitigen Schulabgänger etc.[10] Die Probleme sind so akut geworden, daß die Politiker den Ernst der Lage und die verhängnisvollen Folgen für den Staat nicht mehr ignorieren können.

Weibliche Fruchtbarkeit – Sache des Staates?

Tatsache ist, daß die Maghrebstaaten in der Frage der weiblichen Fruchtbarkeit aktiv geworden sind. Der marokkanische und algerische Staat haben eine vom musulmanischen Recht inspirierte Familiengesetzgebung ausgearbeitet, die die Fortpflanzung explizit oder implizit immer noch als Sinn und Zweck der Ehe bezeichnet. Da ihre Rechtssprechung auf einer religiösen, überstaatlichen Ideologie basierte, versuchten die Staaten bevölkerungspolitische Maßnahmen zu umgehen. Tunesien hat als einziger Staat im Maghreb die Fortpflanzung (zusammen mit der Ausübung des legalen Geschlechtsverkehrs) nicht mehr als den eigentlichen Zweck der Ehe aufgeführt. Sie hat sogar ihren obligatorischen Charakter verloren, da die Frauen bei entsprechender sozialer Indikation auch abtreiben dürfen (1965). Kinderlosigkeit rechtfertigt keine Verstoßung. Die Verstoßung selbst wurde durch die Scheidung ersetzt, und vor dem Scheidungsrichter haben Männer und Frauen dieselben Rechte, vor allem bei Ehebruch. Die Ehe ist nach der neuen tunesischen Rechtssprechung ein zwischen einem Mann und einer gleichberechtigten Frau geschlossener Vertraga; ihr Zweck ist unter anderem die Gründung einer Familie. Für die Tunesier, Männer wie Frauen, haben auch Kinder eine andere Bedeutung als früher.

Wenn die Staaten der Fruchtbarkeit Vorschub leisten, müssen sie sich auch über die Folgen im klaren sein. Dank der verbesserten sanitären Verhältnisse nimmt die Sterblichkeitsrate ab, die Lebenserwartung steigt, die weibliche Fertilität nimmt zu und ist weniger anfällig. Aber auch die Bedürfnisse steigen, und der Wunsch nach einem höheren Lebensstandard läßt sich schlecht mit einer Bevölkerungsexplosion vereinbaren.

Die Staaten, die versuchen, ihre Wirtschaft zu entwickeln und zu modernisieren, stellen fest, daß weniger Arbeitskräfte benötigt werden. Arbeitslosigkeit und Überbevölkerung sind politischer Zündstoff. Der einzige Weg aus dem Dilemma ist, diejenigen Hindernisse, die bisher jeden Versuch, das Modell umzustrukturieren, scheitern ließen, aus dem Wege zu räumen. Das heißt: die patrilineare Ideologie sowie die sie verstärkende religiöse Ideologie müssen in Frage gestellt werden. Ohne die Unterstützung des religiösen Apparats ist das jedoch nicht möglich, es sei denn, man versucht es ganz ohne ihn, wie es der tunesische Staatspräsident in einer anderen Dekade und unter anderen Umständen getan hat.

In Algerien wird von politischer Seite her versucht, die Bürger dazu zu bringen, ihr Verhalten und ihre Überzeugungen in bezug auf die Fruchtbarkeit zu revidieren. Am 13. Mai 1984 trafen sich Mitglieder der algerischen Regierung, der Partei und des *Conseil supérieur islamique,* um eine Politik der Geburtenregelung zu initiieren. Die islamischen Gelehrten haben bei dieser Gelegenheit eine *fetoua,* ein Gutachten, abgegeben, in dem betont wurde, daß der Prophet sich nie gegen eine Geburtenregelung ausgesprochen habe.[11] In dem am 6. Juni 1984 veröffentlichten Familienkodex wird das Mindestheiratsalter der Mädchen auf 18 Jahre und das der jungen Männer auf 21 Jahre festgesetzt. Der algerische Staat hat damit lange nach Tunesien, aber noch vor Marokko, seine militante Expansionspolitik im Dienst der *umma* aufgegeben. Für einen auf industrielle Entwicklung bedachten und die modernsten Techniken propagierenden Staat, der die schwindenden Einnahmen aus dem

Ölgeschäft auf immer mehr Bürger verteilen muß, ist eine explosiv anwachsende Bevölkerung keine Quelle des Reichtums, im Gegenteil, das rapide Wachstum wird zu einem Handicap, wenn nicht zu einer Gefahr.

Marokko ist mit ähnlich beunruhigenden demographischen Daten konfrontiert. Im Jahr 2002 soll das Land zwischen 35 und 38 Millionen Einwohner haben (1980 waren es 20 Millionen). Trotz der Empfehlungen der Weltbank wurde auf politischer Ebene keine Familienplanung initiiert. Verhütungsmittel sind zwar überall erhältlich, für die meisten Marokkaner jedoch unerschwinglich. Abtreibungen sind verboten. Trotz der Seminare und Debatten über die Geburtenregelung zeigt sich die bürgerliche Gesellschaft, wenn nicht gerade ablehnend, so doch zumindest indifferent. Von den beiden Parteien ist die Regierungspartei *Istiqlal* mit ihrem Vorsitzenden Allal Fassi, dem modernistisch eingestellten Initiator des marokkanischen Zivilgesetzes, eher gegen eine Familienplanung, während die andere, die *Union socialiste des forces populaires* (USFP), der Überzeugung ist, daß nur durch grundlegende politische Veränderungen bessere Lebensbedingungen erreicht werden können; der Familienplanung wird dabei jedoch keine besondere Beachtung geschenkt.[12]

Eine konsequent verfolgte Politik der Geburtenkontrolle, die die Verbreitung von Verhütungsmitteln vorangetrieben und die Abtreibung legalisiert hatte, zeigt in Tunesien die ersten Resultate: die immer noch ziemlich hohe Geburtenrate ist wesentlich niedriger als in den anderen beiden Maghrebstaaten (33 Promille im Vergleich zu 46 in Algerien und 50 in Marokko). Sie entspricht der Geburtenrate in der Türkei (32 Promille) und im Libanon (34 Promille) und liegt sogar noch unter der Ägyptens, wo eine Frau im Durchschnitt 5,3 Kinder hat. Die Kindersterblichkeit ist jedoch auch in Tunesien immer noch sehr hoch: sie beträgt 131 Promille für die männlichen, 118 für die weiblichen Kleinkinder, im Vergleich zu 82 und 86 Promille in Ägypten und 68 und 61 Promille im Libanon. Die Tunesierinnen sind gegenwärtig die am wenigsten fruchtbaren Frauen des Maghreb: auf eine Frau kommen ungefähr fünf Kinder, in Algerien und Marokko sind es ungefähr sieben. Sie haben es auch nicht besonders eilig, sich als Mütter zu profilieren, nur 6 Prozent der Tunesierinnen heiraten zwischen 15 und 19, während in Marokko und Algerien 30, ja sogar 40 Prozent von dieser Altersgruppe bereits verheiratet sind; das obligatorische Mindestheiratsalter beträgt für die Mädchen 17 und für die jungen Männer 20 Jahre.

Aber diese Ergebnisse konnten nur erzielt werden, weil eine einflußreiche Mittelschicht die Regierung unterstützt hatte und ein wichtiger Teil der Gesellschaft bereits neue Strukturen aufwies (siehe S. 81 f.). Neben der Tatsache, daß dank der Entschlossenheit des Präsidenten Bourguiba zuerst das Recht und dann die Realität verändert wurden, haben auch die historischen Umstände zu dem Erfolg seiner Bevölkerungspolitik beigetragen. Ein großer Teil der tunesischen Bevölkerung wehrt sich jedoch immer noch dagegen. Auch wenn der Staat die Hindernisse, die einer Beschränkung der Fruchtbarkeit im Wege stehen, beseitigen kann, so ist seine Zuständigkeit in dieser Frage jedoch begrenzt.

Fruchtbarkeit – eine Sache der Familie?

Es wären die neuen Familien, die durch ihre Verhaltensweisen eine Veränderung bewirken könnten. Sie haben nicht mehr das Interesse der väterlichen Sippe an einer maximal genutzten weiblichen Fruchtbarkeit, und dann ist ihr Bedarf an Männern nicht mehr so groß wie früher.

Ein zu brutales oder zu forciertes Auflösen der Familien durch den Staat kann zu Unruhen führen: »Wenn sich ein Familienverband aufgelöst hat – die Brüder getrennt wurden –, sind die Individuen zwar ›frei‹, haben aber die größten Schwierigkeiten, sich in der gegenwärtigen Gesellschaft zu behaupten. Die psychologische Individualisierung bedeutet für die Schwachen häufig eine soziale Abhängigkeit«, schreibt Claudine Chaulet[13] in bezug auf Algerien. Zu diesen Schwachen zählen auch die Frauen. Die Aufrechterhaltung oder Wiederherstellung der familiären Bande (auch Witwenvereinigungen bildeten sich) sind häufig nichts weiter als eine Anpassung an die neuen Verhältnisse. »Die Solidarität der Familie verändert ihre Funktion; während sie früher das Überleben sicherte, bietet sie heute die Möglichkeit, innerhalb eines allmächtigen Staates – oder auch gegen ihn – autonome Einheiten zu bilden.«[14] Die wirtschaftliche Basis kann sich also ändern, die Solidarität der Familien wird dann auf andere Weise ihre Nützlichkeit beweisen. Werte wie Zusammenhalt, gegenseitiger Beistand und eine in der weiblichen Fruchtbarkeit begründete Macht behaupten sich.

Als die ›schwachen Elemente‹ sind die Frauen noch abhängiger von den Männern geworden. Sie haben keine Möglichkeit, neue Rollen zu übernehmen. Da sie von der landwirtschaftlichen Produktion (Hacken, Ernten), der Verwaltung und Konservierung der Lebensmittel, der Weiterverarbeitung (Mahlen des Getreides, Töpfern) ausgeschlossen wurden, bleiben ihnen nur der enge häusliche Rahmen, eine häufig viel zu kleine Wohnung, der Haushalt und die Kinder. Auch in den neuen Familien werden die Rollen meistens unverändert übernommen. So leben die Mütter beinahe immer in dem Haushalt ihrer Söhne, von denen sie ihre Autorität und ihre Befehlsgewalt über die Schwiegertöchter ableiten.

Die Mutter ist inmitten der Veränderungen ein Zufluchtsort, eine Institution von Bestand, die die natürliche Ordnung der Dinge verkörpert.

Eine Hinterfragung der traditionellen Mutterrolle ist auch innerhalb der neuen Familien kaum möglich, da in ihnen immer noch eine den Umständen angepaßte patrilineare Ideologie vorherrscht. Veränderungen scheinen nicht ohne eine Neudefinition der Familie möglich zu sein. Familie wird aber im Maghreb – ob ›neu‹ oder nicht – immer nur von der patrilinearen Familie abgeleitet. Sie ist nichts weiter als die Verlängerung der väterlichen Sippe. Daß sich unter solchen Umständen die Rollen verändern, ist kaum zu erwarten. Die Zahl der Kinder soll immer noch möglichst groß sein, vor allem die der männlichen Nachkommen, da sie für die Familie neue Erwerbsquellen erschließen können und für ihre Eltern, deren Lebenserwartung beträchtlich gestiegen ist, immer noch eine Altersversicherung darstellen.

Die Schulpflicht zögert jedoch den Beginn des Berufslebens hinaus, und die Wohnungsnot führt häufig zu Trennungen. Die Kinder, die für den Staat bereits ein Problem sind, werden allmählich auch eines für ihre Eltern. Man könnte meinen, das Rollenschema würde eher hinterfragt oder verändert, wenn die Ehen nicht mehr vorgegeben sind, sondern in freier Wahl geschlossen werden. Leider ist es immer noch das Privileg der gebildeten, bürgerlichen Schichten, sich von bereits festgelegten, in den traditionellen Strukturen verankerten Rollen zu befreien. Sie sind es, die jedes Mitglied der Familie als Individuum behandeln und jedem Kind eine Existenzgrundlage ermöglichen wollen. In England durchgeführte Untersuchungen, die Familien westlicher Kulturen zum Gegenstand hatten, lassen erkennen, daß die Zufriedenheit der Paare unter anderem auch von der Geburtenregelung abhängt: zu schnell aufeinanderfolgende Schwangerschaften sind besonders für die Mutter, aber auch für das Familienbudget eine starke Belastung und verhindern die Durchführung von Plänen, vor allem, wenn das Paar der Mittelschicht angehört und große Erwartungen hat, aber nur über begrenzte Mittel verfügt.[15] Wie glücklich und erfolgreich ein Paar ist, hängt zum großen Teil davon ab, ob es in der Lage ist, seine Fruchtbarkeit zu kontrollieren.

Fruchtbarkeit – eine Sache der Frau?

Damit Väter und Mütter gemeinsam über ihre Fruchtbakeit bestimmen können, müssen auch die Verhältnisse, in denen das Paar lebt, entsprechend sein.

In einer 1975 in Algerien durchgeführten Befragung werden die für eine geplante Schwangerschaft günstigen Voraussetzungen aufgeführt.[16] An erster Stelle steht die medizinische Betreuung. Die Kindersterblichkeit ist in den Städten allgemein niedriger als auf dem Land, und nur Paare, die die Gewißheit haben, daß ihre Kinder am Leben bleiben, planen weniger Schwangerschaften. Das kann bedeuten, daß die Frauen, die unter fünfundzwanzig Jahre alt sind und in den Städten leben, in den ersten Jahren ihrer Ehe mehr Kinder gebären als die auf dem Land lebenden Frauen, und daß die nach Frankreich emigrierten Maghrebinerinnen häufig erst nach dem vierten Kind Verhütungsmittel nehmen.

Neben den Verhütungsmitteln und der medizinischen Betreuung spielt auch die Hebung des soziokulturellen Niveaus eine große Rolle. Es zeigt sich, daß Frauen, die eine Grundschule besucht haben, im Durchschnitt ein Kind weniger haben als diejenigen, die nie auf eine Schule gegangen sind. Und die Frauen, die einen höheren Schulabschluß besitzen, haben im Durchschnitt noch ein Kind weniger, also 5,7 bis 4,7 und 3,5 je nach Bildungsgrad.

Noch interessanter ist die Tatsache, daß die Zahl der Kinder unabhängig davon ist, ob der Vater eine Schule besucht hat oder Analphabet ist. Nur das höhere Bildungsniveau der Frauen geht mit einer geringeren Kinderzahl einher.

Man kann daraus schließen, daß die Schulbildung die Frauen in die Lage versetzt, sich selbst Gedanken zu machen und zu entscheiden, welche Haltung sie einnehmen sollen.

Wäre es nicht am vernünftigsten, die Frauen selbst entscheiden zu lassen, ob sie Mutter werden wollen oder nicht? Sie müßten dann aber auch selbst entscheiden können, wie sie leben wollen, was sie erreichen wollen, ob das nun die Mutterschaft oder eine andere Sache betrifft. Die Frauen, deren biologische Funktion usurpiert und in den Dienst der väterlichen Sippe gestellt worden war, sollten keine weiteren Übergriffe dulden, auch keine Übergriffe, die das Gegenteil von ihnen fordern, nämlich eine drastische Reduktion der Kinderzahl, wenn nicht sogar Sterilisation wie in China oder Indien. Frauen dürfen genauso wenig zur Fruchtbarkeit wie zur Unfruchtbarkeit verurteilt werden. Es ist nicht zulässig, daß man über ihren Kopf bzw. Bauch hinweg über ihr Reproduktionsverhalten entscheidet.

Aber im Maghreb ist das Modell der maximalen Ausnutzung der weiblichen Fruchtbarkeit, der obligatorischen Mutterschaft, immer noch vorherrschend. Und selbst in Tunesien, dem Land, in dem so viele Anstrengungen auf dem Gebiet der Familienplanung unternommen worden waren, räumen 58 Prozent der Männer erst ab dem dritten Kind einer Frau das Recht ein, aus beruflichen Gründen auf eine weitere Schwangerschaft zu verzichten.[17] Trotz der Bemühungen von seiten des Staates, trotz der Veränderungen in den Familienstrukturen und trotz der wachsenden Zahl von Frauen, die eine Schule besuchen, ist das Modell Erst-Mutter-dann-Frau noch fest in den Vorstellungen der maghrebinischen Bevölkerung verwurzelt. Die Veränderungen lassen sich jedoch nicht mehr aufhalten, und die Verantwortlichen haben auch die verhängnisvollen Folgen dieser Situation erkannt und prangern die Mißstände an. Die neuen Töne kündigen vielleicht eine allgemeinere Infragestellung der sozialen Rollen der Frauen an. Um eine Änderung herbeizuführen, genügt es nicht, Gesetze zu erlassen und Medienkampagnen zu führen. Die Männer und Frauen müssen sich selbst über die soziale Stellung der Frau Gedanken machen und ihre Verhaltensweisen entsprechend ändern.

Als Frau innerhalb einer Paarbeziehung?

»Im Fernsehen und Kino wird einem ständig vor Augen geführt, was für ein schönes Leben die Paare in Europa haben. Der Unterschied zwischen einer Marokkanerin und einer Europäerin ist einfach zu groß«, erklärte bei einer Befragung ein junger Marokkaner aus der Stadt El Jedida.

Der junge Marokkaner hat damit mehrere Feststellungen getroffen: Das Paar ist eine Realität in Europa, die von den Medien exportiert und von den Maghrebinern in idealisierter Form aufgenommen wird; in der marokkanischen Gesellschaft existiert dieses Paar überhaupt nicht, und es existiert deshalb nicht, weil die Marokkanerinnen sich grundsätzlich von den Europäerinnen unterscheiden.

Die verschiedenen Elemente dieser Erklärungen bringen die derzeitige Situation auf einen Nenner. Der Platz, den die Frauen einnehmen, scheint darauf hinzuweisen, daß von ihrer Seite etwas Entscheidendes erwartet wird. Indem er die Männer ausklammert, macht der junge Mann aus El Jedida deutlich, was der Ideologie des Paares im Wege steht: der Mangel an Kommunikation als Konsequenz der strikten Geschlechtertrennung.

Geschlechtertrennung und Nicht-Wählenkönnen

Die Geschlechtertrennung prägt nach wie vor die Verhaltensweisen, denn in einer patrilinearen Gesellschaft steht diese Dichotomie im Mittelpunkt des sozialen Lebens, und daran hat sich auch im heutigen Maghreb nicht viel geändert. »Die Welt der Männer und die Welt der Frauen sind wie Sonne und Mond; sie sehen sich vielleicht jeden Tag, kommen aber nie zusammen.«[1] Der Soziologe Farouk Benatia von der Universität Algier formuliert die Unvereinbarkeit zweier getrennter Welten folgendermaßen: »In unserem Land gibt es zwei Gesellschaften, jede mit ihren Sitten und Gebräuchen, ihrer Sprache, ihren Ritualen, Praktiken und Gewohnheiten. Diese beiden Gesellschaften, die der Frauen und die der Männer, leben Seite an Seite, ohne jemals miteinander zu verschmelzen.«[2] Die Kommunikatonslosigkeit entspricht also der Norm.

Und sie beginnt schon mit der Kindheit: Zurückhaltung, Meiden des anderen Geschlechts, Schleier, ja selbst Klaustration. Auf den Straßen der algerischen Städte begegnet man kaum einem jungen Mädchen. Auch auf den öffentlichen Plätzen sieht man höchstens ein paar vorbeihuschende weibliche Gestalten. Flanieren oder sich an einen der Tische auf den Caféterrassen zu setzen, ist ihnen gewöhnlich untersagt.[3] Die aus den ländlichen Gebieten stammenden Familien stellen häufig noch striktere Verhaltensregeln für Frauen auf, da sie die Städte für sehr viel gefährlicher halten als die Dörfer. Und wenn sich wie in Tunesien männliche und weibliche Bereiche vermischen, so wird das von einem Großteil der Bevölkerung immer noch mißbilligt. Wenn ein junges, unverheiratetes Mädchen in der Gesellschaft von Männern gesehen wird, setzt es seinen guten Ruf aufs Spiel.

Die Kommunikationsbarrieren verhindern die freie Wahl eines Partners, und das wiederum erschwert die Kommunikation zwischen den Eheleuten oder macht sie völlig unmöglich. Zwischen Ali und Djamila breitete sich diese Sprachlosigkeit schon in den ersten Tagen ihrer Ehe aus.

In Ehen, die von anderen in die Wege geleitet werden, kann auch meistens kein Dialog zustande kommen, da jede Art von Intimität vermieden wird (S. 44 ff.). Eine freie Partnerwahl ist auch heute noch selten; die traditionellen Verhaltensweisen sind zu sehr im Denken der Menschen verankert.

Aber auch eine freie Partnerwahl ist mit Schwierigkeiten verbunden, denn der Respekt vor der elterlichen Autorität, der der jungen Generation immer noch eingebleut wird, veranlaßt sie häufig, sich den Eltern zu fügen. Zum Beispiel wagen in einer Stadt wie El Jedida auch heutzutage die jungen Mädchen noch nicht, selbst zu entscheiden, wen sie heiraten wollen, selbst wenn sie eine höhere Schule besucht haben und einer festen Arbeit nachgehen. Und in Algerien ist die Situation nicht anders. Viele junge Mädchen mit einer höheren Schulbildung und einer Arbeit akzeptieren die von der Familie getroffene Wahl[4], da sie die Sicherheit, die die Wahl der Eltern verheißt, einer als höchst riskant und abenteuerlich betrachteten eigenen Wahl vorziehen. »Die Segregation der Geschlechter bestimmt immer noch die Verhaltensweisen, selbst in Situationen, in denen sie offiziell aufgehoben ist.«[5] Zwischen Mann und Frau gibt es nur die Arbeit, die sie sich teilen, jede Form von Zuneigung wird von der traditionellen Ideologie abgelehnt. Innerhalb einer ehelichen Beziehung werden keine Gefühle erwartet; die Männer haben ihre Mütter, die Frauen ihre Söhne. Die stärkste heterosexuelle Beziehung – die der Mutter zu ihrem Sohn – läuft der Paarbeziehung den Rang ab (siehe S. 124 ff.).

Die marokkanische Soziologin Fatima Mernissi zitiert die Liebeserklärung eines 35jährigen Rechtsanwalts an eine Kollegin, um deren Hand er kühnerweise selbst angehalten hatte:

> *Gleich am ersten Tag, als ich Dich im Gerichtssaal erblickte, wußte ich, Du bist die Frau für mich, denn Du bist meiner Mutter wie aus dem Gesicht geschnitten, Du hast die gleichen Augen, die gleiche Größe ...*[6]

Das Unbehagen der Jugend

Da die Konzeption des Paares von allen Medien und kulturellen Einrichtungen sowie durch Touristen und den Zeitgeist vermittelt wird, kann die Bevölkerung des Maghreb nicht umhin, die Kluft zwischen der eigenen und der westlichen Kultur – einer Kultur, mit der sie immer häufiger konfrontiert wird – zur Kenntnis nehmen. Gleichzeitig werden unter den gegenwärtigen Umständen die Probleme immer dringlicher: Die höhere Lebenserwartung bewirkt, daß die Generationen länger unter einem Dach zusammenwohnen. Somit bleiben die Mütter auch länger im Haushalt ihrer Söhne oder zumindest in deren Nähe und machen ihren Schwiegertöchtern, die sie als Rivalinnen betrachten, den Rang streitig. Die Versuche der jungen Frauen, ihren Männern näher zu kommen, werden von ihnen, die diese Nähe nie gekannt haben, erfolgreich vereitelt. Die Mütter versuchen ihre Söhne und Männer-Substitute so lange wie möglich bei sich zu behalten, um, wie eine von ihnen, eine Algerierin, es ausdrückte, »auch etwas von ihnen zu haben«. Das ist eine allgemein bekannte Tatsache; besonders aber wird den verwitweten Müttern ihre besitzergreifende Liebe vorgeworfen, und manchmal weigern sich sogar die Väter, ihre Tochter einem solchen ›Witwensöhnchen‹ zur Frau zu geben. Manche Männer sind sich auch im klaren darüber, welches Problem die Schwiegermutter für einen Haushalt bedeuten kann. Sie befürchten, daß die Mutter sie auch als erwachsene und verheiratete Männer zu bevormunden versucht, und daß es zwischen ihr und ihren Frauen zu Konflikten kommt. Allerdings kann ein Mann dem häuslichen Unfrieden entfliehen, eine Flucht, die legitimiert wird durch die Tradition eines sich außerhalb des Hauses abspielenden gesellschaftlichen Männerlebens. Sie verstärkt jedoch die Segregation und entfremdet den Mann dem gemeinsamen Haushalt noch mehr.

Das heraufgesetzte Heiratsalter ist im Umfeld der sexuellen Segregation eine Quelle der Spannungen, die von den Jugendlichen als immer unerträglicher empfunden werden. Die 1981 durchgeführten Befragungen von Psychologiestudenten der Universität Algier lassen das Unbehagen der jungen Leute erkennen, deren wachsende Erwartungen mit den starren ideologischen Strukturen in Konflikt geraten.[7] Diese jungen Studenten und Studentinnen im Alter von 24 bis 32 Jahren, die aus ganz unterschiedlichen Schichten stammen – ihre Väter sind Bauern, Händler, Handwerker, Lehrer –, verurteilen einstimmig die Barrieren zwischen den Geschlechtern, die jede Kommunikation verhindern, und den frustrierenden Mangel an allgemeiner Sympathie und Zuneigung innerhalb der sexuellen Beziehungen, auch der ehelichen. Sie sprechen von einer

»sexuellen Misere« und beklagen, daß vor der Hochzeit nur die Homosexualität oder die Prostitution einen Ausweg bieten würden. Die meisten jungen Männer würden ihre ersten heterosexuellen Erfahrungen mit Prostituierten machen, das sei »ein schlechter Anfang, gemein und abstoßend«, wie ein 27jähriger Junggeselle bäuerlichen Ursprungs bemerkt. Es sei eine »Lösung, die der Verzweiflung entspringt«; sie würde einen zwingen, »die Sexualität als bloß biologisches Bedürfnis zu sehen«. Diese Situation nötigt das Individuum zu einer schmerzhaften Unterscheidung. »Entweder spielen Gefühle eine Rolle und man wartet bis zur Hochzeit, oder es ist einfach nur ein sexuelles Bedürfnis«, klagt ein junger Mann aus Biskra, der puritanischen Stadt des Südens.

Während innerhalb der patrilinearen Strukturen die Sexualität mit einer aufgezwungenen sozialen Rolle verknüpft war, haben die gesellschaftlichen Umwälzungen und der Individualisierungsprozeß, den sie einleiteten, einer individuellen, aber immer noch verbotenen Sexualität den Weg geebnet. Die Jüngeren wollen Gefühle und Sexualität miteinander verbinden und sich nicht mehr mit der von der Familie vorgeschriebenen Sexualität im Dienste der Gemeinschaft begnügen. Verstärkt wird dieser Wunsch durch ihre Lektüre und die von den Medien vermittelten Beispiele, die andere Erfahrungen, andere Möglichkeiten aufzeigen. Die junge Generation beklagt »den Unterschied zwischen unserer Art zu leben und den Wertvorstellungen, die uns immer noch beherrschen«. Die von den westlichen Kulturen inspirierten Wünsche werden als unvereinbar mit den aktuellen Gegebenheiten, dem Erbe der patrilinearen Kulturen betrachtet.

Die Befriedigung affektiver und sexueller Bedürfnisse ist im Maghreb noch ein Wunschtraum, der nur auf der anderen Seite des Mittelmeers verwirklicht wurde.

Für die jungen Mädchen ist die Situation zweifellos noch schwieriger, wenn nicht sogar dramatisch, was weniger in Worten als in Taten der Verzweiflung zum Ausdruck kommt. Es ist eine große Ausnahme, wenn eine Frau zwischen 24 und 26 Jahren noch nicht verheiratet ist. Unter fünf algerischen Psychologiestudentinnen, die an der Befragung teilgenommen hatten, waren die beiden ältesten (27 und 30 Jahre) verheiratet, Mütter und im Lehrbereich tätig.

Die Unterdrückung der vorehelichen Sexualität wird von ihnen vehement angegriffen. Sie schildern die häufig tragischen Folgen für die jungen Frauen, für die es neben der von der Gesellschaft beanspruchten Sexualität innerhalb einer arrangierten Ehe nur noch die Prostitution gibt.

> *Da ein gesundes, glückliches Leben ohne Probleme, ein goldener Mittelweg, praktisch nicht möglich ist, fällt man von einem Extrem ins andere, vielleicht weil die Gesellschaft im Grunde eher eine Prostituierte akzeptiert als eine Frau, die frei und ehrlich mit ihrer Sexualität umgeht,*

sagte die 26jährige Tochter eines Kaufmanns aus Bougie. So träumen also die jungen Frauen von Paarbeziehungen und von einer ›sexuellen Harmonie‹ mit einem Mann, der auch ihre Anschauungen teilt.

Außerdem müssen sie sich noch den Zugang zu empfängnisverhütenden Mitteln erkämpfen. Angeklagt werden jedoch nicht die zukünftigen Partner, sondern die Gesellschaft:

> *Wir gehören einer extrem konservativen Gesellschaft an, die voreheliche geschlechtliche Beziehungen mit drakonischer Härte bestraft.*

Die traurigen Folgen dieses Mißstandes sind: inzestuöse Verhältnisse, die ihre männlichen Kommilitonen bestätigen, und vor allem die Selbstmorde junger Mädchen, denen ein Ehemann aufgezwungen werden sollte oder deren vorehelichen Beziehungen in die Brüche gegangen waren. Auch Mahfoud Boucebi erwähnt diese Selbstmorde: »Im Bild einer jugendlichen Suizidgefährdeten, die in der Stadt lebt und eine Schule besucht hat, kommt die ganze soziale Problematik zum Ausdruck«, sagt Mahfoud Boucebci[8], und er fügt hinzu, daß die Rate suizidgefährdeter Jugendlicher in den Städten ständig zunimmt und daß die Zuwachsrate für alle

Maghrebstaaten gleich groß ist – »ein bisher unbekanntes Phänomen«.

Das Unbehagen der Jugendlichen rührt aus einer quälenden Unzufriedenheit her, die sich wiederum durch das Mißverhältnis zwischen den neuen Konzeptionen, den Sehnsüchten und den Möglichkeiten, sie zu stillen, erklärt. Es betrifft Fragen, die so heikel und essentiell sind, daß sie häufig nicht in ihrem ganzen Umfang begriffen werden. Aber selbst wenn das der Fall wäre, so ist die Situation dermaßen verfahren, daß kaum Raum zum Handeln bleibt. Das erklärt die heftigen verbalen Attacken und die aggressiven Reaktionen.

Die jungen Leute prangern die alten Bräuche als überholt und anachronistisch an und rebellieren gegen die konservative Gesellschaft:

> *Wir halten immer noch Ausschau nach dem Laken mit dem Blutflecken. Es ist eine Gesellschaft von lebenden Toten ... sie muß vom Erdboden verschwinden.*

Ein junger algerischer Psychologiestudent analysiert diese Gesellschaft folgendermaßen:

> *Die algerische Gesellschaft lehrt uns nicht, den sexuellen Akt als etwas Verbindendes zu betrachten, als eine Sache, die zwei Leute betrifft; kultiviert wird vielmehr eine extrem phallokratische Haltung.*

So vehement es auch ist, meistens erschöpft sich das Aufbegehren in der bloßen Verbalisierung des Unbehagens; die jungen Leute passen sich schließlich doch an und lassen sich nicht auf das Abenteuer einer Paarbeziehung ein. Es fehlen auch alle Voraussetzungen. Zumindest müßte die Möglichkeit eines Dialogs zwischen Männern und Frauen bestehen, eine gemeinsame Sprache müßte erfunden werden. Und die junge Generation müßte das Rollenschema ablehnen, neue Rollen annehmen und neue Konzeptionen einbringen. Das würde jedoch persönliche Risiken bedeuten, denn die Integration in die Gesellschaft, das persönliche Schicksal, müssen selbst in die Hand genommen werden. Daher entscheiden sich die meisten für die Sicherheit der patrilinearen Tradition, die den einzelnen unter ihre Fittiche nimmt, und lassen sich nach altem Brauch von ihren Eltern verheiraten.

Andere, in der Stadt oder auf dem Land lebende Marokkaner und auch jüngere, in Algier lebende Männer suchen Zuflucht in Alkohol, Haschisch und anderen Drogen, die Psychosen, Suizidtendenzen und Marginalisierung zur Folge haben. Die heranwachsende Jugend ist in Algerien eines der größten Probleme.[9]

Eine junge Algerierin schreibt:

> *Wer sich in dieser puritanischen Gesellschaft mit Liebe und Sexualität befaßt, stößt auf eine unüberwindbare Scheu und Hilflosigkeit.*[10]

In dieser Zeit großer soziologischer Umwälzungen kann eine ideologische Konfrontation ziemlich problematisch sein. Liebe und ihre Verwirklichung in einer Paarbeziehung sind zwar Konzeptionen, die eine große Anziehungskraft besitzen, sich aber kaum durchsetzen lassen, weil die individuellen Freiheiten nichts bedeuten und die sexuelle Freiheit praktisch verrufen ist.

Die Sexualität wird noch immer der Fortpflanzung untergeordnet, einer der wichtigsten Stützen der patrilinearen Gesellschaft. Es wäre deshalb viel zu riskant, das Individuum selbst entscheiden, selbst die Verantwortung übernehmen zu lassen. Die Tatsache, daß Sexualität und Fortpflanzung in einen Topf geworfen werden, erklärt auch die übertriebene Bedeutung, die der Jungfräulichkeit beigemessen wird, und sie verhindert, daß Frauen außer ihrer Mutterrolle einen sozialen Status erreichen können, d.h.: das werden können, was die Jüngeren für erstrebenswert halten – zu Frauen und zu Müttern.

Solange die Frauen außer ihrer mütterlichen Funktion keine anderen Funktionen erfüllen, solange die Männer ihnen jede gesellschaftliche Funktion absprechen, die mit ihrer vergleichbar ist, und solange sie nicht nur als Frauen begehrenswert sind, sondern gleichzeitig auch Gefährtinnen sein können, mit denen sich eine partnerschaftliche Beziehung aufbauen läßt, solange wird auch dieser Unterschied, den die jungen Maghrebiner für das allgemeine Unbehagen verantwortlich machen, nicht abgeschafft werden können.

Das immer deutlicher zum Ausdruck gebrachte Unbehagen entspringt jedoch einer Sensibilität und einem Nachdenken über die Probleme, die ein größeres Verständnis und entscheidende Veränderungen in den Vorstellungen und Verhaltensweisen bewirken können. Vielleicht erfüllen sich dann auch die Voraussagen des Soziologen und Verkünders der Revolution, Frantz Fanon, der schon seit 1959 hoffte, daß »das Paar nicht mehr nur ein Zufall ist«, sondern daß es »die Basis für die Begegnung der Geschlechter« bildet.[11]

Die Einengung des weiblichen Bereichs und die Abhängigkeit der Frauen

Auch wenn unter den neuen wirtschaftlichen, sozialen und politischen Bedingungen die von einer patrilinearen Gesellschaft ererbten männlichen Rollen in Frage gestellt werden, so sind es wiederum die Männer, die sich innerhalb eines neuen Rahmens nach einer neuen Tätigkeit umschauen. Da sie sich meistens aus der Produktionsgemeinschaft der väterlichen Sippe herausgelöst haben, müssen sie sich allein auf die Suche nach Erwerbsquellen machen, und sie tragen auch allein die Verantwortung für ihre neue Familie. Auf diese Weise übernehmen die Männer eine sehr viel größere individuelle Verantwortung als bisher. Sie sind es, die sich emanzipieren.

Bei den Frauen ist das nicht der Fall. Von wenigen Ausnahmen abgesehen, beschränkt sich ihre Rolle auch heute noch auf das Kinderkriegen im Dienst der Familie. Während die neuen männlichen Rollen den Aktionsradius der außer Haus tätigen Männer kaum einschränken, erleben die Frauen, wie ihr Wirkungskreis, der früher die ganzen Ländereien der Sippe umfaßte, auf eine kleine Wohnung in der Stadt zusammenschrumpft. Die räumliche Einschränkung bedeutet auch eine Reduzierung ihrer Funktionen, die sie in den engen Rahmen der neuen Familien verbannt: Reproduktion und Hausarbeit.

In den Städten bedeutet diese Einschränkung des weiblichen Tätigkeitsbereichs eine unmittelbare Abhängigkeit vom Mann und häufig auch noch von seiner Mutter, während innerhalb der patrilinearen Hierarchie der Autorität des Ehemanns und der Schwiegermutter die Autorität des Sippenältesten übergestülpt gewesen war. In der Familiengesetzgebung der Maghrebstaaten herrscht Übereinstimmung in dem einen Punkt, daß nämlich die Frau ihrem Mann als dem alleinigen Familienoberhaupt Gehorsam schuldet. Daher ist es unzulässig, daß die Frau einen gesellschaftlich höheren Rang einnimmt als ihr Mann oder ihm auf andere Weise überlegen ist. Die tunesische *Majalla* gestattet jedoch einer Frau, die über eigene Mittel verfügt, daß sie zum Unterhalt der Familie beiträgt. Diese Bestimmung könnte ein neues Gleichgewicht zwischen den Geschlechtern bewirken und vielleicht sogar eine gerechtere Verteilung der häuslichen Pflichten nach sich ziehen.

Zukünftige Familienstrukturen

Obwohl die patrilineare Ideologie quer durch die ganze Gesellschaft hindurch immer noch die Wertvorstellungen beeinflußt, wurden auch Fortschritte gemacht, vor allem im Bereich der Gesetzgebung: Die Ehe wurde beispielsweise zur Ausgangsbasis für die Familie erklärt. Voraussetzung für ihre Gültigkeit ist das gegenseitige Einverständnis der Partner. Die Staaten scheinen also auch eine Konfrontation mit der patrilinearen Ideologie zu riskieren und damit eine Überprüfung der weiblichen Rollen einzuleiten. Die Frau wird in Zukunft nicht mehr nur Mutter im Dienst der väterlichen Sippe sein, sondern Mutter und gleichzeitig Gefährtin eines Mannes, den sie aus freien Stücken geheiratet hat, um eine partnerschaftliche

Ehe zu führen. Aber die Gesetze bestehen häufig nur auf dem Papier. So wurde 1973 zum Beispiel in Tunesien, wo »zwischen den gesetzlich verankerten Rechten der Frauen und der Praxis immer noch eine tiefe Kluft besteht«[12], den Frauen das 1956 gewährte Recht, auch mit einem Nichtmusulmanen eine Ehe einzugehen, wieder entzogen.

Die angestrebte Form der Ehe

Auch wenn die Kleinfamilie dem westlichen Paarbegriff eher entspricht, so scheinen die im Maghreb üblichen Eheformen der von angelsächsischen Soziologen als ›zweckdienlich‹ bezeichneten Form der Ehe zu entsprechen, eine Ausrichtung, die sich mit der patrilinearen Ideologie sehr gut vereinbaren läßt.

Die Frauen können aber erst zu Partnerinnen werden, die das eheliche Leben aktiv mitgestalten, wenn die von der jüngeren Generation beklagte Kluft nicht mehr besteht. Eine Frau, die sich nur mit ihrer Mutterrolle identifiziert, ist nicht mehr verfügbar, da sie sich ganz ihren Söhnen widmet. Und ein Mann, der vor allem Sohn seiner Mutter ist, wird als Ehemann und Lebensgefährte nicht viel taugen. Die sich heranbildenden ›neuen Familien‹ sind der patrilinearen Ideologie noch zu sehr verhaftet, um sich von dem alten Begriff der Frau als Mutter befreien zu können. Häufig lebt auch noch die Schwiegermutter bei den jungen Eheleuten und beherrscht den Haushalt ihres Sohnes. Die jungen Frauen, die von einer Paarbeziehung träumen, werden in dieser unglücklichen Situation völlig übergangen.

In Tunesien werden Ehen, die die Ideologie der Paarbeziehung vertreten, eindeutig vom Staat gefördert. Der Staatschef selbst ging mit gutem Beispiel voran – er heiratete beide Male eine bemerkenswerte Frau, die an seiner Seite wichtige Funktionen erfüllte. Aber all das ändert nichts an der Tatsache, daß Paarbeziehungen dieser Art im Maghreb immer noch das Privileg einer kulturellen Elite sind.

Eheuntaugliche Söhne?

Nur wenige Maghrebiner sind bereit, ein neues Frauenbild zu akzeptieren, das der Ideologie der Paarbeziehung entspricht. Gerade in Tunesien, einem Land, in dem so viele Anstrengungen unternommen wurden und in dem auch ein deutlicher Geburtenrückgang zu verzeichnen ist, gehen die Meinungen der Männer auseinander. Nach einer 1983 durchgeführten Befragung sieht die Mehrheit der über 40jährigen Männer, die eine höhere Schule besucht haben und in einer Stadt leben, den Platz der Frau in der Familie und betrachtet das Kinderkriegen als ihre eigentliche Bestimmung, eine Meinung, die von der wenig gebildeten männlichen Landbevölkerung und einem beträchtlichen Prozentsatz der über 40jährigen Landfrauen geteilt wird.[13] Wenn die Männer zwischen 20 und 30 und ein Teil der Stadtbewohner das Bild einer emanzipierten, den Männern gleichgestellten Frau akzeptieren, so hält es die Mehrheit jedoch nicht für wünschenswert, daß die Frauen im wirtschaftlichen und sozialen Bereich denselben Rang einnehmen. Diese zögernde, unentschiedene Haltung ist symptomatisch für die durch die sozialen Umwälzungen und die Infragestellung übernommener Werte bewirkte Verunsicherung.

Dieselbe Ambivalenz findet man auch bei Jüngeren, in Paris lebenden Maghrebinern, deren kulturelles Milieu die Ideologie des Paares und der Gleichberechtigung eigentlich fördern sollte. Sie schätzen zwar die Kommunikationsmöglichkeiten und die Gesellschaft der in Frankreich aufgewachsenen gleichaltrigen Mädchen, mit denen sie ausgehen, diskutieren und Gedanken austauschen können, aber dann sagen sie doch:

> *Heiraten würde ich keine, das wäre einfach unmöglich. Zur Mutter meiner Kinder würde ich keine von ihnen machen.*[14]

Derselben Meinung sind auch die jungen Marokkaner, die in Frankreich studieren. Sie haben folgende Lösungen parat: eine Freundin in Frankreich und eine Frau zuhause, die die Kinder großzieht. Zwischen Partnerin und der für die Nachkommenschaft zuständigen Frau wird also genau unterschieden, wobei sich das Konzept der Polygamie als besonders nützlich erweist. Eine solche Bigamie – offiziell oder nicht – wird von vielen Männern praktiziert, nicht nur von Maghrebinern. Was jedoch die Männer aus dem Maghreb betrifft, so scheinen sie durch diese Unterscheidung ihren Wünschen und Befürchtungen Rechnung zu tragen.

Aber verbirgt sich hinter diesen, oft genug begründeten Befürchtungen nicht eine unausgesprochene Angst, die manchmal die Züge einer Obsession annimmt, eine in der Vorstellungswelt der traditionellen Gesellschaft angesiedelten Angst vor der Frau, weil sich der Mann an der Nase herumgeführt wähnt? Die alten Schreckensbilder tauchen wieder auf, und zwar in dem Augenblick, in dem die Frauen ihre traditionelle Rolle in Frage stellen. Die Menschenfresserin erfreut sich heutzutage eines großen Interesses von seiten der jungen, mit den europäischen Vorstellungen konfrontierten Maghrebinern, die erschreckt zurückweichen und sich in die Rolle des Sohnes flüchten.

> *Wenn ich heirate, dann nur meiner Mutter zuliebe; sie muß sich richtig erholen können – von der Arbeit, von meinem Vater; meine Frau wird sich darum kümmern,*

erklärte ein junger Maghrebiner aus einem Pariser Vorort.[15]

Das patrilineare Modell ist noch so beherrschend, daß die Mütter selbst in der Emigration eine Paarbeziehung zu verhindern suchen. Auch die neuen Rollen – Männer als Ehemänner und Frauen als Ehefrauen neben der traditionellen Eltern- und Kinderrolle – können sich kaum durchsetzen.

Häufig ist es gerade die Situation im Ausland, die die Frauen und Mütter in ein kulturelles Abseits drängt und diese Haltung einnehmen läßt, die eine Rückbesinnung auf die eigene Identität und die traditionellen Wertvorstellungen ist – ein aus der Ablehnung geborener Konservatismus. So läßt sich auch die in den ersten Kapiteln beschriebene Haltung Frau Lâalis erklären, die ihren Sohn nach alter Sitte verheiratete. Noch autoritärer und dramatischer sind die Haltungen der Mütter, wenn es sich um ihre Töchter handelt.

Das traditionelle, von den Frauen selbst internalisierte Modell Erst-Mutter-dann-Frau steht einer Hinterfragung der ehelichen Beziehungen im Weg. Trotz der Forderungen der Studenten, eine partnerschaftliche Ehe zu ermöglichen, trotz ihrer Verwirklichung in den Kreisen einer kulturellen Elite, scheint im Augenblick vor allem die Zweckmäßigkeit zu zählen. Falls die Jugend Veränderungen anstrebt, so geht sie sehr vorsichtig zu Werke. Sie muß gegen den Widerstand der älteren Generation und vor allem der doppelt frustrierten Mütter kämpfen: frustriert von Paarbeziehungen, die sich an der neuen Ideologie orientieren, und von ihren nach dem patrilinearen Modell ausgerichteten Beziehungen zu ihren Kindern. Die gegenwärtigen Veränderungen, die sich besonders auf die Beziehung der Mütter zu ihren Kindern auswirken, können zu tiefen Erschütterungen führen.

Eine Neudefinition der weiblichen Rollen?

Der Wandel, der im Maghreb stattgefunden hat, scheint das Modell Erst-Mutter-dann-Frau kaum erschüttert zu haben. Die Bevölkerungspolitik der Maghrebstaaten, die eine Geburtenbeschränkung und neue Familienformen propagierte, die auf eine Partnerfamilie hinausliefen, scheint die Rolle der Frauen innerhalb dieser neuen Familien, der Basis der maghrebinischen Gesellschaft, nicht wirklich in Frage zu stellen.

Die Geburtenbeschränkung läßt die Mutterschaft vielleicht weniger obligatorisch werden, und die Verkleinerung der Familie bewirkt vielleicht, daß die Eheleute einander näher kommen. Trotzdem sind die meisten Frauen noch so sehr ihrer biologischen Rolle verhaftet, daß sie die Mutterschaft als die Erfüllung ihres Lebens betrachten. Innerhalb der neuen Familien steht ihnen nur etwas mehr Zeit zur Verfügung, um sich ihren häuslichen Pflichten und vor allem ihren Kindern und ihrer erzieherischen Aufgabe widmen zu können.

Veränderungen im Bereich der Kindererziehung

Wie eh und je werden die Kleinkinder, Mädchen wie Jungen, der Obhut der Mutter anvertraut, häufig sogar noch ausschließlicher, denn in den neuen Familien können die Mütter nicht auf andere Frauen zurückgreifen; außerdem erfordert die Kinderpflege nach heutigen hygienischen Maßstäben mehr Sorgfalt und mehr Zeit. Die jungen Mütter haben also viel zu tun, vor allem, wenn sie mehrere Kinder versorgen müssen. Neben ihrer Rolle als Ernährerinnen erfüllen sie eine wichtige erzieherische Funktion; sie vermitteln den

Kindern die in einer Kultur üblichen Verhaltensweisen und Regeln. Diese frühkindliche Erziehung durch die Mütter ist heutzutage jedoch bald abgeschlossen: An ihre Stelle tritt der meist obligatorische Schulbesuch, der in den Händen des Staates oder privater Institutionen liegt.

Die Mütter sind nicht mehr wie früher die Vermittlerinnen von Kenntnissen, auch wenn in der traditionellen Gesellschaft sowohl die Sippenmitglieder wie auch die Nachbarn sich der Kinder annehmen. Ein großer Teil der Erziehung – die Ausbildung – ist nicht mehr Aufgabe der Familie oder der Verwandtschaft, sondern des Staates und der dafür zuständigen Institutionen, die ein sorgfältig ausgewähltes Wissen vermitteln. Natürlich hat das alle möglichen Auswirkungen, wichtig sind in diesem Kontext vor allem diejenigen, die eine Veränderung des starren Rollenschemas bewirken.

Auch wenn das Schulsystem keinen Bruch mit der bisherigen Lebensweise bedeutet, wird das Kind doch aus dem Kokon der Familie geholt, um es in einem anderen Rahmen zu erziehen, und auf diese Weise untergräbt der Staat die Autorität der Mutter. Außerdem müssen Jungen und Mädchen den häuslichen Bereich verlassen, wenn sie zur Schule gehen. Dabei kommt es zu zwischengeschlechtlichen Kontakten, wenn nicht im Klassenzimmer, dann zumindest auf dem Schulhof oder auf dem Weg zur Schule.

Die Übernahme der Erziehung durch den Staat lockert die enge Mutter-Kind-Beziehung, dafür werden andere, neue Beziehungen zu den Mitschülern und Lehrern geknüpft. Der Besuch einer höheren Schule bedeutet häufig, daß die Kinder länger von zuhause weg sind. Die Berufsausbildung läßt die Familie dann völlig auseinanderfallen. Die Söhne verlassen das väterliche Haus, was für die im patrilinearen Familienverband lebenden Mütter eine richtiggehende Entwöhnung bedeutet.

Unter dieser Modifizierung der Mutter-Sohn-Beziehung scheinen vor allem alleinstehende Mütter zu leiden. An ihrer Zuneigung für den erwachsenen Sohn hat sich nichts geändert. Und die Ergebenheit des Sohnes wird durch die Schuldgefühle, die dieses neue Opfer der Mutter bewirkt, nur noch größer. Das Ergebnis ist häufig eine noch intensivere Mutter-Sohn-Beziehung.

Die Trennungen sind sowohl im Maghreb wie auch im Ausland für die auf ihre Söhne fixierten Mütter ein beinahe unüberwindliches Problem. Da sie keine Möglichkeit haben, sich anderweitig zu orientieren, sind die neuen Lebensbedingungen ein wahrer Alptraum für sie. Ist es also verwunderlich, wenn sie das enge Zusammenleben in der patrilinearen Familie vermissen und dem traditionellen Lebensstil nachtrauern?

Vielleicht fällt den Frauen, die in Zukunft nicht mehr nur Mütter sind, der Abschied von ihren Söhnen leichter, und vielleicht werden sie ihre Schwiegertöchter nicht mehr als Rivalinnen betrachten. Vielleicht weicht auch die Frustration der alten Mutter-Frau dem Glück der neuen Ehefrau. Aber ein solcher Wandel setzt eine Ausbildung der Mädchen voraus.

Bildungsniveau der Mädchen

Was die Hinterfragung der weiblichen Rollen betrifft, so hat die Schulbildung der Mädchen weitaus größere Auswirkungen als die der Jungen. Auf den Zusammenhang zwischen dem Bildungsgrad der Frauen und der Anzahl ihrer Kinder wurde bereits hingewiesen. Dabei konnte man auch feststellen, daß eigentlich nur eine höhere Schulbildung wirkliche Veränderungen bewirkte.

In Ghardaïa, einer Stadt im puritanischen algerischen Mzab, wurden die Mädchen, die beinahe alle die Grundschule besucht hatten, bis vor kurzem noch sehr früh verheiratet und gaben sehr traditionsbewußte Mütter ab. Im allgemeinen wird jedoch der Besuch der Grundschule als eine unerläßliche gesellschaftliche Errungenschaft betrachtet. Da er die jungen Mädchen in die Lage versetzt, sich als Familienmütter den Veränderungen anzupassen, wird er auf dem Heiratsmarkt sogar als Pluspunkt betrachtet. Selbst die konservativsten Kreise begrüßen ihn als Fortschritt. Er bewirkt keinen grundsätzlichen Wandel: Man kann die Mädchen ruhigen Gewissens auf eine Schule schicken, ohne deswegen neue Maßstäbe einführen zu müssen. Auch die Mutter-Tochter-

Beziehung erfährt keine wesentliche Veränderung. Die für die Haushaltsführung notwendigen Kenntnisse werden den Mädchen nach wie vor von den Müttern vermittelt, die nun allen Grund zu der Annahme haben, ihre Kontrollen und Verhaltensregeln seien angesichts der Gefahren, die der Schulbesuch mit sich bringt, unerläßlich geworden.

Bei einer höheren Schulbildung, die es den Mädchen ermöglicht, an Diskussionen teilzunehmen und eigene Ideen zu entwikkeln, sieht die Sache etwas anders aus.

Man stellt zum Beispiel häufig fest, daß die Mädchen, die eine höhere Schule besuchen, sehr viel lerneifriger und aufnahmebereiter sind als die Jungen, da sie den Beweis erbringen wollen, daß sie mit ihren männlichen Kommilitonen Schritt halten können, was schon einer Hinterfragung der Geschlechterrollen gleichkommt. Auf den Mädchengymnasien kommt es auch häufig zu Rebellionen, die dramatische Formen annehmen können. Deshalb betrachten viele Eltern eine höhere Schulbildung als eine Gefahr für ihre Töchter, da sie in ihnen ein Verlangen nach Unabhängigkeit wekken könnte und sie sich dann weigern würden, sich weiterhin unterzuordnen. Die höhere Schulbildung stellt aber nicht nur das Modell Erst-Mutter-dann-Frau in Frage, sondern hat häufig auch direkte Auswirkungen auf die Beziehungen innerhalb der Familie.

Schulbildung und die Rolle der Eltern

Die Schulbildung der Kinder modifiziert das Verhalten gegenüber ihren weniger gebildeten Eltern. Die Mütter wissen häufig nicht, wie sie ihre Töchter, deren Ansprüche ihnen einfach maßlos erscheinen, bändigen sollen, und versuchen, ihren Willen mit Gewalt durchzusetzen. Es gibt aber auch Mütter, die die Legitimität dieser Forderungen anerkennen und einer weiblichen Solidarität Vorschub leisten.

Die Väter zeigen ähnlich unterschiedliche Reaktionen. Entweder verhalten sie sich noch autoritärer, oder sie bemühen sich um

Verständnis. Manchmal sind die Väter aber auch sehr viel aufgeschlossener ihren Töchtern gegenüber als die Mütter: Sie versuchen, sich für sie einzusetzen und entwickeln die ehrgeizigsten Pläne. Malika Zamiti-Horchani stellte fest, daß in Tunesien 60 Prozent der befragten Männer sich gegen eine Berufsausbildung der Frauen aussprechen; handelt es sich aber um die eigene Tochter, sind es nur 8 Prozent. Die Antwort hängt also ganz davon ab, ob der Befragte persönlich betroffen ist oder nur die allgemeine Meinung wiedergibt. Sie bemerkt: »Die Männer erträumen sich die qualifiziertesten und begehrtesten Posten für ihre Töchter: im Management, in freien Berufen, als weibliche Chefs in kaufmännischen Betrieben, in der Industrie und der Landwirtschaft.« Die Mütter hingegen sind sehr viel konsequenter, »sie machen keinen Unterschied zwischen ihren eigenen Töchtern und den übrigen jungen Frauen, wenn sie für eine Berufsausbildung plädieren.«

Das Frauenbild der gebildeten Jungen ist ziemlich ambivalent. Es fällt ihnen nicht leicht, auf jahrhundertealte Privilegien zu verzichten, denn sie sind in erster Linie die Söhne ihrer Mütter und nicht die Väter von Töchtern. Trotzdem könnten diese Modifikationen in dem Vater-Tochter-Verhältnis das Rollenschema einmal in Frage stellen.

Aufgrund ihrer in Algerien durchgeführten Untersuchungen spricht Sylvie Garnero sogar von einer »Triangulation der familiären Beziehungen«.[1] Sie bemerkt, daß zwischen Vater und Tochter eine größere Affinität besteht als zwischen Mutter und Tochter und daß die Väter sich ihren Töchtern gegenüber auch sehr viel nachsichtiger zeigen. Sie glaubt darin eine »Bestätigung der Frau als Frau und nicht nur als Mutter« und die Ansätze zu einem »neuen Paarbewußtsein« zu erkennen.[2]

Auch wenn diese Beobachtungen sich vielleicht nicht verallgemeinern lassen und der Begriff des Paares wie seine Verwirklichung in den neuen Familien fragwürdig erscheinen, so ist es doch eine Tatsache, daß die Schulbildung der Mädchen und vor allem die höhere Schulbildung tiefgreifende Veränderungen innerhalb der Familien bewirkt und damit einen Prozeß eingeleitet haben, der das starre Rollenschema aufbrechen könnte. Er könnte aber auch konträr zu einer Stärkung der Mutterrolle führen, denn außer ihren Vätern haben die Töchter eigentlich keine Verbündete, weil die Ehemänner zu sehr Söhne ihrer Mütter sind, um ihre Verhaltensweisen zu ändern und eine Partnerschaft mit ihren Frauen anzustreben.

Neue Tätigkeitsbereiche für die Frauen?

Die Entwicklung des Bildungswesens hat zwei wesentliche Veränderungen des weiblichen Rollenverhaltens bewirkt: Die Mütter sind nicht allein verantwortlich für die Erziehung; den Mädchen wird auf der Schule ein Wissen vermittelt, das ihnen neue Tätigkeitsbereiche erschließt.

Zu fragen ist nun, ob mit diesem Veränderungsprozeß nicht auch eine neue Generation von Frauen neue Bedürfnisse anmeldet und versucht, ihr Betätigungsfeld zu erweitern. Könnten nicht neue Aufgaben von den Frauen übernommen werden, Aufgaben, die sie so beanspruchen, daß die Mutterschaft an Bedeutung verliert?

Bevor wir uns dieser Frage zuwenden, gilt es zunächst festzuhalten, daß die traditionelle weibliche Arbeit eine Abwertung erfahren hat. Der Niedergang der lebensmittelerzeugenden Landwirtschaft und die Entwicklung einer modernen Wirtschaft befreiten die Frauen von einem großen Teil ihrer Aufgaben, wie beispielsweise von der Mithilfe bei der Ernte, reduzierten jedoch ihren Tätigkeitsbereich auf die häusliche Sphäre (Küche, Haushalt, Kinder).

Während sich die Männer im Rahmen einer veränderten, von der Sippe unabhängigen Produktionsweise neuen Tätigkeiten zuwenden können, besteht für die Frauen keine Möglichkeit, sich umzuorientieren. Das, was ihnen geblieben ist, ist ein Bruchteil von den Aufgaben, die sie in dem früheren System erfüllten. Zwar verzichten auch die neuen Produktionsweisen nicht ganz auf die traditionellen Fertigkeiten, nur nehmen diese nicht mehr denselben Rang ein, sondern gelten als mehr oder weniger unproduktiv, da sie keinen großen Marktwert besitzen. Dieser neue Wert ist die einzige Quelle des Reichtums, des Gewinns geworden. Er ersetzt das natürlich Gewachsene, die Fruchtbarkeit und die Gebärfähigkeit, die den Frauen eine wirtschaftliche Vorrangstellung als Erzeugerinnen männlicher Nachkommenschaft verschafft und den Bestand der Sippen garantiert hatte. Auf ideologischer Ebene hatten sie die Funktion von Priesterinnen und galten als die Verkörperung des Wachsens und Werdens. Ein Wert, den es zu erhalten galt.

Während sich also der Aktionsradius der Männer durch die Veränderungen erweitert, müssen die Frauen mit einer auf ein Minimum beschränkten häuslichen Sphäre vorliebnehmen, in der sie außer ihrer Mutterrolle nur noch äußerst unbefriedigende Arbeiten erwarten. Die Hausarbeit wird als unproduktiv betrachtet und genießt kein sehr großes Ansehen; sie ist unter den neuen Bedingungen – zu kleine und überbelegte Wohnungen, wenig oder keine Hilfe, fehlende technische Kenntnisse – häufig noch schwieriger und unangenehmer als früher. Die Frauen sind also wieder völlig unter die Obhut und Aufsicht der Männer geraten.

Solche Frustrationen werden in den Bereichen, die den Frauen geblieben sind, nicht ohne Folgen bleiben. Völlig unerträglich wird die Situation für sie, wenn nach dem Wegfall der Verwandtschaft und dem Weggang der Söhne auch zum Ehemann keine befriedigende Beziehung aufgebaut werden kann.

Die beruflichen Möglichkeiten innerhalb der offiziellen Ökonomie sehen für die Maghrebinerinnen auch nicht besser aus. Der offizielle Prozentsatz der erwerbstätigen Frauen im Mahgreb beträgt 2,5 Prozent für die Algerierinnen, 7,9 für die Marokkanerinnen und zwischen 11 und 18 Prozent für die Tunesierinnen. Diese Zahlen vermitteln nur ein ungefähres Bild, denn die Statistiken sind auf diesem Gebiet nicht sehr exakt. Sie lassen erahnen, wie schwierig es ist, die Erwerbstätigkeit der Frauen nach den Kriterien der modernen Wirtschaft zu definieren. Zum Vergleich: der Anteil der beschäftigten Frauen an der aktiven Bevölkerung betrug 1980 in Italien 26 Prozent, in Spanien 20,7 und im Libanon 9,7. Die weibliche Erwerbsquote ist also in den drei Maghrebstaaten extrem niedrig.

In Tunesien ist die Quote erwartungsgemäß am höchsten. Und im Vergleich zu den anderen Maghrebstaaten besuchen auch mehr Tunesierinnen die Grundschule, trotzdem ist der Prozentsatz, der auf weiterführende Schulen geht, kaum höher, und die Tätigkeiten, die die Frauen ausüben, erfordern keine besonders hohe Qualifikation. Die Hälfte der tunesischen Lohnempfängerinnen arbeiten in der Industrie entweder als Hilfskräfte oder als gelernte Arbeiterinnen, 26 Prozent gehen einer unregelmäßigen Arbeit in der Landwirtschaft nach und 10 Prozent arbeiten als Hauspersonal; 6,5 Prozent sind Büroangestellte (Sekretärinnen, Stenotypistinnen, Telefonistinnen) und nur 0,1 Prozent haben Positionen mit Entscheidungsbefugnis inne, zum Beispiel in der Verwaltung.

Ein weiteres hervorstechendes Merkmal der erwerbstätigen Frauen ist ihre Jugend: die Hälfte ist zwischen 15 und 24 Jahre alt.

Glaubt man den neuesten Statistiken auf diesem Gebiet, dann ist die typische tunesische Erwerbstätige eine nicht besonders qualifizierte junge Frau mit keiner oder einer minimalen Ausbildung, ein Lehrling oder eine Arbeiterin in einer der weiterverarbeitenden Textilfabriken, in denen 83,23 Prozent der weiblichen Hilfskräfte beschäftigt sind.[3] Diese Tätigkeiten sind jedoch keine Berufe. Es handelt sich vielmehr um unterbezahlte, unsichere Jobs, die außer dem mageren Lohn nichts Verlockenes bieten. Die Frauen greifen deshalb auch nur gelegentlich auf sie zurück, zum Beispiel vor der Heirat, wenn sie ihre Aussteuer zusammentragen.

In Marokko sieht es ähnlich aus. Fatima Mernissi spricht von einer Proletarisierung der Frauen: »Ein neuer Frauentypus hat sich herausgebildet: sozial schwache Frauen, ein weibliches Proletariat, das auf dem nationalen und internationalen Arbeitsmarkt ein verfügbares Kontingent an Arbeitskräften darstellt.«[4] Die Frauen sind auch hier zum größten Teil in der Textilbranche tätig (48 Prozent der Arbeitskräfte), wo ihre traditionelle Geschicklichkeit und ihr handwerkliches Können eingesetzt und ausgebeutet werden. Viele Marokkanerinnen arbeiten auch in der Lebensmittelindustrie (Konservenfabriken) und als Hausangestellte. Mehr noch als in den anderen Maghrebstaaten scheint es in Marokko Tradition zu sein, daß junge Mädchen aus verarmten Bauernfamilien vom städtischen Bürgertum als Dienstmädchen eingestellt werden. Die zuhause erfahrene Dressur hat sie für diese Art von unterbezahlter Arbeit, bei der sie häufig wie Leibeigene behandelt werden, bestens vorbereitet.

In Algerien ist die weibliche Erwerbsquote auffallend niedrig. Auch hier arbeiten die wenigen erwerbstätigen Frauen vor allem im Verwaltungs- und Dienstleistungssektor (59 Prozent): als Büroangestellte, Buchhalterinnen, Stenotypistinnen, aber auch in der Textilindustrie und seit kurzem in der elektronischen Industrie.[5] Wie überall im Maghreb hat die Schulbildung die Zahl der Berufstätigen nicht entsprechend anwachsen lassen.

Arbeit: Befreiung oder Ausbeutung?

Wenige Frauen konnten sich also auf dem nicht sehr attraktiven maghrebinischen Arbeitsmarkt neben den Männern behaupten. Das Thema der Frauenarbeit bietet immer noch Anlaß zu lebhaften Kontroversen. Ihre Befürworter betrachten sie als »eine Möglichkeit, sich zu befreien, vielleicht die einzige«,[6] während ihre Gegner diese Art von Befreiung als Mythos bezeichnen[7] und den Mängeln oder Auswüchsen des Erziehungsprogramms, hinter denen sie häufig sogar eine Absicht vermuten, die Schuld geben. Manche sind der Meinung, daß das moderne Schulsystem und die Gesetze des Arbeitsmarktes dazu beitragen, die gesellschaftlichen wie auch die beruflichen Bestrebungen der Frauen von vornherein zu limitieren[8] und stattdessen die Mädchen auf ihre neuen Aufgaben im häuslichen Bereich vorzubereiten.[9]

Ohne auf diese, für die jungen Maghrebinerinnen äußerst wichtigen und aktuellen Fragen weiter einzugehen, soll hier nur noch darauf hingewiesen werden, daß die Teilnahme der Frauen am Berufsleben von denselben Gesetzen regiert wird wie die der Männer und daß das Maß an Befriedigung, das eine bezahlte Tätigkeit gewährt, sehr unterschiedlich sein kann, je nachdem ob diese Arbeit den Wünschen und Vorstellungen des Individuums entspricht, ob sie interessant ist, eine entsprechende Qualifikation erfordert und zum Sozialprestige beiträgt. Die wirtschaftliche Ausbeutung von ungelernten Arbeitskräften ist für alle frustrierend, für die Männer wie für die Frauen. In dieser Hinsicht unterscheidet sich das Schicksal der Frauen nicht von dem der Männer, nur sind die Folgen sehr viel unangenehmer für die Frauen, da sie immer noch die Last der Hausarbeit tragen, die sich häufig nur sehr schlecht mit einer Arbeit außer Haus vereinbaren läßt, weil die sozialen und familiären Verhältnisse keine Haushaltshilfen mehr erlauben. Abhilfe würde nur die Mitarbeit der Männer schaffen, was die partnerschaftliche Familie und die Arbeitsteilung der neuen Familien wieder ins Spiel bringt.

Es ist jedoch eine Tatsache, daß immer mehr Maghrebinerinnen eine Tätigkeit anstreben, die ihnen eine gewisse finanzielle Unabhängigkeit garantiert, die sie auch sonst unabhängig macht und außerhalb der Familie Beziehungen knüpfen läßt, die sie von der geisttötenden Routine der Hausarbeit befreit und die sie schließlich etwas anderes sein läßt als nur »Legehennen«.[10]

Widerstand der Männer und machtpolitische Erwägungen

Was den Eingliederungsprozeß der Frauen in das Arbeitsleben betrifft, muß mit Hélène Vandevelde gesagt werden, daß unter den augenblicklichen sozioökonomischen wie auch politischen und ideologischen Bedingungen unmöglich alle arbeitswilligen Frauen ins Berufsleben integriert werden können. Außerdem läßt sich nicht leugnen, daß die Widerstände, die sowohl Männer wie Frauen den Veränderungen der weiblichen Rollen entgegensetzen, ihren tiefsten Glaubensgrundsätzen entsprechen. Dennoch schreibt ein maghrebinischer Mann:

> *Für Männer – Arbeitgeber, Ehemänner oder Nachbarn – verkörpern berufstätige Frauen häufig ein bestimmtes Klischee; damit kaschieren sie, daß sie im Grunde ihres Herzens nicht bereit sind, die Frauen als Ebenbürtige, als Rivalinnen oder als Ranghöhere zu akzeptieren.*[11]

Genausowenig sind die maghrebinischen Männer bereit, die Frauen am politischen Leben teilnehmen zu lassen, obwohl ihr Beitrag zum wirtschaftlichen Leben sie dazu berechtigen würde. Es bestünde dann die Gefahr, daß sie auch nach der politischen Macht streben würden, wenn sie sich auf dem Arbeitsmarkt und auf wirtschaftlicher Ebene neben den Männern behauptet haben.

Es tauchen also wieder die alten Schreckensbilder von einer weiblichen Gegenmacht auf, von dem gefürchteten, vielbeschworenen und verteufelten Einfluß dieser Frauen, die als Gefahr, als Verhängnis, als Hexen betrachtet werden – Bilder, die aus dem Abhängigkeitsverhältnis zwischen Mutter und Sohn ihre Kraft schöpfen. »Die Frau wird zum Symbol und gleichzeitig zum Sündenbock für das gesellschaftliche Chaos und die asozialen Umtriebe«, schreibt Magali Morsý.[12] Eine der Facetten des Modells Erst-Mutter-dann-Frau, das die männlichen Ängste und Ressentiments provozierende Schreckgespenst einer Frau wird beschworen, um den Ausschluß der Frauen aus der Politik und allen anderen männlichen Tätigkeitsbereichen zu rechtfertigen. Die Männer können so die Aufrechterhaltung der von den patrilinearen Strukturen übernommenen Arbeitsteilung propagieren und die Frauen unter dem Vorwand, ihre weibliche Rolle zu respektieren, ins Haus verbannen. Das in den Vorstellungen, Verhaltensweisen und ideologischen Strukturen immer noch präsente und unter bestimmten Umständen jederzeit reaktivierbare Modell der Frau als Mutter bekommt dadurch immer wieder neuen Auftrieb.

Allerdings kann in der heutigen maghrebinischen Gesellschaft das Modell Erst-Mutter-dann-Frau alles mögliche beinhalten. Von der Ministerin über die vor zwanzig Jahren nach Paris emigrierten Mütter mit den in Frankreich geborenen und großgezogenen Töchtern bis zu der traditionellen Schwiegermutter aus dem kabylischen

Bergland: so verschieden sind die Lebensstile der Frauen im heutigen Maghreb.

Aber die Zahl der erwerbstätigen Frauen ist gering, und die maghrebinischen Frauen richten sich in ihrer Mehrheit immer noch nach dem alten Modell, das die Verhaltensweisen der Männer wie auch der Frauen entscheidend beeinflußt und selbst innerhalb der neuen Familien respektiert wird; von der religiösen Ideologie mit einem Heiligenschein versehen, wurde es zumindest in Marokko und Algerien zur Staatsideologie erklärt. Das alte Modell mußte jedoch auch einige Niederlagen hinnehmen, bedingt durch die Notwendigkeit der Staaten, sich mit dem bevölkerungspolitischen Problem auseinanderzusetzen, durch den Wettstreit verschiedener Ideologien und Lebensweisen und eine unerläßliche wirtschaftliche Entwicklung – im Fall Algeriens die Notwendigkeit, die wirtschaftliche Situation nach dem Ölboom in den Griff zu bekommen. Bei einer solchen Hinterfragung der Verhaltensweisen und Ideologien können sich zwei konträre Haltungen herauskristallisieren: ein starres Festhalten an dem alten Modell oder der Wunsch nach Veränderungen. Beide Haltungen können die Individuen beeinflussen, den Familien als Leitbild dienen oder die Politiker der Staaten inspirieren, ja sie können sogar von den politischen Bewegungen aufs Banner geschrieben werden. Und sie können sich innerhalb dieser verschiedenen Gruppierungen und auch im individuellen Bewußtsein abwechseln oder nebeneinander bestehen. Der Widerstand gegen Veränderungen hängt ab vom Gewicht des Modells, vom Einfluß der Religion und von der aus den sozialen Umwälzungen resultierenden Verunsicherung. Die reformistisch-islamische Strömung wird von einer konservativen Widerstandshaltung getragen, die früher einmal die bedrohte Identität verteidigen half. In bezug auf die Frauen verhilft sie jedoch dem traditionellen Modell zu neuer Geltung.

Durch sein Gewicht und seine lange Tradition steht das alte Modell nicht nur jeder Veränderung des starren Rollenschemas im Wege, sondern dient auch umgekehrt zu seiner Stabilisierung, was gegenwärtig von konservativen, sprich: reaktionären Ideologien befürwortet wird.

Schlußbemerkung

Auf der einen Seite verherrlicht, auf der anderen gefürchtet, nehmen die Mütter einen privilegierten Platz in der maghrebinischen Vorstellungswelt ein, der ihrer Rolle in der traditionellen patrilinearen Gesellschaft entspricht. Die Bilder und Inhalte dieser Vorstellungswelt sind noch sehr lebendig. Sie werden nicht nur von den Verhaltensweisen bestätigt, sondern bei Bedarf auch von den Politikern manipuliert und mißbraucht.

Die Fruchtbarkeit und die Glorifizierung der Mutter stehen im Mittelpunkt eines Systems von Beziehungen, Begriffen und Werten, das erst in jüngster Zeit ins Wanken geraten ist. Dieses System versuchte ich anhand eines traditionellen, im Maghreb noch sehr verbreiteten Modells zu erklären. Die bevormundeten Frauen schienen an der Seite ihrer männlichen Vormunde als äußerst ambivalente und gefährliche Wesen zu gelten. Eine Ausnahme bildeten ihre reproduktiven Fähigkeiten, die den Männern ihre Nachkommenschaft garantierten – ihre männliche Nachkommenschaft. In der patrilinearen Gesellschaft waren die Frauen ausschließlich dazu da, der väterlichen Sippe Söhne zu gebären.

Die Notwendigkeit, die reproduktiven Fähigkeiten dieser verachteten und gleichzeitig gefürchteten Frauen einem einzigen Mann in der väterlichen Sippe zugute kommen zu lassen, hat zu einer strikten Geschlechtertrennung geführt. Damit ging eine völlige Kommunikationslosigkeit zwischen Männern und Frauen einher. Die einzig unvermeidbare Ausnahme, die jedoch mit einem für die gesellschaftliche Organisation unerläßlichen Verbot, dem Inzestverbot, belegt wurde, war die Mutter-Sohn-Beziehung.

Auch wenn die potentiell subversive weibliche Sexualität beherrscht, unterdrückt und auf die Männer einer Generation beschränkt, durch soziale, von den Männern aufgestellte gesellschaftliche Regeln kanalisiert werden konnte und mit ihr auch die

Emotionalität, so hat sie doch eine Zuflucht gefunden in der engen körperlichen Beziehung, die eine Mutter mit ihrem Sohn verbindet. Eine Zuflucht, die auch toleriert wird, da sie den Abstand zwischen den Generationen respektiert und die gesellschaftliche Ordnung nicht in Frage stellt. Wenn der allgemeine Diskurs oder die Märchen und Sagen diese Beziehung zum Gegenstand haben, wie zum Beispiel »Ali und seine Mutter«, hat man den Eindruck, sie sei immer noch inoffiziell, ja sie würde verheimlicht und verleugnet, damit ihre Untiefen einen nicht in die Strudel des Inzests reißen. Wie dem auch sei, man hat ihr häufig nicht die nötige Aufmerksamkeit entgegengebracht; ihre Bedeutung wurde unterschlagen, und ihre Implikationen fielen unter den Tisch.

Im Maghreb werden jedoch die meisten Frauen immer noch mit ihrer Mutterrolle identifiziert und sind somit für andere Aufgaben und auch für die Männer (ihre Ehemänner zum Beispiel) nicht mehr verfügbar; die Männer hingegen sind in ihrer Rolle als Söhne gefangen, auch wenn sie im wirtschaftlichen und politischen Bereich dominieren. Häufig zeichnen sie sich durch emotionale Unreife, Aggressivität, ja männlichen Chauvinismus und die Unfähigkeit aus, eine Frau als Gefährtin zu akzeptieren und eine partnerschaftliche Beziehung aufzubauen.

Die übertriebene Bedeutung, die der weiblichen Fruchtbarkeit beigemessen wird, die Glorifizierung der Mütter von Söhnen ist eines der Hauptprobleme; es erklärt nicht nur den Stellenwert der Frauen, sondern auch die Beziehungen zwischen Männern und Frauen in der maghrebinischen Gesellschaft, das Unbehagen, ja die Paralyse, unter der sie leiden.

Aber auch außerhalb des Maghreb hilft dieses Modell, im Alltag der Männer und Frauen, die nördlich des Mittelmeers leben, die Spuren derselben patrilinearen und patriarchalischen Ideologie zu erkennen.

Anhang

Anmerkungen

Einleitung

1 Bezeichnung von Tillion, 1966, 1982.
2 Fernandez, 1965.
3 Patrilineare Gesellschaft: Gesellschaft, die ihre Abstammung und Nachkommenschaft nach dem Vatergeschlecht bestimmt.

Kapitel I, 1

1 Beschrieben in Lacoste-Dujardin, 1977.
2 Lacoste-Dujardin, 1981.
3 Ich unterscheide hier zwischen Geschlechtslinie und Sippe. Eine Sippe besteht aus mehreren Geschlechtslinien.
4 Angehöriger der religiösen Oberschicht.
5 Das als Couscous bezeichnete Gericht stammt von den Berbern, in deren Sprache es *seksu* ganannt wird.

Kapitel II, 1

1 Zerdoumi, 1970.
2 Gaudry, 1929, S. 60.
3 Ouitis, 1977, S. 61.
4 Genevois, 1966.
5 Genevois, 1970, S. 30.
6 Ebda., S. 36.
7 Genevois, 1962.
8 Garnero, 1982.
9 Ebda., S. 115.
10 Genevois, 1970, S. 32.
11 Genevois, 1966, S. 22 f.
12 Ebda.
13 Genevois, 1970, S. 32.
14 Zamiti-Horchani, 1983.
15 Tillion, 1982.
16 Zerdoumi, S. 169.
17 Genevois, 1966, S. 28 f.
18 Ebda., S. 30 f.
19 Genevois, 1970, S. 32.
20 Genevois, 1966, S. 30 f.

21 Lacoste-Dujardin, 1976.
22 Vallin, 1978.
23 Genevois, 1966, S. 21.
24 Ebda., S. 14 u. 16.
25 Zerdoumi, 1970, S. 190.
26 Genevois, 1970, S. 64.
27 Ebda., S. 32.
28 Doutté, 1909, S. 293.
29 Aït Sabbah, 1982.
30 Lacoste-Dujardin, 1981.
31 Virolle, 1980.
32 La Presse de Tunesie, 23. April 1967.
33 Bouhdiba, 1979, S. 271.
34 M'rabet, 1979, S. 75.
35 Bouhdiba, 1979, S. 228.
36 Frobenius, 1921.
37 Bastide, 1972.
38 Über die Schwierigkeiten dieser ersten Beziehungen zwischen den Geschlechtern ist viel geschrieben worden. Vgl. z. B. Bouhdiba, 1979; A. Djebar, 1967; Lacoste-Dujardin, 1981.
39 Lacoste, 1965.
40 Genevois, 1969, S. 16.
41 Genevois, 1962, S. 10.
42 Ebda.
43 Genevois, 1969, S. 4.
44 Ebda., S. 2.
45 Ebda.
46 Ghazali, 1953.
47 Koran, Sure 4, Vers 38. Es ist übrigens interessant, mit welcher Sophisterei argumentiert wird. Die Überlegenheit der Männer wird hier durch ihre Vorzüge erklärt, bei anderen Gelegenheiten werden ihre Vorzüge durch ihre Überlegenheit begründet.
48 Mernissi, 1987, S. 123 ff.
49 M'rabet, 1979, S. 40.
50 Genevois, 1962, S. 10.

Kapitel II, 2

1 Fekkar, 1981.
2 Garnero, 1982.
3 Genevois, 1966, S. 18.
4 Zerdoumi, 1970, S. 79.
5 Genevois, 1962, S. 12.

6 Garnero, 1982.
7 Koran, Sure 2, Vers 233.
8 Garnero, 1982.
9 Ebda., S. 93.
10 Bouhdiba, 1979, S. 207.
11 Garnero, 1982, S. 138.
12 Ebda., S. 139.
13 Ebda.
14 Genevois, 1970, S. 30.
15 Ebda., S. 59.
16 Nach heutigem maghrebinischem wie auch nach musulmanischem Recht bekommt die Mutter häufig das Sorgerecht für das Kind zugesprochen. In der Praxis sind aber in der Kabylei immer noch die alten Bräuche lebendig, so daß es einer verstoßehen Frau passieren kann, daß sie nach der Stillzeit ihr Kind abgeben muß.

Kapitel II, 3

1 Ladrière, 1983.
2 Koran, Sure 2, Vers 223.
3 Koran, Sure 2, Vers 233.
4 Koran, Sure 46, Vers 14.
5 Koran, Sure 4, Vers 1.
7 Bouhdiba, 1979, S. 262.
8 Fekkar, 1983.
9 Im orthodoxen oder sunnitischen Islam (im Gegensatz zum schiitischen, der im Iran vorherrscht) unterscheidet man zwischen vier Riten oder Rechtsschulen, die nach ihren Begründern benannt sind: der hanafitischen, die in der Türkei, im Nahen und Mittleren Osten, in Indien und Asien Gültigkeit hat, der malekitischen, die bis auf wenige Ausnahmen (Mzab, Djerba) im Maghreb anzutreffen ist, und der hanbalitischen und schafiitischen, die im Vergleich zu den ersten beiden weniger Bedeutung haben.

Kapitel II, 4

1 Genevois, 1966, S. 18.
2 Koran, Sure 4, Vers 38.
3 Genevois, 1962, S. 11.
4 Ebda.
5 Garnero, 1982, S. 103.
6 Ebda., S. 138.
7 Bendahman, 1982.
8 Yamina, 1960, S. 8.

9 Genevois, 1970, S. 68.
10 Ebda., S. 26.
11 Yamina, 1960, S. 83.
12 Boutefnouchet, 1980, S. 61.
13 Le Monde des Femmes, 1969, S. 9.
14 Belghiti, 1971, S. 332.
15 Plaut, 1961, S. 85.
16 Mernissi, 1987, S. 143 ff.
17 Devulder, 1957.
18 Tamghart: Schwiegermutter und Herrin des Hauses; eine Bezeichnung für die Mutter des Sohnes in bezug auf die Schwiegertochter.
19 Plaut, 1961, S. 85.
20 Ouary, 1974, S. 100 f.
21 Genevois, 1962, S. 36 ff.
22 Endogamie: Heiratsordnung, nach der nur innerhalb eines bestimmten sozialen Verbandes (z.B. Stamm eines Naturvolkes, Kaste) geheiratet werden darf.
23 Lacoste-Dujardin, 1981.
24 Genevois, 1970, S. 60.
25 Ebda., S. 12 f.
26 De Premare, 1973.
27 Garnero, 1982, S. 139 f.
28 Boucebci, 1982, S. 28.
29 Bouhdiba, 1979, S. 272.
30 Garnero, 1982.
31 Ebda., S. 145.
32 Olivier, 1980, S. 191 f.
33 Bouhdiba, 1979, Kap. 13.
34 Zerdoumi, 1970, S. 164.
35 Polyandrie: Vielmännerei; Ehegemeinschaft einer Frau mit mehreren Männern (vereinzelt bei Naturvölkern mit Mutterrecht).

Kapitel II, 5

1 Aït Sabbah, 1982, S. 168.
2 Aini, 1308H., zit. bei A. Bouhdiba, 1979, S. 112.
3 Diese Beschreibung ist keineswegs positiv. Eine ›anständige‹ Frau sieht ganz anders aus: Sie ist rundlich, hat eine Stupsnase und verhält sich zurückhaltend. Vgl. C. Lacoste-Dujardin, 1970, S. 321 ff.
4 Alte Pflüge dürfen nicht verbrannt oder von menschlicher Hand zerstört werden. Man läßt sie deshalb einfach auf den Feldern liegen.
5 Zit. bei Genevois, 1970, S. 58.
6 Bendaham, 1982, S. 174.

7 Garnero, 1982, S. 145.
8 Ebda.
9 Dallet, 1982.
10 Mernissi, 1987, S. 26 ff.
11 Aït Sabbah, 1982, S. 58.
12 Mernissi, 1987.
13 Horney, 1969, S. 113.
14 Eine alte Frau braucht nicht zu befürchten, Kinder zu bekommen, deren Legitimität vom Vater angezweifelt werden könnte. Die Männer haben jedoch häufig Angst vor den magischen Kräften der alten Frauen – der alten Hexen – wie auch vor ihrer Tücke und Boshaftigkeit.
15 Bukhari, S. 590.
16 Lacoste-Dujardin, 1982, S. 359.
17 Colin, 1937.
18 Horney, 1969.
19 Koran, Sure 6, Vers 26 - 37.
20 Horney, 1969, S. 118.
21 Bachelard, 1948, S. 155 ff.
22 Zerdoumi, 1970, S. 280.
23 Chasseguet-Smirgel, 1964, S. 153.
24 Calame-Griaule, 1972.
25 Frobenius, 1921.
26 Bendaham, 1982, S. 235.
27 Lacoste, 1965, S. 72 ff.
28 Vgl. Lacoste-Dujardin, 1973 - 1974.
29 Lacoste, 1965, S. 89.
30 Bouhdiba, 1979, S. 275 ff.

Kapitel III, 1

1 Lacoste-Dujardin, 1970, S. 405 - 416.
2 Mit dem Unterschied, daß nach dem 40. Lebensjahr zu der etwas höheren Lebenserwartung der Frauen der Altersunterschied noch hinzukommt.
3 Falls in dem Haushalt nicht noch die Brüder des verheirateten Vaters lebten und die Frau eines Bruders an die Stelle ihrer Schwägerin trat. Das war jedoch wegen der Aufspaltung der väterlichen Linien (der Trennung der Brüder) in verschiedene Sippen ziemlich selten. Diese Hypothese läßt Epidemien, Hungersnöte, Kriege etc. außer acht, die noch sehr häufig die Lebenserwartung und die Zahl der Mitglieder einer Familie verringern.
4 Das Levirat wird schon in den mosaischen Gesetzen erwähnt, auch wenn die Bestimmungen anders lauten: Moses befiehlt dem Bruder des Verstorbenen, die kinderlos gebliebene Witwe zu heiraten. Im Maghreb ist das Vorhandensein von Kindern, vor allem von männlichen, ausschlaggebend.

5 Gaudry, 1929.
6 Borrmans, 1977.
7 Gaudry, 1929, S. 123.
8 Alayane, 1983, S. 127 ff.
9 Servier, 1962, S. 180 - 211.
10 Masqueray, 1914, S. 75.
11 Gewerbsmäßig arbeitende Frauen wie Tänzerinnen, Sängerinnen, Prostituierte, die sich für ihre Dienste bezahlen lassen und ihr Leben damit bestreiten, bilden eine Kategorie für sich, wie z. B. die marokkanische *chikat* oder *ghennayat,* die sich am Rande der Gesellschaft angesiedelt haben.
12 Gaudry, 1929, S. 67.
13 Le Tourneau, 1965.
14 Mernissi, 1984, S. 38.

Kapitel III, 2

1 Borrmans, 1977, S. 195.
2 Rede vom Mai 1969, zit. bei Borrmans, 1977, S. 269.
3 Etienne und Tozy, 1979.
4 Von den ehemaligen Kämpferinnen waren 19 Prozent der Armeeangehörigen vor allem in der Küche beschäftigt. Die Frauen, die eine Waffe in der Hand hatten, machten 2 Prozent der 3271 untersuchten Fälle aus (Amrane, 1980).
5 Benabdessadok, 1979, S. 212.
6 Ebda., S. 214.
7 Fanon, 1982, S. 95.
8 Aufruf der UNFA vom 8. März 1984.
9 Fanon, 1982, S. 83 f.
10 Boutefnouchet, 1980.
11 In El Asnam umfaßten manche Haushalte bis zu 48 Personen, die alle gemeinsam die Mahlzeiten einnahmen (Bourdieu, 1977, S. 61).
12 Bouhdiba, 1967.

Kapitel III, 3

1 Lacoste-Dujardin, 1976.
2 Zum Vergleich: 1981 betrug die Geburtenrate in Frankreich 14 Promille, die Sterblichkeit der männlichen Kleinkinder 10,8 Promille; ungefähr 5 Prozent der 15- bis 19jährigen waren verheiratet.
3 Djebar, 1967.
4 Garnero, 1982, S. 83.
5 Bouhdiba, 1975, S. 264.
6 Boucebci, 1982, S. 204.

7 Ebda., S. 32 f.
8 Ein Viertel einer weiblichen Generation stirbt vor dem 16. Lebensjahr. Zum Vergleich: die Lebenserwartung in Frankreich beträgt 78 Jahre für die Frauen und 70 Jahre für die Männer. Der geringe Unterschied, der im Maghreb zwischen Männern und Frauen besteht, ist zum Teil auf die hohe Sterblichkeit der Mütter zurückzuführen.
9 Boucebci, 1982, S. 205.
10 Boucebci, 1982, S. 215.
11 Algier, TAP, 16. Mai, 1984.
12 Bouzidi, 1981.
13 Chaulet, 1984, S. 1040.
14 Ebda., S. 1054.
15 Spanier und Lewis, 1980.
16 Gourati-Negadi, 1975.
17 Zamiti-Horchani, 1983.

Kapitel III, 4

1 Mammeri, 1952, S. 204.
2 Benatia, 1984, S. 498.
3 Neu in Algier: In dem vor kurzem entstandenen Park bei dem Denkmal der Chouhadas kann man auch Frauen und Kinder sehen, die sich nicht in männlicher Begleitung befinden; es ist jedoch genügend Polizeischutz vorhanden.
4 Dib-Marouf, 1982.
5 Chaulet, 1984, S. 1056.
6 Mernissi, 1983, S. 194.
7 Lacoste-Dujardin, 1982.
8 Boucebci, 1978, S. 62.
9 Ebda., S. 61.
10 Bitout-Plantade, 1984.
11 Fanon, 1982, S. 100.
12 Zamiti-Horchani, 1983.
13 Ebda.
14 D.E.K., 1984.
15 Abdali, 1984.

Kapitel III, 5

1 Garnero, 1982, S. 148.
2 Ebda.
3 Draoui, 1982.
4 Mernissi, 1982, S. 346.

5 Talahite-Hakiki, 1982.
6 Benatia, 1980.
7 Draoui, 1982.
8 Talahite-Hakiki, 1982.
9 Vandevelde, 1980, S. 12.
10 Boucebci, 1979, S. 42.
11 Morsy, 1980, S. 209.

Glossar

acekker	Lobgesänge der Frauen, hier anläßlich einer Hochzeit in der Kabylei.
agdud	Großes Fest mit vielen Menschen, auf dem häufig die jungen Männer und Frauen Bekanntschaft schließen (Marokko, in dem von Berbern bewohnten Hohen Atlas).
ahwac	Tanz der berberischen Jugend Marokkos.
ailm el jnun	Wissenschaft der *djinns* (Dschinns) oder Naturgeister (im algerischen Arabisch).
al muggar n tferxin	Gemeinschaft junger Mädchen (im berberischen Marokko).
amezber	(Spott)lieder, die die Schwiegertochter an ihre Schwiegermutter richtet (Kabylei).
âmal n'nsa	Praxis oder ›Wissenschaft der Frauen‹ (im algerischen Arabisch der Region Constantinois).
amendil	Mit Fransen besetztes Kopftuch, das sich die kabylischen Frauen bei Festen zum Tanzen um die Hüften binden.
amir al muminin	›Befehlshaber der Gläubigen‹, einer der Titel des Königs von Marokko.
'ayla	Großfamilie (im maghrebinischen Arabisch).
'azriya	Frauen – Witwen oder Geschiedene –, die in der berberischen Gebirgsregion des Aurès bestimmte Freiheiten, u. a. auch sexuelle Freiheit, genießen, allerdings nur vorübergehend.
cadi	Rechtsverständiger (Zivilstandsbeamter), der im musulmanischen Recht Verträge rechtsgültig werden läßt und die Eintragungen ins Standesamtregister vornimmt.
chari'a	Schariarecht, Gesamtheit der musulmanischen Gesetze.
chaoulala	Durchsichtiger, weißer Tüll, aus dem sich die kabylischen Frauen und vor allem die jungen Mädchen angekrauste Röcke nähen, über die sie ihre bunten Festkleider ziehen.
chitania	›Teufelin‹ im Berberischen oder Arabischen.

derbouka Schlaginstrument aus einem Tongefäß, das mit einer Haut bespannt ist.

el muggar Großes Fest mit vielen Menschen im berberischen Bergland Marokkos.

el moudjahid ›Der Kämpfer‹; wichtigste algerische Tageszeitung; Sprachrohr der FLN (Front National de Libération); bislang einzige Partei des Landes.

fatiha Erste Sure des Koran; die ›Öffnende‹, der Form nach ein Gebet, das jeder wichtigeren Handlung sakralen Charakter verleiht.

fessda ›Verrottet‹; Bezeichnung im maghrebinischen Arabisch für ein junges Mädchen, das nicht mehr Jungfrau ist.

fetwa oder *fetoua* Ein von einer musulmanischen religiösen Instanz gefaßter Beschluß, der Gesetzeskraft hat.

hachouma ›Scham‹ oder ›Schamhaftigkeit‹; eine den maghrebinischen Frauen und vor allem den jungen Mädchen auferlegte Zurückhaltung.

fitna Arabisches Wort für ›Unordnung‹, ›Chaos‹; latent in jeder Frau; Verführungskraft der Frau im negativen Sinn.

hadit oder *hadith* ›Aussprüche‹ des Propheten, die im Maghreb allgemein verbindlich sind.

hadjiya (masc. *hadj*) Bezieht sich auf eine Frau, die eine Pilgerfahrt nach Mekka unternommen hat.

hajala Bezeichnung für eine alleinstehende Frau ohne Mann und ohne nahe Familienangehörige, auch wenn geschieden oder verwitwet; sehr geringschätzig: ›wertlos‹.

hamzaiât Junge Mädchen, die vor ihrer Heirat ihre Sexualität ausleben dürfen (im Djebel Amour im Süden Algeriens).

harbu nisa oder *hraib n'sa* ›Wissenschaft der Frauen‹, Machenschaften, Intrigen im marokkanischen Arabisch.

'ifaf Behütete Sexualität innerhalb der Ehe.

ihsan Anständige Sexualität innerhalb der Ehe.

ikufan, (sing. *akufi*) Gefäße, in denen die Kabylen Getreide, Trockengemüse, Trockenobst etc. aufbewahren.

imam al muslimin	Führer der muslimischen Gemeinschaft, ein Titel des Königs von Marokko.
istiqlal	Nationale Befreiungsbewegung und Regierungspartei Marokkos; wörtlich: Unabhängigkeit.
izem	Kabylisch für Löwe.
jihad	Kampf für den musulmanischen Glauben.
kayd oder *kid*	›List‹, ›Strategem‹, ›Intrige‹, als typisch für die Frauen angesehen.
lalla	›Madame‹, respektvolle Anrede für eine Frau.
lfal	Rituelle Handlung, die reichen Kindersegen bescheren oder Glück bringen soll.
lherb n tmgarin oder *temgharin*	›Wissenschaft der Frauen‹, Machenschaften, Intrigen im marokkanischen Berberischen.
madjalla oder *majalla*	Tunesischer Familienkodex.
mudawwana	Marokkanischer Familienkodex.
nahda	Arabische ›Renaissance‹; reformistische Bewegung im Vorderen Orient, Ende 19. und Anfang 20. Jahrhundert.
nasab	Angehörige der väterlichen Sippe oder Linie.
naylayat	Arabische Frauen im Bergland der Ouled Nail im Süden Algeriens, die vor der Ehe sexuelle Freiheiten genießen.
nefs	Seele, beseelte Natur im Kabylischen.
rajal oder *radjel*	Arabisch für Mann.
sdaq	Brautgabe, die der Mann der Frau zahlt.
seksou oder *seksu*	Berberisch ›Couscous‹.
settut	Kabylisch ›Hexe‹.
tahbult	›Fladen‹, *wer nebdi* ›noch nicht berührt‹; Metapher, die im Kabylischen für ein junges Mädchen gebraucht wird.
talafsa	Siebenköpfige Hydra im Kabylischen; kann auch Viper oder Schlange bedeuten.

tamghart,
pl. *temgharin* ›Alte Frau‹, weibliches Oberhaupt der Familie, Schwiegermutter.

teryel, pl. *teryalin* ›Menschenfresserin‹ im Kabylischen.

tibhirt Kabylisch ›Garten‹.

ttbel Kabylisch ›Trommel‹.

tislit, pl. *tislatin* Kabylisch für jungverheiratete Frau.

ulema Gelehrter, Wächter religiöser Traditionen.

umma ›Gemeinschaft der Gläubigen‹, besonders der Gemeinschaft der Muslime.

urar ›Spiel‹.

yemma s n dunnit ›Mutter der Welt‹, mythologische Schöpferin (Kabylei).

zaouia Heiliger Ort, meistens mit einer (höheren) Koranschule; Stammsitz einer Bruderschaft.

zina ›Unerlaubte Sexualität‹ im Arabischen.

zibir ›Inzest‹ im Arabischen.

Literatur

Aarne, A. und Thompson, S.: The Type of the Folktales. FF Communications, Bd. 75, Nr. 184, Helsinki 1961.

Aini: ›Umdat al quâri shar'ih‹ al Boukhâri. Istambul, 11 Bde., 1304 H.

Aït Ahmed, M. und Lacoste-Dujardin, C.: Acekker: chant de louanges kabyle. Text und Übersetzung, Littérature orale arabo-berbère, Nr. 12, 1984.

Aït Sabah, F.: La femme dans l'inconscient musulman. Désir et pouvoir. Paris 1982.

Alayane, M.: Structures familiales et mutations socio-culturelles. Cas de la tribu Akhsas: Anti-Atlas occidental (Maroc). Diss. EHESS, Paris 1983.

Amrane, D.: La femme algérienne et la guerre de libération nationale 1954 - 1962. In: Actes des journées d'études et de réflexion sur les femmes algériennes, 3. - 6. Mai 1980, Hefte des CDSH, Univ. von Oran 1980.

Bachelard, G.: La terre et les rêveries du repos. Paris 1948.

Bastide, R.: Sociologie et psychanalyse. Paris 1972.

Belghiti, M.: Les relations féminines et le statut de la femme dans la famille rurale – dans trois villages de la Tessaout. In: Études sociologiques sur le Maroc, Spezialnr. des Bulletin économique et social du Maroc, 1971.

Benabdessadok, Ch.: Pour une analyse du discours sur la femme (Untersuchung im El Moudjahid aus den Jahren 1956 - 1962). Univ. von Algier 1979.

Benatia, F.: Quelques hypothèses sur le travail féminin en Algérie. In: Revue internationale des sciences sociales, Bd. 22, Nr. 3, 1980.

Bendahman, H.: Fonction paternelle au Maghreb et transplantation. Diss. Univ. Louis-Pasteur-Strasbourg 1982.

Bitout-Plantade, N.: Magie féminine et sexualité en Kabylie. Étude ethno-psychiatrique, Diss. EHESS, Paris 1984.

Bonnet, C.: Réflexions sur l'influence du milieu familial traditionnel sur la structuration de la personnalité au Maroc. In: Revue de neuropsychiatrie infantile, Nr. 10 - 11, 1970.

Borrmans, M.: Statut personnel et famille au Maghreb de 1940 à nos jours. Paris 1977.

Boucebci, M.: Psychiatrie, société et développement (Algerien 1978). 2. Aufl., Algier 1982.

Bouhdiba, A.: Point de vue sur la famille tunisienne actuelle. In: Revue tunisienne des sciences sociales, Nr. 11, 1967.
La sexualité en Islam. Paris 1979.

Boukous, A.: Étude socio-linguistique de la prose soussie. Diss. EPHE, 1974.

Bourdieu, P.: Esquisse d'une théorie de la pratique. Paris 1977.
Dt.: Entwurf einer Theorie der Praxis. Frankfurt 1976.

Boutefnouchet, M.: La famille algérienne. Algier 1980.

Bouzidi, M.: L'Islam et la société marocaine face à la contraception. In: Souriau u.a.: Le Maghreb musulman en 1979. Paris 1981.

Breteau, Cl. und Galley, M.: La pastèque et le couteau. In: Littérature orale arabo-berbère, Nr. 4, 1970.

Bukhari: As Sahih, Brill, Bab 87. Übersetzung von Houdas.

Calame-Griaule, G.: Une affaire de famille. In: Nouvelle revue de psychanalyse, Nr. 6, Herbst 1972.

Chasseguet-Smirgel, J.: La culpabilité féminine. In: Recherches psychanalytiques nouvelles sur la sexualité féminine, Paris 1964.

Chaulet, Cl.: La terre, les frères et l'argent. Stratégies familiales et production agricole en Algérie depuis 1962. Diss. Univ. von Paris 1984.

Colin, G.: Chrestomathie marocaine. Paris 1937.

D.E.K.: Ahmed, jeune musulman, propos de Ahmed Gayet. In: Sans Frontière, Nr. 84, März 1984.

Detienne, M.: Déméter. In: Dictionnaire des mythologies, Paris 1981.

Devulder, M.: Rituel magique des femmes kabyles (tribu des Oudhias, Grande Kabylie). In: Revue africaine, 101. Jg., 1957.

Dib-Marouf, Ch.: Fonctions de la dot dans la société algérienne. Le cas d'une ville moyenne: Tlemcen et son Hawz. Diss., Univ. von Paris 1982.

Djebar, A.: Les alouettes naïves. Paris 1967.

Doutté, E.: Magie et religion dans l'Afrique du Nord. Algier 1909.

Etienne, B. und Tozy, M.: Le glissement des obligations islamiques vers le phénomène associatif à Casablanca. In: Souriau u.a.: Le Maghreb musulman en 1979. Paris 1981.

Fanon, F.: Sociologie d'une révolution. Paris 1959, 1968, 1982.
Dt.: Aspekte der algerischen Revolution. Frankfurt 1976.

Fekkar, Y.: La femme, son corps et l'Islam. In: Le Maghreb musulman en 1979. Paris 1981.
Mettre au monde ou le jihad des femmes. In: Femmes de la Méditerranée. Peuples méditerranéens, Nr. 22 - 23, 1983.

Feraoun, M.: Le fils du pauvre. Menrad, instituteur kabyle. Paris 1954.

Fernandez, D.: Mère Méditerranée. Paris 1965.

Freud, S.: Essais de psychanalyse appliquée. Paris 1980.
Dt.: Schriften zur angewandten Psychoanalyse. Frankfurt 1982.

Frobenius, L.: Volksmärchen der Kabylen. 3 Bde., Jena 1921.

Gadant, M.: Fatima, Ouardia, Malika, interrogations algériennes. In: Femmes de la Méditerranée, Peuples méditerranéens, Nr. 22 - 23, 1983.

Galley, M.: Badr az-zîn et six contes algériens. Paris 1971.

Garnero, S.: Essai d'approche des relations précoces mère-enfant de la naissance à dix-huit mois en milieu culturel algérois. Univ. von Paris-Val-de-Marne 1982.

Gaudry, M.: La femme chaouïa de l'Aurès. Paris 1929.

Genevois, H.: La famille. FDB, Fort National, 1962.
350 énigmes kabyles. FDB, Fort National, 1963.
Éducation familiale en Kabylie. FDB, Fort National (I), 1966.
La femme kabyle. Les travaux et les jours. FDB, Fort National (II), 1969.
La mère. FDB, Fort National (II), 1970.

Ghalem, A.: Une femme pour mon fils. Paris 1979.

Ghazali, M.A.M.: Le livre des bons usages en matière de mariage. Übers. v. G.H. Bousquet und L. Bercher, Paris 1953.

Gourati-Negadi: La fécondité en Algérie. Diss. Univ. von Paris 1975.

Handmann, M.-E.: La violence et la ruse. Hommes et femmes dans un village grec. Aix-en-Provence 1983.

Hart, D.: Les institutions des Aït Morhad et des Aït Hadidou. In: Tisuraf, Nr. 4 - 5, Univ. von Paris 1979.

Horney, K.: La psychologie de la femme. Paris 1969.
Dt.: Die Psychologie der Frau. 4. Aufl., Frankfurt 1987.

Igert, M.: Milieu culturel marocain et névrose. In: Maroc médical, Mai 1955.

Kellerhals, J., Troutot, P.Y. und Lazega, E.: Microsociologie de la famille. Paris 1984.

Khemir, N.: L'ogresse. Paris 1975.

Koran, in der Übersetzung von Régis Blachère, Paris 1980.

Lacoste, C.: Traduction des légendes et contes merveilleux de la Grande Kabylie. 2 Bde., Imp. nat. Geuthner, 1965.

Lacoste-Dujardin, C.: Le conte kabyle. Paris 1970, 1982.
Ali et sa mère ou du matricide à la conquête du pouvoir. In: Littérature orale arabo-berbère, Nr. 6 - 7, 1973 - 1974.
Un village algérien. Algier 1976.
Les femmes et la mort dans quelques villages algériens, images et réalités. In: La mort en Corse et dans les sociétés méditerranéennes. Études corses, Nr. 12 - 13, 1979.
Discours social et contexte de production, passage de l'oral à l'écrit; exemple d'un récit dans le domaine de l'économie. Littérature orale arabo-berbère, CNRS-EHESS, ERA 357, Nr. 10, 1979.
Tactiques endogamiques en Kabylie, représentations et pratiques. In: Production, pouvoir et parenté dans le monde méditerranéen de Sumer à nos jours. Paris 1981.
L'œuf entre les mains du père. In: La première fois ou le roman de la virginité à travers les siècles et les continents, Paris 1981.
A propos des femmes au Maghreb: inertie des structures idéologiques. In: Donna e societa nel Mediterraneo, Palermo, 25. - 27. Nov. 1982.
État, religion et femmes au Maghreb. CISR, Actes 17e Conférence internationale de sociologie des religions, London 1983.
Ogresse berbère et ogresse corse: images de femmes méditerranéennes. In: Congresso internationale di studi su «Gli interscambi culturali e socio-economici fra l'Africa setentrionale et l'Europa mediterranea», Amalfi, 5. - 8. Dez. 1983.

Ladrière, P.: Reproduction de la vie humaine, biologie et religion. In: Oppression des femmes et religion, 1983.

(Anonym) La mort, le deuil, les rites funèbres. FDB, Fort National, 1962.

(Anonym) Le monde des femmes et son entrée dans la cité. Information rapide. Bulletin annuel du Secrétariat social d'Alger, Nr. 1 - 3, Paris 1969.

Letourneau, R.: La vie quotidienne à Fès en 1900. Paris 1965.

Mahfoud-Draoui, D.: Formation et travail des femmes en tunisie, promotion ou aliénation? In: La politique de l'emploi-formation au Maghreb, 1970 - 1980, Paris 1982.

Mammeri, M.: La colline oubliée. Paris 1952.

Masquerai, E.: Souvenirs et visions d'Afrique. 2. Aufl., Algier 1914.

Mernissi, F.: Le prolétariat féminin au Maroc. In: La politique de l'emploi-formation au Maghreb, 1970 - 1980, Paris 1982.
Sexe, idéologie, Islam. Paris 1983. – Dt.: Geschlecht, Ideologie, Islam. München 1987.
Le Maroc raconté par les femmes. Rabat 1984. – Dt.: Der Harem ist nicht die Welt. 3. Aufl., Neuwied 1989.

Morand, M.: Études de droit musulman et de droit coutumier berbère. Algier 1981.

Morsy, M.: Femmes et politique au maroc. In: Femmes et politique autour de la Méditerranée, Paris 1980.

Olivier, Ch.: Les enfants de Jocaste. Paris 1980.
Dt.: Jokastes Kinder. 10. Aufl., Düsseldorf 1988.

Ouary, M.: Poèmes et chants de Kabylie. Paris 1974.

Ouitis, A.: les contradictions sociales et leur expression symbolique dans le Sétifois. Algier 1977.

Paquot, E. (Hrsg.): Terre des femmes. Paris-Montréal 1983.

Pascon, P. und Bentahar, M.: Ce que disent 296 jeunes ruraux. Études sociologiques sur le Maroc. Veröffentlichung des Bulletin économique et social du Maroc 1971.

Plault, M.: Tamghart. Liens, Nr. 15, 1961.

Premare, A. de: Éthique musulmane et relations sociales dans la famille maghrébine. Univ. Aix-Marseille 1973.
La mère et la femme dans la société familiale traditionnelle au Maghreb. In: Bulletin de psychologie, 1973.

Savignac, P.H.: Contes berbères du Maghreb. Montréal 1978.

Servier, J.: Les portes de l'année. Paris 1962.

Spanier, G.B. und Lewis, R.A.: Marital Quality: a Review of the Seventies. In: Journal of Marriage and the Family, Nr. 42, 1980.

Tabutin, D.: Mortalité infantile et juvénile en Algérie. Paris 1976.

Talahite-Hakiki, F.: Scolarisation et formation des filles en Algérie: préparation au salariat ou production de ménagères modernes? In: La politique de l'emploi-formation au Maghreb, 1970 - 1980, Paris 1982.

Tillion, G.: Le harem et les cousins. Paris 1966, 1982.

Tozy, M. und Etienne, B.: Le glissement des obligations islamiques vers le phénomène associatif à Casablanca. In: Souriau u.a.: Le Maghreb musulman en 1979, Paris 1981.

Vallin, J.: Un fait social: la surmortalité des petites filles en Algérie. Tunis 1978.

Vandevelde, H.: Faut-il faire la chasse aux mythes? In: Actes des journées d'études et de réflexion sur les femmes algériennes. 3. - 6. Mai 1980, Hefte des CDSH, Univ. von Oran, Nr. 3, 1980.

Yamina: Le mariage en Kabylie. 2 Bde., FDB, Fort National, 2. Aufl., 1960.

Young, I.: Scènes de la vie privée de l'Islam. Paris 1979.

Zamiti-Horchani, M.: Les Tunisiennes, leurs droits et l'idée qu'on s'en fait. In: Femmes de la Méditerranée, Peuples Méditerranéens, Nr. 22 - 23, 1983.

Zerdoumi, N.: Enfants d'hier. Paris 1970.